东子 著

升级版

好爸爸胜过好老师

胜过

——著名父教专家东子的家教新概念

漓江出版社

图书在版编目（CIP）数据

好爸爸胜过好老师：升级版/东子著. —桂林：漓江出版社，2014.9
（2018.10重印）

ISBN 978-7-5407-7242-0

Ⅰ. ①好… Ⅱ. ①东… Ⅲ. ①家庭教育 Ⅳ. ①G78

中国版本图书馆CIP数据核字（2014）第 197131 号

好爸爸胜过好老师：升级版

作　　者	东　子	
责任编辑	周群芳　栾　婕	
美术设计	古涧文化　鞠晓英	
责任监印	周　萍	

出 版 人　刘迪才
出版发行　漓江出版社
社　　址　广西桂林市南环路22号
邮　　编　541002
发行电话　0773-2583322　010-85893190
传　　真　0773-2582200　010-85890870-614
邮购热线　0773-2583322
电子信箱　ljcbs@163.com
　　　　　http://www.lijiangbook.com
印　　刷　北京大运河印刷有限责任公司
开　　本　710×1000　1/16
印　　张　16.5
字　　数　270千字
版　　次　2014年9月第1版
印　　次　2018年10月第7次印刷
书　　号　ISBN 978-7-5407-7242-0
定　　价　30.00元

目录 CONTENTS

第一章
"好爸爸"是孩子的好老师

家庭是生命的摇篮，是人出生后接受教育的第一个场所，即人生的第一个课堂；父母是儿童的第一任老师，即启蒙之师。这两个"第一"是任何东西都无法替代的。所以，爸爸对孩子所施教育的第一个特点便是早期性、启蒙性。

第二章

"好爸爸"是孩子的好朋友

爸爸与子女怎么样心灵相通、情感交融？怎样形成有利于子女成长的家庭氛围？它有赖于爸爸教育思想的端正，教育方法的得当，教育条件的适合。这中间，有一点是少不了的，那就是爸爸要把自己也当成孩子。

第三章

"好爸爸"是孩子的好玩伴

玩和学习真的就是对立的吗？其实不然，玩和学习是统一的，有益的玩就是学习，而科学的学习就是玩；玩可以促进学习，而游戏化的学习可以让学习变得轻松愉悦。

第四章

"好爸爸"是孩子的好榜样

家庭教育对孩子,特别是对幼儿而言,主要不是靠"言教"而是靠"身教"。东子在家教咨询中常听家长说:"我真没少说他,道理讲了一大堆,嘴皮子都磨破了,就是不听!"这部分家长以为教育孩子就是靠"说"。其实,教育孩子的实质在于教育自己。只有这样,才是合格的家长。

第五章

"好爸爸"是孩子力量的源泉

如果孩子能从爸爸那里获得自信、乐观、坚强、勇敢、宽容、自强等优秀品格，那么这些品格将为他们的人生增添向前飞奔的车轮、展翅高飞的双翼，成为他们终身用之不竭的力量。

附　录

自 序

一个好爸爸胜过100个优秀教师

通过20多年的教育研究体会和10多年的教子感悟，东子得出两个结论：家庭教育远比学校教育重要；父亲教育与母亲同等重要。

东子不否认教师对孩子成长的影响，但大量现实情况告诉我们，对孩子成长影响最大的多为父母。教师的传道授业主要是言教，而家长对孩子的影响，更多的是身教，后者对孩子未来的影响会更大些。

可现实是，很多家长过分依赖学校教育，认为孩子成才全靠老师，由此推卸自己的育人职责。即便有的家长认识到家庭教育的重要性，也主要是依靠孩子母亲，父亲似乎成了摆设。

在东子做过的1000多场家庭教育讲座中，现场听众总是女多男少；而在家教咨询中，绝大多数是母亲打来电话，满是焦虑地谈及孩子的各种问题……

无论是家庭教育还是学校教育，中国是一个以母教为主的国家。母教是指主要施教者是女性，在家里是妈妈、奶奶、姥姥，在学校是女性教师。

在这种大环境影响下，爸爸们只有靠边站。由此导致"父亲教育"在中国进一步缺失。

由于爸爸在家庭教育中的淡出，出现了"亲情关系向母性群体倾斜"的现象。由此，母亲大包大揽，而这些母亲又大多数不懂科学教子，一味地对孩子娇惯溺爱。结果我们就看到了越来越多的孩子——自私自利、柔弱脆弱、害羞胆怯、自暴自弃、沉默寡言、缺乏自信、过分内向、感情冷漠、急躁冲动、害怕失败……

而在孩子成长中，必不可少的自理能力、自信心理、坚强品质、骁勇精神，却正在日渐丧失。

男性的坚韧、大胆、果断、自信、豪爽、独立，这些特点往往是女性所不具备的，这就显示出了男性教育所不能替代的作用。在思维上，女性形象思维比较好，男性逻辑思维比较强，这也可以起到互补的作用。

在孩子的心目中，母亲是水，父亲就是山，山水相依，缺一不可。

母亲是一片绿草地，父亲就是一棵大树。两者如空气和水一样，合力为孩子创造一片和谐的成长空间。这样，孩子体验到的是两份力量、两种方式的爱，体验到的是和谐、张弛有度、刚柔相济的教育……

哥伦布曾经说过："世界是勇敢者的天下。"因为每个人在人生旅途中，都需要勇气，而这份勇气也来源于从小自信心的培养。而自信心大多与父亲有着不可割裂的关系。因此，必须重视父亲教育。

缺钙的孩子体不健，缺爱的孩子心不爽。父教的缺失是一种痛，对孩子的成长是终身难以弥补的痛！

爸爸是孩子的精神支柱，是孩子自信的主要源泉。而孩子则是爸爸最大的事业，男性的性格优势对孩子的成长，有着不可替代的作用！

东子的18年教子体会和大量事实都证明，有好爸爸才有好孩子，一个合格的爸爸胜过100个优秀的教师！

东子/2014年初秋于东园

"好爸爸"是孩子的好老师

第一章

家庭是生命的摇篮，是人出生后接受教育的第一个场所，即人生的第一个课堂；父母是儿童的第一任老师，即启蒙之师。这两个"第一"是任何东西都无法替代的。所以，爸爸对孩子所施教育的第一个特点便是早期性、启蒙性。

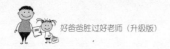
做合格的"启蒙之师"

爸爸的启蒙教育，是一种微小的付出，是中国传统文化的传承，是天下父母心的体现，是一种义无反顾的爱。

"扶我学走路，教我学说话。"这是人之初，天下父母共同的责任。每个人最初的人生启蒙老师都是父母，是他们在教自己的孩子走路、说话、生活及做人。

孩子第一次摔倒的时候，是父母告诉他们，自己摔倒就必须自己爬起来；在孩子第一次故意哭泣的时候，是父母告诉他们，哭不一定能解决问题，要学会正确地沟通和交流；在孩子第一次开怀大笑的时候，是父母让他们体会生活的意义；在孩子第一次感觉到无助的时候，是父母让他们学会如何去坚强面对。

家庭是生命的摇篮，是人出生后接受教育的第一个场所，即人生的第一个课堂；父母是儿童的第一任老师，即启蒙之师。这两个"第一"是任何东西都无法替代的。古语云："孔子家儿不知骂，曾子家儿不知怒，所以然者，生而善教也。"所以，爸爸对孩子所施教育的第一个特点便是早期性、启蒙性。

古往今来，许多仁人志士在幼年时期都受到了良好的家庭教育，这是他们日后成才的一个重要原因。德国大诗人、剧作家歌德的成才，就得力于家庭的早期教育。歌德 2～3 岁时，爸爸就抱着他到郊外野游，观察自然，培养他的观察能力。3～4 岁时，爸爸教他唱歌、背歌谣、讲童话故事，并有意让他在众人面前讲演，培养他的表达能力。这些有意识的教育，使歌德从小乐于思索、善于学习。歌德 8 岁时能用法、德、英、意大利、拉丁、希腊语阅读各种书籍，14 岁写剧本，25 岁用一个月的时间写成了闻名遐迩的小说《少年维特之烦恼》。

反之，人的幼年时期得不到良好的家庭教育，而影响智力正常发展的事例也是不少的。如印度"狼孩"卡玛拉，从小被狼叼去，8 岁时被人发现，但其生活习惯已与人完全不同，而与狼几乎一样，四肢爬行，吃生肉，昼伏夜行，后来经过人为的训练，两年后才能站立，6 年后可以像人一样行走，4 年内学会了 6 个单词，在她 17 岁时，智力水平仅达到 3 岁孩子的水平。

据《中国妇女报》报道，江苏省南京市一姓马的工人因患有精神性心理疾病，生怕孩子受人迫害，将自己的三个子女从小锁在家中，不让他们与外界接触，长达十几年，致使这些孩子智力低下，反应迟缓，与同龄人相比，智力及生活能力严重滞后，近于白痴。所以，我们不可忽视对孩子早期启蒙教育的作用。

但并不是启蒙教育越早越好，应遵循适龄儿童的成长规律和认知规律。启蒙教育无处不在，尤其是爸爸对孩子。

我对女儿的教育引导是从一封信开始的。

女儿范姜国一（依依）是在我的家乡吉林省出生的，当时我远在千里之外的西安。在得知女儿出生的当天晚上，我决定立即给妻女写封信，来表达我激动的心情，这封信融入了一个做父亲全部的爱与期盼……

依依吾儿：

我是你的爸爸，此刻在千里之外的西安给你写这封信。

首先爸爸欢迎你来到咱家，我向你介绍一下家里的情况：我是一个清贫的靠写字为生的人；妈妈是一名中学语文教师；我们给你起的名字叫范姜国一，小名依依。之所以起这个名字，除却爸爸妈妈的姓氏外，"国"是你们这辈所拥有的字，"一"是简单，我们希望你能够平安、健康、快乐如一。

妈妈很年轻，大学刚毕业就嫁给了贫困潦倒的爸爸，顶着各种压力生下了你，她为你的到来和我的幸福做出了巨大的牺牲，我们要理解她的不易，感恩她的付出。任何时候，你都要尊重她、孝敬她。

爸爸是一个积极上进的人，却没有获得什么成就，也没有积攒下物质财富。爸爸从爷爷奶奶那里继承了正直和善良的优秀品质，爸爸将它们传承给你，希望你成为一个拥有良好品行的人。我们可以不成功、不富有，但是要乐观进取、有人格尊严。

孩子，爸爸不能给你一个好的物质环境，但是会给你一个让别的孩子都羡慕的精神世界，爸爸要像保护自己的眼睛一样保护你，让你健康、快乐地成长。

最后，爸爸要对你说："谢谢你，我的孩子！"

爸爸 憾笔

1996 年 10 月 22 日晨于西安

这就是我对女儿的启蒙教育。虽然当时她还看不懂这封信，但是我一直这样引导她。

东子给爸爸们的建议

一、作为启蒙之师的爸爸要有权威性

权威性，就是在孩子身上体现出应有的权力和威严。家庭的存在，确定了父母子女间的血缘关系、抚养关系、情感关系。子女在伦理道德和物质生活方面的需求性，对父母的依赖性，家庭成员的根本利益的一致性，这些都决定了父母对子女有较大的制约作用。

父母的教育易于被孩子接受和服从。家长合理地使用这一点，对孩子良好品德和行为习惯的养成是很有益处的。对于幼儿来说，尤其是这样。幼儿在与其他小朋友的玩耍过程中，出现争执时，往往引用父母的话来证实自己的言语行为的合理性，如他们喜欢说："我爸爸是这样说的"或"我妈妈是那样做的"，等等。

爸爸在孩子幼年时代始终扮演着双重角色，既是孩子安全生存的保护者，又是人生启蒙的向导。爸爸教育的效果如何，就看爸爸权威树立的程度。爸爸权威的树立必须建立在尊重孩子人格的基础上，而不是在封建的家长制上。明智的爸爸很懂得权威树立的重要性，更懂得权威的树立不是靠压制、强求、主观臆断，而是采用刚柔相济的方法。

二、"启蒙之师"还应具有感染性

父母与孩子之间的血缘关系和亲缘关系的天然性和密切性，使父母的喜怒

哀乐对孩子有强烈的感染作用。孩子对父母的言行举止往往能心领神会，以情通情。在处理身边的人与事物的关系和问题时，孩子对家长所持的态度很容易引起共鸣。在家长高兴时，孩子也会心情愉快，在家长表现出烦躁不安和闷闷不乐时，孩子的情绪也容易受影响，即使幼儿也是如此。

如果父母缺乏理智而感情用事、脾气暴躁，孩子遇到事情也会喜怒无常、大吵大闹；爸爸在处理一些突发事件时，表现出惊恐不安、措手不及，孩子也会经常胆小怕事、惊慌失措；如果爸爸处变不惊、沉稳坚定，也会使孩子在关键时刻沉着冷静、机智勇敢。因此，爸爸的情感、态度和价值观对孩子心理品质的培养起到积极的作用。

三、"启蒙之师"对启蒙教育具有及时性

启蒙教育的过程是父母在家庭中对孩子进行的个别教育行为，比幼儿园、学校教育要及时。常言道：知子莫若父，知女莫若母。家长与孩子朝夕相处，对他们的情况可以说是了如指掌，孩子身上稍有什么变化，即使是一个眼神、一个微笑都能使父母心领神会。故此，父母通过孩子的一举一动、一言一行能及时掌握此时此刻他们的心理状态，发现孩子身上存在的问题，及时教育，及时纠偏，不让问题过夜，使不良行为习惯和情绪消灭在萌芽状态之中。

正如印度电影《流浪者》中有句经典台词：贼的儿子不一定是贼，法官的儿子也不一定是法官。所以，无论你是轰轰烈烈的一代天骄，还是默默无闻的凡夫俗子，你都是孩子的启蒙之师，你是谁不重要，重要的是你让你的孩子是谁。很多"一代天骄"都是"凡夫俗子"教育而成的。

生活就是教育，教育孕于点滴之中，启蒙教育更是如此，唯有合格的"启蒙之师"，才能孕育出优秀的孩子。

爱护孩子的心灵

孩子的心灵是脆弱的，他们需要大人用理解、肯定与鼓励去爱护。

随着社会的发展，人们逐渐意识到，只有具备健康的心理、健壮的身体以及良好的社会适应能力，才是健康的人。在培养孩子方面也是如此，不仅仅是使孩子有一个健康的体魄和优异的学习成绩，更重要的是培养孩子健全的人格和健康的心态。

孩子的心理活动和思想感情是独特的，爸爸要用心地去关注孩子，顺应"孩子的大脑"去思考，尝试用"孩子的眼光"去观察，想象"孩子的情感"去体验，回归"孩子的兴趣"去爱好！你会发现，孩子的内心是一个多么丰富多彩的世界！他们渴望被爱、尊重、理解、信任，更渴望得到赏识和认可。爸爸要用欣赏的眼光去关注孩子的每一个闪光点，用喜悦的心情去赞许孩子的每一次成功，哪怕是微小的进步，也要给予表扬和鼓励。

大多数父母认为成绩好就是好孩子，从而忽视孩子的心灵需求。孩子的心灵是脆弱的，他们需要大人用理解、肯定与鼓励去爱护。健康的心灵是孩子成长的最大财富。

爸爸是孩子"心灵的保护神"，而有些爸爸却成了可与之相悖的"心灵暴力鬼"。"心灵暴力"是家庭教育中普遍存在而又未引起重视的问题。它是指在青少年成长过程中，影响其心理健康发展、身体伤害以外的暴力行为。在我们身边，不少孩子都曾受到过各种形式的心灵暴力。

俗话说："良言一句三冬暖，恶语伤人六月寒。"恶毒的语言具有很大的杀伤力，虽然看不见滴血，却足以使孩子的内心伤痕累累，这种伤害相比受点皮肉之苦伤之更重。孩子有时宁愿挨顿打，也不愿被父母辱骂、贬损、指责，那样会刺伤他们的自尊心。

美国耶鲁儿童健康组织调查发现，父母对孩子辱骂、训斥、威吓等行为，会阻碍孩子长高，甚至成为"精神性矮子"。

辱骂孩子起不到任何教育作用，只是家长不良情绪的一种发泄。有的家长因孩子学习成绩差，张口闭口"你怎么那么笨，连猪都不如""死榆木疙瘩脑袋，一点不开窍""你还能干点啥？每天什么都不让你干，只学习还学不明白，将来扫大街也不用你这样的"这些话，对很多人来讲并不是那么陌生，耳边总不乏响起这种刺耳的声音。家长自己很普通，但非把过高的要求强加给孩子，孩子成绩一旦没达到要求，就会遭到辱骂。

据调查，越是下层民众，采取这种教育方式的家长的比例越高，他们千辛万苦，甚至把全部希望都寄托在孩子身上，就是想让孩子将来过的生活比自己更体面。岂不知这样做不但起不到应有的作用，对孩子的负面影响是家长始料不及的。

如此这般谩骂，孩子早已体无完肤，一方面对自己的能力表示怀疑，另一方面心中对父母充满怨恨。家长这种只图自己口舌痛快，不顾孩子感受的做法，是家庭教育中的一大忌。

东子给爸爸们的建议

一、不威胁恐吓孩子

如今，大多数父母已经懂得了科学教养孩子的重要性，恐吓孩子的场景恐怕已经不多见了，但是，并不代表绝迹。即使现代父母日益重视和孩子的相处之道，但是在被孩子折磨得头昏脑胀、无计可施的情况下，恐吓孩子的话还是经常容易脱口而出，因为这种方法最简单、最有效。

比如小孩子哭闹，给他讲道理他听不懂，好好地安抚他，又没有效果，还不如干脆吓唬吓唬——"大灰狼来了！""老师来了！""医生来了！""送你去打针！""把你扔出去！""把你送给别人！"效果往往是立竿见影的，孩子马上就不哭了，睁大惊恐的眼睛，看医生是不是真的来了，是不是真的要送他去打针……

用要挟的话或手段恐吓孩子，是爸爸教育孩子时常常采用的一种错误方法。爸爸往往认为孩子小、不懂事，讲不通道理，这种"简单易行"的方法可以达

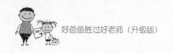

到让孩子听话的目的。如孩子吵闹、不肯睡，就说鬼怪来了，赶快把眼睛闭上；或把孩子关到黑漆漆的房间，以表示对他不听话的惩罚。

这种方法破坏了孩子对爸爸的信任和依赖，使其胆小怕事，甚至导致孩子患上恐惧症或者焦虑症；还易使孩子模仿这种行为去骗人、吓唬人，以强迫对方答应自己提出的不正当要求。

恐吓是一剂猛药，确实见效很快，但是治标不治本，有时连标都治不了，还有极大的副作用，长远的毒性大大超过短期的疗效。恐吓的实质就是一种精神暴力，是以镇压为手段，达到控制孩子的目的。

儿童阶段是一个人人格和个性形成的重要时期，家长的恐吓对孩子的成长负面影响极大。一是敏感度高。经常被恐吓的孩子，一般都变得比较敏感，稍微有一点变化都会引起情绪上的波动。二是缺乏安全感。如果父母的恐吓过于严重，会使得原本就缺乏安全感的孩子更容易受伤。三是容易顺从。为了"不被警察抓走"或"不被扔掉"，孩子也许会变得比较顺从，尽量听令于父母、讨好父母，失去了判断事物的能力。

二、不可轻视孩子，善于发现孩子的优点

很多家长在责备孩子时，总是会拿孩子的缺点和别家小孩的优点进行比较，看到别的孩子取得了好成绩或是获得了什么奖励，于是就骂自己的孩子："你怎么什么都不行？你要是有某某一半优秀就好了……"或许家长这样做的目的，只是单纯地想让自己的孩子向别人学习来取长补短，但是他们的做法不知不觉中已经伤了孩子的自尊心。

其实，每个孩子都有闪光点，家长要善于发现孩子的优点。否则，只顾说孩子的缺点，会让他变得更加自卑，甚至连原来的优点都失去。这种做法不但不能提升孩子的上进心，还会"长他人志气，灭自己威风"。我们应该从每件事中挖掘孩子的闪光点，告诉孩子"你这一点比很多孩子强多了！""你的做法中有一种特别之处。"孩子的自信就是这样培养起来的。因此，爸爸要给予孩子自信心，没有自信的孩子，不会有改变缺点的力量。

千万不要拿别的孩子的优点和自己的孩子的缺点比，什么时候都要给孩子自信，要让孩子感受到爸爸对他的欣赏。哪怕是孩子做了不太好的事，也要从另一个角度找出积极的因素，让孩子始终觉得：我的父母总能给我力量，他们是我最亲的人。久而久之，孩子就会用乐观自信的人生态度面对生活中的所有困难。

三、不能羞辱斥责

当孩子犯错误、做错事后，不少家长喜欢用难听的话辱骂孩子，这会伤了孩子的自尊心，还容易造成亲子间的隔阂，使孩子产生逆反心理，许多孩子干脆"破罐子破摔"。

爸爸是否设身处地为孩子着想过？孩子需要爱与温暖，他们有自己的尊严和想法。孩子是一个独立的个体，不是我们的附属品。很多时候，是我们自己的内心出了问题，我们烦躁、心里不安、工作生活不如意，却把这一切都发泄在孩子身上，这公平吗？

孩子的心理出了问题，我们越发责怪和厌弃他，从而形成恶性循环，终无了时。今天孩子不成器，是过去我们教育失误的累积；明天孩子前程如何，有待我们今天的努力。"己所不欲，勿施于人"，自己没有作为，怎能苛求孩子成龙成凤？奢望让孩子实现自己的理想，那是极端自私的，更会扭曲孩子原本健康的心灵。

家长总是不忘给孩子买好吃的好穿的，精心培育孩子身体的成长，却忘了孩子心理的发育也需要细致呵护。不断积累的情绪问题会和孩子的智力一起发展，形成错综复杂的关系，让他们迷失。情感不健康的孩子，无论智力多么超群，也不可能快乐。

我们要像呵护荷叶上晶莹脆弱的露珠一样呵护孩子的心灵，作为爸爸及孩子身边的成年人，每一句激励性的话语，都会使孩子信心百倍。而一句粗暴的呵斥，则会给他们带来深深的伤害。因此，我们关注的不应只是孩子的外在强壮，更重要的是要关注孩子的心理健康。

作为家长，尤其是爸爸，要提高自身的修养，以一颗平常心待人与处世。自己冷静下来，才能正确面对孩子，呵护好孩子的心灵，处理他们成长中的各种问题，孩子才会少走弯路，健康成长。

呵护孩子的好奇心

从培养一个孩子的角度看，一身脏衣服、一个被摔坏的玩具和孩子一生的发展相比，又算得了什么呢？

好奇心是孩子学习兴趣的源泉。渴望通过自己的探索来了解世界，是孩子的天性。心理学家将好奇心定义为：个体对新异刺激的探究反应。对新事物和现象，人有着了解和探索的本能。对于初涉入世的孩子来说，身边的世界是那么陌生、新鲜和神秘，在他的心中充满了探索、求知的欲望，这宝贵的好奇心正是他智慧的火花，更是促使他学习的原动力。研究证明，一个富有好奇心的人能够保持旺盛的求知欲，在获得知识的过程中体验乐趣，这种乐趣又会激励他不知疲倦地去探究未知的领域，促进其智力的发展。

经常和孩子在一起，你一定会发现他们似乎有问不完的问题，闯不完的"祸"。如果我们静下心来，便会从中看出，那是因为他们对大千世界充满了好奇。

许多家长为了避免孩子出意外，怕孩子破坏东西，当孩子爬上爬下，不停地触摸，不停地翻动他所能够得到的物体的时候，总喜欢说："别动，脏！""别摸，危险！""你来做什么？又没你什么事！"……

孩子好奇的天性，决定了他对第一次见到的东西总是很感兴趣，孩子"调皮"也正符合他的发育特点，这时家长就应该因势利导，在安全得到保障的前提下，充分解放孩子的手脚，否则很可能把一个小发明家的探究精神在萌芽状态给扼杀了。

从培养一个孩子的角度看，一身脏衣服、一个被摔坏的玩具，和一个孩子一生的发展相比，又算得了什么呢？家长过分约束孩子，只会消减他的创造力和探索能力。

孩子常常会指着那些新奇的东西，问这是什么，那又是什么，为什么会这样……我们不能小看孩子们的这些奇思妙想，这中间往往蕴藏着不可预知的潜能。东子在研究一些成功人士的学习动力时，发现所有的动力原型都是对事物的新鲜感，即好奇心。呵护好孩子的好奇心，就是呵护了孩子未来的幸福。

东子给爸爸们的建议

一、让孩子学会质疑

好奇是质疑的开始。

不会质疑的孩子只能是书呆子，会质疑的孩子才能进步。古人云："学贵多疑。"不疑不进，小疑小进，大疑大进，多疑好问。通过思考既解决了问题又获得了知识，增长了学问。只有当感到需要问"为什么""是什么""该怎么办"时，思维才是主动的，才能真正深入思考。

女儿发蒙之始，我便告诉她："父母说的、老师讲的不都正确，书上写的也有错误，不要盲从，要学会质疑，学会发现问题，要批评地吸纳别人的东西。"所以，女儿一路走来，在不断质疑中成长。

要想让孩子学会质疑，首先家长要鼓励孩子提出自己的见解。许多孩子都有很强的好奇心，喜欢"打破砂锅问到底"，每当见到新事物，总想更深入地了解，往往会不自觉地摸一摸、问一问、拆一拆、装一装。许多父母对孩子的这些行为很是烦恼，经常批评孩子。他们不知道，这些都是孩子喜欢探究和旺盛求知欲的表现，呵斥会挫伤孩了探寻的积极性。

培养孩子的质疑精神，就是要顺应孩子对事物的好奇心，因为好奇心是孩子探究未知事物的强大动力。

二、鼓励孩子积极探索

好奇是孩子的天性，我们应加以爱护，并给他们充分的自由，允许他们大胆地去想象。即使产生了一些稀奇古怪的想法，也不能盲目否定，而应采取他们能理解的方式，耐心解答，共同讨论，或提出问题引导孩子继续思索。

当孩子把奶瓶反转，并且试着从奶瓶的底部来吸奶的时候；当孩子将停下了的玩具火车又推义拉又打，想使它再次跑动起来的时候；当孩子在公园里专心地看着被风吹得摇摇摆摆的花草的时候，这些都是他们在好奇心的驱使下，探索这个陌生世界的表现。对孩子来说，一切都是新鲜的、值得探索的。此时，家长不要忽视和否定孩子的学习和探索行为，而应该精心地呵护孩子的好奇心，努力用孩子的眼光去观察这个世界，跟孩子一起去惊异，去提问，去讨论，去

共同做出结论。

孩子的好奇心表现在探索、检验自己的一些异想天开的想法。而家长的粗暴、忽视、干涉和误解会在很大程度上伤害孩子，长此以往，会使孩子失去探索事物的兴趣，变得麻木，丧失求知欲望。这样的结果是为人父母的我们都不愿意看到的，也是违背我们教育孩子的初衷的。

三、为孩子提供动脑、动手的机会

根据孩子模仿性强、爱动的特点，可以让他们利用手边的工具，充分运用各种感官，自己观察，自己动手操作，让孩子体验到一种自我成就感和乐趣。他们对于自己动脑筋想出来、自己动手做出来的东西，有一种偏爱和特殊的兴趣，因而类似活动有利于激发起他们强烈的好奇心和求知欲，从而逐渐培养起学习兴趣。

有这样一个故事：世界上第一架飞机的发明者莱特兄弟，小时候是富有好奇心的孩子。有一次，兄弟俩在大树底下玩，两人产生了爬上树去摘月亮的想法。结果，当然不仅没有摘到月亮，反而把衣服都刮破了。他们的爸爸见此情况，不仅没有责骂他们，而且耐心地开导他们。在爸爸的引导下，兄弟俩日夜为制作能骑上天的"大鸟"而努力。这期间，爸爸不失时机地买了一架酷似直升飞机的玩具送给他俩，这更加激发了他们对制造升空装置的浓烈兴趣。他俩不断地学习升空技术方面的知识，翻阅了大量有关飞行的资料。在爸爸的鼓励下，经过多次试验，兄弟俩终于发明了世界上第一架飞机。

孩子由于好奇自然会提出些问题，可是有些父母会对孩子说："问这么多，烦不烦？"也许，孩子的好奇心就在父母的不断呵斥声中被毁灭了。其实，我们也可以像莱特爸爸那样，注意倾听孩子的问题，积极地引导孩子的好奇心，培养孩子独立思考的能力，为孩子提供动脑、动手的机会。这样，孩子就能在不断地动手和思考中增强创新能力。

四、不要挫伤孩子好问的积极性

如今的孩子接触面广，在现代信息高速发展的社会，接受新鲜事物快，好奇心强，喜欢独立思索，敢于发问，这是一件好事。如果孩子们对什么事情感兴趣，就应因势利导，启发他们去积极思考，培养孩子们的好奇心与探究精神。

当孩子问问题时，爸爸不应该简单地将结论告诉孩子。告诉孩子问题的答案，远不如让孩子自己思考"为什么"来得重要。例如，当孩子问"鸟儿晚上睡在哪里"时，你不必直接回答，你可以与孩子一起探讨鸟儿在晚上的可能去处；当孩子问"黄色和蓝色颜料混合后会变成什么颜色"，你可以说："是啊，那究竟会变成什么颜色呢？"以此来引导孩子去试验，去思考，让孩子自己去得出结论。同时，你还可以通过一些开放式的问题，激发孩子对事物的好奇心与探索的欲望。

女儿总是向我问这问那。无论在家里还是走出家门，这孩子几乎是走哪问哪，见啥问啥。我不仅不斥责她，而且还耐心地引导和保护她这难得的好奇心。这一结果就是，女儿制作出了很多超乎想象的手工作品，什么印第安人笔筒、三条腿的凳子、五条腿的桌子等奇异作品。另外，她的创造性思维和探索精神得到很好的发展。

作为爸爸，我们应好好地回答孩子的问题，而不要随随便便地搪塞一些答案。这样不但会使孩子幼小的心灵受到伤害，也可能会使他失去再提问题的兴趣。相反，如果我们的回答既生动又活泼，无形之中就能帮助孩子建立对生命、对未来的好奇探索。

好奇心是孩子敢于探索新知的原动力，它就像是一双巨大的翅膀，能带领孩子在知识的天空里展翅高飞。保护孩子的好奇心就是保护孩子未来的幸福。

激发孩子的求知欲

爸爸的任务在于帮助孩子学习，无论这种学习是认知、情感或技能方面，爸爸必须先唤起孩子对学习的求知欲和好奇心，才能产生持久的学习活动。

当孩子睁着一双明亮的眼睛打量这个世界，他对这个世界充满了好奇，同时也对这个世界充满了渴求。随着年龄的增长，他的问题会越来越多。每个孩子的天性都是好学好问的，对周围的事物都感到新鲜有趣，上至云电风雨、日月星辰，下至海洋生物、河流山川，他们什么都想知道，并且认为爸爸无所不能。

于是，从会说话起，就不管爸爸有事没事，缠着提些稀奇古怪或被爸爸看来根本就不值一提的问题。爸爸对孩子提出的这些问题一定要正确对待，切莫等闲视之，甚至批评不该提这有时连大人也说不清道不明的问题。实际上这种好奇好问的天性，说到底就是一种渴求知识欲望的"幼芽"，且这株幼芽是十分娇嫩和脆弱的。如果爸爸能精心保护、耐心教育、科学地为之"施肥浇水"，"除草灭虫"，就会呈现出勃勃生机；如果保护不当，就会使之遭到摧残，甚至被扼杀。

求知欲，是来源于儿童内心的积极要求。激发孩子的求知欲望就是使孩子把"要我学"变成"我要学"的心理需求。爸爸的任务在于帮助孩子学习，无论这种学习是认知、情感或技能方面，爸爸必须先唤起孩子对学习的求知欲和好奇心，才能产生持久的学习动力。

激发孩子的求知欲，爸爸可以从多方面去启发诱导。比如给孩子讲名人、伟人刻苦学习、奋发向上的故事，通过讲故事，使孩子思想感情上受到陶冶。或者帮助孩子确立正确的学习目的，让孩子明白为什么要上学读书。

爸爸对孩子进行学习目的性教育引导，也可以多角度来着眼，比如说语文的学习，帮助孩子明确学好语文是为了掌握语言文字的交流工具，培养识字、读书、写作的能力，为学好各门功课打下基础。只有让孩子真正知道学好语文有多么重要，他们才能产生对语文的爱好并努力学好它。其他功课也是同样的道理。

东子给爸爸们的建议

一、要向孩子展示生活中的各种现象

孩子对实际生活中现象的记忆，比任何教科书或电视教育片上看到的要深刻得多。比如，让孩子在显微镜下看看他们的手指甲，就会懂得为什么坚持饭前洗手；与其向孩子解释什么是霉，不如让孩子看看面包上长的霉点；给孩子讲节约粮食，不如带其到乡下看看农民伯伯种的五谷；如果能带孩子到博物馆或科技馆去，不要规定参观路线，而是让孩子带路，这样就知道他们最感兴趣的是什么。

思索始于不解，有计划有目的地引导孩子多走走、多看看，多感受变幻莫测的自然风光，五光十色的艺术品，扑朔迷离的社会生活。这样才可以满足孩子的好奇心及求知欲。

还可以在游戏中激发孩子的多元智能，如玩扑克牌和文字接龙，玩扑克牌可以从"找同伴""接龙"到相对来说较为复杂的"二十四点"，既锻炼了记忆力，又学会了简单的数字。

我还和依依一起设计了纸牌的新玩法。我们用带图的卡片当扑克牌，一个人先拿出一张卡片，根据卡片上画面内容编一个故事，另一个人也拿出一张卡片说出一个故事，但是要求必须是前一个人说的故事情节的延续。如此往复接龙，一个长长的故事就诞生了。女儿玩得不亦乐乎，编出来的故事情节越来越精彩。

二、要常常向孩子说出他的优点

每个人都有着与众不同的长处和优点，问题在于要善于发掘这些珍珠，并有机地把它们连缀起来。一次，有位教师笼统地说一位学生心理素质不好，使他心理产生了阴影。但孩子爸爸经过耐心细致的分析认为，儿子的心理素质没有什么大的问题，并指出其许多方面的心理素质是良好的，当然，同时也提出了一些尚待改进与提高的地方，消除了儿子的疑虑。

2013年年底，已经上大学的女儿在给我的信中写道："爸爸，我一直在努力变强变好，让你以我为自豪。但我似乎永远无法挣脱你的'光环'，不管我取得了多好的成绩，还是会有人说'她爸爸很牛啊'。爸爸，我不知道我到底

是不是优秀，也不知道没有你，我还能不能如此优秀，但我想让你认真地说一次：
'孩子，你很棒！哪怕爸爸不是这样培养你，你也很棒。'只是这样肯定一下
我的努力，我就很知足、很开心。"

我在给孩子的回信中写道："依依，你的成长虽然有爸爸的因素，但是你
的能力是摸得着看得到的。爸爸今天依然记得，你写《玩过小学》书里的那篇《自
己睡觉也香甜》时，你只有9岁，文字流畅，语言优美，这是很多同龄孩子做
不到的。而到后来出版的《一路玩来是长大》这本书的文笔已经远远超过爸爸，
而且文章很有思想性。一个刚刚16岁的大一学生能做到这些，真的很优秀。

"你在中国国际展览中心举行新书发布会时，面对40多家媒体的记者，你
声音洪亮、有礼有节地表达了对父亲、出版社、媒体、读者的感谢。你的出色表现，
不仅征服了全场观众，也让爸爸看到我的女儿是多么优秀。当天的活动尚未结束，
我就收到了广西人民出版社副总编辑白竹林阿姨的短信：'依依这孩子真有气场，
太大气了！'作为父亲，我以你为荣。

"几个月后，我们应邀到西安做演讲，你很有爸爸当年的风范，不带稿子，
面对几百观众侃侃而谈，而且有理有据，赢得了大家的阵阵掌声。问答环节，
你机警敏锐、落落大方、泰然自若，也让爸爸看到一个实实在在出色的女儿。"

女儿收到这封信后，进一步增添了自信和求知欲，她始终在忙碌中孜孜以求，
信心十足地在熟悉与不熟悉的领域探索着。

三、反问有助于增进孩子的求知欲

据我观察，爸爸们对孩子充满好奇的提问，回答大致可分为两种情况：一
是不予理睬，或者简单应付，甚至流露出不耐烦："爸爸忙着呢，一边玩去。""去
去，长大就知道了。"二是知无不言，言无不尽，只要孩子问，就不厌其烦地
详细解答，认为这样才能满足孩子的好奇心，增加孩子的知识。

第一种表现当然是不该提倡的，爸爸讨厌孩子问问题，这是大错特错的，
绝不能压抑孩子的求知欲望，孩子问什么，就应答什么，绝不能嫌麻烦，敷衍搪塞，
应付了事。孩子提问题表明他在主动思考，有求知的欲望，做爸爸的应该感到
高兴，并给孩子以支持和鼓励。粗暴地拒绝回答或者应付，会不同程度地扼杀
孩子探索世界的好奇心。第二种表现看起来是一种很称职的做法，可是，东子

并不赞同这样的"有问必答"。因为这种做法很难让孩子生出主动思考的积极性，自然思考能力也得不到锻炼。他已经习惯于"吃现成"的了。我认为面对孩子的提问，最好不要直接回答，而是利用反问，启发孩子对自己提出的问题进行思考，或者鼓励孩子自己动手动脑去求索答案。

依依 2 岁时，一次吃荔枝，她抓起一只荔枝刚要往嘴里放，突然很好奇地问我："这里面的核是什么样子的？"我笑着问她："你说呢？"孩子歪着脑袋，很专注地想了想说："是圆的。"我接着问："为什么？""因为桃子的核就是圆的。"依依肯定地回答。我再问："那会不会是另外的样子呢？因为它是荔枝，不是桃啊。"

依依面露疑惑："那，它是方的吗？是长的？"就这样，我们针对一个荔枝核是什么样子的，"讨论""研究"了半天，我始终没有告诉孩子它是什么样子的。孩子想了很多种样子，最终说："还是吃一个再说吧。"我哈哈大笑："好啊！"

在这个过程中，孩子的想象力得到了充分的锻炼，并且从头至尾都是我在启发引导孩子，整个思考过程乃至最终"吃一个看看"的动手解决问题，都是孩子独立完成的。妻子旁观了我和女儿的对话过程，事后对我说："还是你有耐心，要是我，就直接说：'圆的。'"我对她说："这样做的确很省事，孩子也很快就知道了问题的答案，可是我们会丢掉一次锻炼孩子思考能力的机会。"

尽管我时常提醒妻子，要重视反问，但她大多时候不记得。和大部分家长一样，只要孩子一问，她就很"热心"地做出回答。有好几次，我听到孩子提问，刚要说："宝宝，你是怎么想的呢？"可是还没等张嘴呢，妻子脱口而出。好在，在我的影响下，妻子渐渐不再"口快"了。在孩子提出问题的时候，也开始有意识地给孩子足够的思考空间，而不是轻易把答案告诉孩子。

孩子是否聪明，不在于掌握多少知识，而在于是否会思考。所以，给孩子思考的机会，孩子才会真正变得聪明。

爱劳动的孩子更幸福

缺乏劳动意识的孩子会养成依赖成人的习惯，而且，由于孩子没有经过劳动的磨炼，以后走上社会也很难胜任工作。

劳动是人生的"必修课"。

教会孩子劳动，给孩子提供劳动的机会，孩子可以体味到劳动的快乐和被人信任的幸福感。爸爸要让孩子知道：劳动是幸福之本，懒惰、好逸恶劳是万恶之源。

常言道："樱桃好吃树难栽，不下苦功花不开。"美好的东西付出相应的劳动和汗水才能获得。当一个人明白这些东西来之不易的时候，他才会倍加珍惜。

古人云："不劳动者不得食。"但是，现在许多父母却由于溺爱孩子等各种原因，忽视了对孩子劳动教育的培养，使孩子逐渐养成了不爱劳动的坏习惯。缺乏劳动意识的孩子会养成依赖大人的习惯，而且，由于孩子没有经过劳动的磨炼，缺乏自立意识，以后走上社会也很难胜任工作。

多家媒体报道了"东方神童"魏永康被勒令退学的新闻。这位神童13岁时就考入湘潭大学；4年后又以优异成绩考取中科院高能物理所硕、博连读。可后来中科院以其不能适应学习为由劝退。事实上，魏永康在学习上的不适应只是一方面，更不适应的是在生活自理方面。魏永康从出生到去中科院念书之前，一切与生活自理有关的"活"全都被母亲包揽了。以至于20多岁了，吃饭、穿衣、洗澡、洗脸、端碗等仍要靠母亲帮助。

当今这样宠爱孩子的家长有很多，他们基本不主张孩子去做家务。调查显示，中国城市家庭子女每日平均劳动时间仅为10分钟，不及美国孩子的1/6。超过80%的孩子从未或很少做洗碗、洗衣服等家务。在家里，家长包办孩子的一切；在幼儿园和学校里，老师也很少安排劳动课。使得孩子动手机会减少，生活自理能力降低，自己的事情不会做或不愿做。

从家长方面来讲，由于教育价值观和教养态度不正确，把家庭教育狭义地理解为单一的智力开发，缺乏对孩子独立性和劳动习惯的培养。例如认为孩子作业负担已经很重，不能再给他增加负担了；有些家务太危险，怕孩子出事；孩子做不到位，越帮越忙，自己还得重做，等等。从孩子方面来讲，则是因为缺乏必要的家务劳动技能的实践锻炼，使他做不好，不会做，没有劳动兴趣，更愿意依赖父母。如此形成恶性循环。

东子给爸爸们的建议

一、孩子在任何年龄段都有参与家庭事务的渴望

其实，孩子也和成人一样，希望通过劳动来体现自我的重要性。所以，无论是琐碎的家务劳动，还是一些在成人眼里无足轻重的工作，教给孩子去做，孩子都会从中体味到快乐和幸福。让孩子学会自理，承担一些家务劳动，为的是培养孩子的独立性及家庭责任，并由此进一步培养他们的社会责任感。

我们不仅要让孩子在实践中学习一些生活劳动技能，更重要的是培养孩子热爱劳动的思想、习惯和吃苦耐劳的精神，培养有责任感、自强自立的意志品质，有了这些良好的思想品质，就可以"迁移"到学习、工作、事业等方面，对他们的一生都有无穷益处。因此，爸爸要重视对孩子劳动习惯的培养。

二、要尊重并培养孩子自我服务、热爱劳动的意识

因为幼儿已经有了独立意识，他们什么都要来个"我自己"。随着年龄的增长，他们不仅要独自穿脱衣服、洗脸、洗手，而且还要自己洗衣服、洗袜子，自己修理或者制作一些玩具，甚至还想自己洗碗、上街买东西。对于孩子正在萌发的独立意识，我们一定要予以重视、支持和鼓励。如果经常压制孩子的独立愿望，他将来可能会成为一个处世消极、无所作为的人，这样的孩子只会什么事都要等大人替他准备好。爸爸应让孩子树立"我会""我能自己做"的自信心。"我行"这种自我感觉很重要，因为它是孩子自信的原动力。

孩子是否愿意从事家务劳动，以及从事家务劳动时间的长短，将影响其性格的形成和发展。从小热爱劳动的人，成年后的生活比不爱劳动的人更充实、更完美，事业上也更容易获得成功。劳动对孩子的身心发展意义重大，因此，从小培养孩子爱劳动的习惯非常必要。

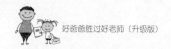
女儿依依从 4 岁开始，就自己洗袜子、短裤等小件衣服。刚开始，为了洗一双袜子，用了足足少半袋洗衣粉，把身上的干净衣服也弄得一片狼藉，害得她妈妈还要给她洗外套。但是我们没有就此阻止她，而是鼓励她。于是，孩子的干劲越来越大，袜子、短裤换下来了，不用提醒，自己就端着小盆子坐下来洗。渐渐地，孩子洗衣服的手法越来越熟练了，速度也越来越快。有时候，还会顺手把我的和她妈妈的袜子一块收了去洗了。

女儿在她的新书《一路玩来是长大》中这样写道：

初中的时候家里的衣服都由我来洗，大件用洗衣机，小件或者容易染色的手洗。家里一般一个星期洗一次衣服，有时候小件的随手就洗了，所以每个星期六，就是我的工作日。

这一天，我把家里的脏衣服（爸爸的内衣内裤除外，那些都是他自己洗）都搜出来，放在洗手间的大盆里，然后进行分类。一般分为：大件、小件两类，因此我把爸爸和我的运动服放进了洗衣机，剩下的背心、袜子、毛巾等小衣物留在盆里。将洗衣机插上电后，在衣物的上面撒上适量的洗衣粉，然后按下开关，随后选择程序和水量，最后按开始就可以了。洗衣机开始运转了，我这里也不能停下来，把水灌到大盆里，拿出我的小帮手——搓衣板，找个小板凳坐下来开始工作了……

三、要孩子坚持独立、不怕困难

其实每个孩子刚开始学自理都会感到困难、力不从心，但要做个"好孩子"的愿望在鼓励着他们，他们会不断克服困难，坚持到底，直至成功。这有助于锻炼孩子的意志，增强他们克服困难的信心，在收获成功的喜悦的同时，也会感知成功的来之不易。自食其力可让孩子懂得尊重别人的劳动，增强责任感，促进其独立性的发展。

在培养孩子生活自理能力的过程中，首先要明确认识。要知道，小孩子在 1 岁半以后，就有了自己做事的欲望。他们什么都想试试，有时候要做的事情超过了自己的能力，可还是很有兴致。我们应该抓住这个机会，有意识地就此培养孩子的自理能力。忽略了这一点，错过了这个时期，孩子就会渐渐形成依赖心理了。我看到过很多孩子，开始的时候兴致勃勃地去劳动，一遇到点困难就喊爸爸妈妈、爷爷奶奶，大人来了自己就耍赖，如果此时大人没有对孩子的劳动坚持正确的态度，就会在孩子的耍赖中投降。于是，孩子半途跑掉，大人开始代劳。大人不忍心孩子受一点苦，孩子是永远不会独立的。

对于幼儿来说，首先要学会自己穿脱衣服、整理和收拾玩具等，这需要他们付出很大的努力，克服一定的困难。作为爸爸，应鼓励孩子克服困难，坚持让孩子自己去做事，若感情用事，不仅不能给孩子勇气，帮助孩子克服困难、经受磨炼，相反，只会增加孩子的恐慌、软弱。

四、要给孩子提供各种动手的机会

平时孩子要端饭，只要不能烫着，就让孩子端；孩子要刷碗，哪怕把碗打碎了，也要继续鼓励他；孩子要扫地，就把扫把给他准备好……总之，要为孩子提供各种各样的实践机会，解放孩子的手脚，让他们大胆去做。没有机会，就无从谈起锻炼和提高。

没有一个人天生就什么都会做的，作为父母不能因舍不得孩子而包办代替一切；也不能认为孩子小，不用着急，长大自然就会了，而不给孩子做的机会；更不能因为孩子做事慢或者做不好，就不耐烦地剥夺孩子动手的机会。要让孩子带着兴趣去做，并配之以必要的鼓励，这样孩子就会越做越好。

很多的家长认为，孩子唯一的任务是学习，学习好就一好百好。家长时常这样教导："只要你好好学习，家里什么事情也不用你做。"也有的家庭经济条件比较好，家里长期雇用保姆，孩子习惯了别人的伺候，认为花钱就可以让别人替自己干活。有些孩子在学校里花钱请人代写作业，在家里洗衣服、洗碗等基本的劳动技能都掌握不了。

家长有意锻炼孩子的劳动技能，不仅可以避免"好逸恶劳""好吃懒做"的坏习惯产生，还可以培养孩子的社会责任感，保持和他人良好的人际关系。比如，有些家长不仅在家积极锻炼孩子，而且创造机会让孩子参加公益劳动、志愿者活动、学雷锋活动等，让孩子知道劳动是必要的能力，是光荣的事情。

因此，爸爸一定要从小培养孩子爱劳动的习惯，对孩子力所能及的事不要大包大揽。要给孩子施展自己能力的机会，让孩子自己的事情自己做，不会的事情学着做，会做的事情经常做。只有这样，我们的孩子才能健康长大。

苦辣也要品尝

如果把孩子比作温室里的鲜花或者山林中的松树，那么你希望自己的孩子长大后变成鲜花还是松树呢？

家庭教育是生活教育，是需要在生活的细节里，让孩子品尝苦辣酸甜的教育，其中培养孩子独立生活和独立面对人生风雨的能力尤为重要。如果把孩子比作温室里的鲜花或者山林中的松树，那么你希望自己的孩子长大后变成鲜花还是松树呢？

现在很多人把孩子捧在手心里当掌上明珠，小心翼翼地呵护着，却不懂得如何教育。他们的教育观念是：宁肯自己挨饿，也要让孩子吃饱；宁肯自己累死，也不要孩子吃一点苦；宁肯自己饱受风雨，也不要孩子走出温室……

天底下没有不爱孩子的父母，而且绝大多数父母对孩子是有求必应，倾注满腔的爱。爱孩子是父母之天性，可是过多的爱只会使孩子沉溺于父母编织的温柔保护圈里，阻碍孩子的个性成熟，限制孩子的人格独立。因此，父母这种过多的感情投入，并不是真正的爱孩子。

我们应该告诉孩子：苦辣酸甜才会构成生活的丰富多彩，才会感受人生的充实美好，尝尽各种味道才会珍惜和拥有。香的和甜的只有在辣过、苦过之后才更纯正，当你勇敢地面对苦的、辣的之后，它们都会变成淡淡的滋味。多年以后，这一切会成为你难忘的经历、宝贵的财富。

在我还没有做爸爸的时候就想：等将来我有了孩子，一定给孩子打下坚实的基础，让孩子像我一样坚强自信。因为我知道"一帆风顺"只是存在于美好的愿望之中，人的一生怎么会没有波折呢？成长过程中，孩子必须经风历雨。幼时的"完美生活"会使孩子的心理脆弱，没有抵抗能力。在未来的复杂、艰苦的情况下，他会无所适从，一旦遇到挫折会让孩子难以应付，甚至被击垮。

生活的艰难正是孩子成长所必须要经历的，也是成长必需的营养。如果真的是为孩子着想，就多创造一些机会让孩子自己去体验生活的艰辛，历练他的意志。让孩子独立思考，正所谓"劳其筋骨，饿其体肤……曾益其所不能"。

东子给爸爸们的建议

一、失败促进成熟

由于依依上学早，又跳过级，在她小学二年级的时候，学校要举行运动会，依依在班级里无论是年龄还是个头都是最小的，明摆着无论她参加什么比赛项目，都很难取胜。可是依依的参与意识很强，极力要求参加运动会。于是，尽管我心里很清楚，参加比赛的结果99%是失败，对依依势必是一个打击，但是我还是积极支持她，并私下做了她们班主任的工作。

依依得到了参加运动会的机会，代表班级参加立定跳远和60米速跑两个项目的比赛。结果可想而知，在那些比自己高一头的选手当中，依依无论如何努力，结果也难以取胜。一场比赛下来，孩子眼里含着眼泪；两场比赛结束后，看着别人上台领奖，她终于哭了起来。

回到家，依依扑到我怀里掉眼泪。我摸着她的头说："爸爸看到了你在运动场上的表现，虽然你的成绩没有别人好，但是在爸爸看来，你就是最棒的！只要有不怕输的精神，将来的胜利一定会属于你！"在我的安慰下，依依破涕为笑。我知道，这一次的打击让孩子懂得了什么叫失败，也懂得了如何面对失败。这是孩子收获的财富，也是我期望孩子得到的东西。

依依就是这样在不断的失败中，成长、成熟起来的。

二、不能自立的孩子不会幸福

自立意识是健康人格的表现之一，它对孩子的学习、生活以及成年后的事业和家庭，都具有非常重要的影响。

儿童期是孩子从完全依靠父母开始向自立过渡的阶段，是培养和训练孩子自立意识的重要时期。可是，现在不少家长对孩子过分宠爱，过度保护，过多照顾，生活上包办代替，致使许多孩子缺少自立意识，生活自理能力低下，依赖性强，意志薄弱。于是，我们身边多了一些自卑、懦弱的孩子。所以，要从儿时着手，有意识地培养孩子自立意识及自理能力。

在当下诸多电视节目中，东子最喜欢看的就是《人与自然》和《动物世界》，从中悟出了很多的道理。在动物界中，动物的父母在它们很小时就训练它们，

以获得生存能力。如猎豹，在小豹一定大小的时候，妈妈就开始着力训练它们，每当捕到弱小动物时，便故意放生，再把跟在屁股后的小豹驱赶前来，让它们去追猎物。要是小豹稍有停顿，妈妈就会发怒，扑上去咬自己的孩子，小豹很快就明白妈妈的意图，便开始凶狠地追捕猎物。豹妈妈是通过严格要求，训练其孩子的生存能力的。

动物界中，无论是大型动物的大象、狮子、老虎，还是小型动物的老鼠、各种鸟类，它们一旦做了父母，首先要做的就是教孩子学会觅食，因为生存是包括人类在内的所有动物的第一要务。可在这一点上，我们一些家长却远不如动物做得好。

任何动物当它第一次捕获食物时，都洋溢着幸福的笑脸。我们的孩子也是这样，当他通过自己的努力独立完成了一件事情后，他就会体验到成功的幸福感。

三、吃苦也是一种能力

从 20 世纪 90 年代初的中日内蒙古大草原上的夏令营较量起，一批批以让孩子吃苦教育为主题的各式各样、名目繁多的"冬（夏）令营"如雨后春笋般地涌现出来。开始还挺新鲜，还真有点"吃苦"的意思，后来就不知怎么变得越来越像旅游、像度假，走时大包小裹、全家出动、"十八相送"，回时笑逐颜开、眉飞色舞、英雄凯旋，大人们一口气地询问"怎么样？累不累？饿不饿？"，孩子们争先恐后地回答"太开心了、太好玩了、太酷了"。

这让我想起十多年前，我带领 20 多名西安、上海、香港大学生到中国西部考察采访的事。十多天的接触，让人明显感觉到，香港大学生比内地大学生吃苦能力强，内地孩子虽然家境不如香港孩子，但是却比香港孩子娇弱，怕苦怕累。我们在青藏高原，还遇到一个叫松子的 17 岁日本女中学生，背着一个大大的包艰难地跋涉，而且她是独自一人来中国旅游探险的。我们中国的 20 多岁的男大学生都比不上这个羸弱的东洋小姑娘。

其实，吃苦也是一种能力，一种重要的生存能力。吃苦能力越强，他的生存空间就越大，所以从小就得让孩子尝些"苦头"，这实在是一种有远见的明智之举。教育无小事，人生处处皆教育。从教育的角度看，孩子们周围的一切事情无论多小，都有教育的意义。

　　什么样的环境造就什么样的人，什么样的教育促成什么样的人，爸爸的思想有多大，孩子的思想就有多远，所以应该让孩子在酸甜苦辣中成长。为什么说"自古雄才多磨难，从来纨绔少伟男"呢？因为富人的日子是这样的：要什么有什么，凡是用钱能买到的东西都能得到。而穷人的日子是要什么没什么，如果想得到一样东西，必须努力去赚钱，必须经历辛苦，才能得到。

　　所以，只经历过顺境而没有经历过沧桑的人，在面对逆境时是无法克服困难的。只有在顺境和逆境交替中成长的人，才能勇敢地面对一切变化，并战胜一切。也就是说只有尝过酸甜苦辣的孩子，才会懂得在苦的味道里加点甜的东西，这样味道就好了。

　　如果你是家境好的家长，请不要忘了让孩子尝尝酸甜苦辣，看看百样人生，给孩子鲜花的同时，记得告诉孩子松树的精神品格。如果你是一般家境的父母，也不要忘了给孩子遍尝苦辣酸甜。在给孩子美好愿望的同时，要记得磨炼孩子的坚强独立性格。

　　人的一生充满坎坷，未来的日子到底是怎样的，大家无法预料。新的一天，新的一年，新的人生，是健康的，是成功的，是倒霉的？谁也不知道。所以，为了孩子在明天活得更好，今天就必须让孩子体验不同的生活，体会多味人生。

适度冒险须鼓励

一个拥有知识的人，不一定能够走远，而一个拥有冒险精神和自信的人，却能走遍天涯海角。

比尔·盖茨靠什么法宝建立了他的微软帝国？在他自己看来，成功的首要因素就是冒险。在任何事业中，把所有的冒险都消除掉的话，自然也就把所有成功的机会都消除掉了。他一生当中，最持续一贯的特性就是强烈的冒险天性。他甚至认为，如果一个机会没有伴随着风险，这种机会通常就不值得花心力去尝试。他坚定不移地认为，有冒险才有机会，正是有风险才使得事业更加充满跌宕起伏的趣味。

在我国捆绑式的家庭教育模式中，家长对孩子的基本教育方针是：保护、替代、灌输、训导。这种过度的保护，使家长因担心孩子安全或做不好而不敢放手，束缚了孩子的手脚，他想做或者不想做的事情都得听家长的安排，家长说什么他就得做什么。

所以，当孩子要做一件事时，很多家长不是鼓励，而是担忧地问："你能行吗？"或者说："这事你做不来的，还是等长大再说吧。"其实，这样的语言很容易毁掉孩子的自信心，从而使孩子对自己的能力产生怀疑。当孩子兴致勃勃要做一件事情的时候，爸爸要做的，除了确保安全之外，就是对孩子放手，给他创设一个宽松、自由发挥的空间，让孩子独立、勇敢地去做他想要做的事情。

冒险其实就是一种积极的心态，是面对生命中各个阶段尝试不同的挑战的勇气。只有相信自己、尊重自己，才会积极进取，才会勇往直前。在生活中，一个敢于冒险的人，肯定是自信、自强的人，他清楚自己的优势所在，当然也清楚自己的不足，所以有信心发挥优势，扬长避短。一个拥有知识的人，不一定能够走远，而一个拥有冒险精神和自信的人，却能走遍天涯海角。

"冒险是成功的前提"，这是美国西点军校的第八条军规，这条军规里特别强调"冒险精神增强你的勇气""步出行列，成功的就是你""不去冒险是最大的危险""冒险是一种勇气""冒险与机遇并存"。

冒险就是要放手去做，成功与冒险总是成正比，所有的成功都是敢想敢做，敢于冒险的结果。当然，鼓励冒险，绝不等于提倡蛮干。对于成功者而言，冒险的前提是明了胜算的大小。做出冒险的决策之前，不要问自己能够赢多少，而应该问自己输得起多少。一点儿把握都没有就盲目冒险，那么人的胆量越大，赌注下得越多，损失也就越大，离成功也就越远。

东子给爸爸们的建议

一、给孩子鼓励，让他自信

培养孩子的冒险精神是非常必要的，首先是经常鼓励孩子，告诉他：你是很强大的，你是有力量的，你可以做好一些事情的。应该尊重孩子，不是要让孩子按照我们给他们规定的模子去做，而是把他们看作与我们平等的人。爸爸在教育引导孩子冒险的过程中，要鼓励孩子去大胆尝试，即使他没有成功，也要赞赏他的勇敢精神。

成功者是那些愿意尝试新事物的人，那些事物其他人一般不愿或不能尝试。在他迈出第一步之前，帮助他考虑整个情况。信念是重要的，但是成功依赖于计划。当孩子有一个冒险计划时，你应该问他：哪种情况会出错？为了防止这些可能情况的发生做了什么准备？当计划失败时，可能发生的最坏的事是什么？有时，你觉得简单的事对孩子来说就是冒险；有时，你觉得危险的事，他做起来却轻松自如。如果你让他告诉你，他决定采取的每一个步骤，他就会让你更放心。

二、放手让孩子自己去做

我常常有意识地为女儿依依创造独立的机会，乃至于很多时候的"放手"被朋友说成"冒险"。正如依依在新作《玩着长大的小依依——乐过初中》里写的那篇《火车上的旅程》，她在文中写道：

爸爸为了锻炼和培养我的独立能力，在我7岁、8岁和10岁时，分别给我提供了独自乘坐公交车、长途汽车和飞机的机会。10岁之后，我独自乘坐火车

的计划也搬上了议程。

2009 年的清明节，爸爸因为工作太忙而不能回老家祭祖，于是这个光荣而艰巨的任务就落到了我的头上。我也因此即将开始一段全新的体验。

4 月 2 日上午，我乘坐 275 路公交车，来到长春火车站，随人流涌入检票口，伴随着检票员的一剪下去，我独自乘坐火车的旅程就此开始了……

孩子从需要被照顾和保护，到自己独立生存，是一个漫长的过程。在这个过程中，做爸爸的一定要克服"爱心"，不过多照顾和保护孩子，而是有意识给孩子提供独立自主的机会。只有放手让孩子去做，去想，去努力，才能使孩子逐渐形成独立的观念，并以丰富的经验和坚强的意志去迎接未来的挑战。

三、爸爸要有尝试新事物的勇气

爸爸在陪伴孩子成长的过程中，不能总是限制孩子你不能干这，不能干那。而是应该鼓励他们，让他们充满信心地去做一些事情，去发现一些事情。因为当孩子来到世界上的时候，他总是充满好奇，而磨灭孩子好奇心的实际上是我们家长。我们应该让孩子走出房间、走出自己的家门，让他们到外面去发现一些新的事物、一些新的东西。

适当鼓励孩子冒险，这需要你在他尝试新事物时支持他，即使你明知道行不通，有时也要让孩子尝试一下，即便失败也可获得一些真实的体验。在这一过程中，家长一定要赞赏孩子的尝试精神。

没有冒险精神就不会深入探索，不去探索又如何获取成功呢？无论是我们的先人徐霞客，还是我们外国友人比尔·盖茨，他们的成功都是源于他们的冒险精神。

从某种程度来讲，女儿范姜国一的快乐成长就是我冒险的结果，如果没有我这样的冒险家长，她自然和其他孩子一样按部就班地成长，我的一些冒险举动，保全了她的快乐童年，使她的创造力、思维力、想象力得到了很好的保护和优化，所以，女儿也是我的一部冒险出来的"作品"。

四、冒险让我们获得新生

我喜欢动物，爱看纪录片，中央电视台的纪录频道总能满足我的这一需求，很多镜头令我难以忘却，尤其是角马冒着生命危险迁徙的壮观场景。

每年8月初，成群结队的角马，分批越过马拉河进入东非地区肯尼亚的马赛马拉草原，遥望河对岸的草原，一些角马跃跃欲试，而此时河里集聚了大量的鳄鱼，正等着饱尝大餐。先期跳下去的几只角马，或是成了鳄鱼的肚中餐，或是因激流暗礁伤残致死，而侥幸到岸又成了狮子的猎物。

角马群面对死亡的威胁，只好在河边徘徊犹疑，越来越多的角马涌来，前排不断受到推挤的角马开始骚动起来。这时，最前沿的一只角马忽然从一块巨石上以夸张的姿态扬起前蹄，挺身直立，再拱身弹起，四蹄前后伸展，尾巴高扬，跳入河中。它的举动仿佛吹响了渡河的号角，数万只角马开始一只接一只，扬鬃奋蹄跃向河水，顿时河面上水激浪涌。

角马、鳄鱼和狮子都忙碌起来，汹涌的角马大军让鳄鱼和狮子措手不及，除却少量年老弱小的角马被鳄鱼和狮子大快朵颐外，大部队安然通过死亡地带，角马的冒险为其家族获得了新生。

人类何尝不是如此呢？不经过无数次的冒险，我们就不可能从茹毛饮血的原始生活方式，进化到今日能够坐在空调房里品尝咖啡的现代文明。哥白尼的天体运动论，卢瑟福的原子结构模型，新大陆的发现和开垦……人类的一系列发现创造和社会变革，皆始于冒险。

让孩子接受"冒险锻炼"，有助于培养孩子的耐力、速度、灵敏、协调、柔韧等身体素质，以及社会适应能力，有助于培养孩子在困难面前冷静地动脑筋想办法的习惯。人生的旅途是不会一帆风顺的，挫折和苦难是促进孩子成长的催化剂。

因此，爸爸应该从小有意识地对孩子进行"冒险锻炼"，让孩子坚强勇敢，沉着冷静，遇事便能迅速找到克服困难的办法。

必不可少的挫折教育

一类孩子因为父母不让买玩具而整天闷闷不乐，而一类孩子却很快从另一种玩具中找到快乐。乐观的孩子不是没有痛苦，而是很快能从痛苦中看到光明。

现今的孩子大都是在万千宠爱中长大，他们中很多人养得懒惰、脆弱、自私、任性，依赖性强，自理能力差等弱点。随着社会的进步、经济的发展，孩子们的生活条件更加优越了。这些"蜜罐罐"里长大的孩子，在享受优越生活条件的同时，如果不克服以上缺点，家长如果不及时进行适当的挫折教育，他们就难以在社会上立足。

所谓挫折教育，是指在正确的教育思想指导下，根据孩子身心发展和教育的需要，创设或利用某种情景，提出某种难题，让他们通过动脑、动手来解决矛盾，从而使他们逐步形成对困难的承受能力和对环境的适应能力，培养出一种迎难而上的坚强意志。

我们知道，人在一生中不可能一帆风顺，困难和挫折在所难免。因此，在家庭中对孩子进行挫折教育，使其经历一些挫折，受到一些磨炼，以培养良好的心理素质和品行，必然有利于其更好地适应社会。作为爸爸，应当根据孩子的年龄特点，结合日常生活，循循善诱，持之以恒，以期最终达到对孩子进行挫折教育的目的。

在"挫折教育"中，应培养孩子从多方面获得幸福的能力。把幸福只寄托在一种追求上，往往最终是痛苦的。一类孩子因为父母不让买一个玩具而整天闷闷不乐，而另一类孩子却很快从另一种玩具中找到快乐。乐观的孩子不是没有痛苦，而是很快能从痛苦中看到光明。

爸爸对生活的态度，很大程度上影响孩子的认知。患得患失、斤斤计较的爸爸，会有同样品质的孩子。

东子给爸爸们的建议

一、放开手脚，让孩子去做自己能做的事

如果对孩子过度地溺爱，事事包办代替，最终会使其养成娇弱的弱点，以至于一遇挫折便不知所措。例如孩子摔倒了，如果不严重，我们应鼓励他自己爬起来，而不是急切地跑过去相扶；孩子想要玩具，应当鼓励其自己去拿，衣服也要鼓励其自己去穿等，切不可让他们"饭来张口，衣来伸手"。我们应当使孩子在前进的道路上遇到一定的障碍和挫折，让孩子在生活中渐渐学会独立面对一切。

二、通过批评、忽视，使孩子接受挫折教育

现在的一些孩子聪明伶俐，但由于在各种游戏和竞赛中，父母总是让孩子胜利，做事情总是表扬孩子做得最好，以至于孩子争强好胜、自以为是，偶尔失败或接受批评，便会沮丧、恼怒或丧失信心。因此，对他们适当批评，指出其缺点和不足，是非常必要的。比如，在游戏活动中，不一定每次都让这些孩子做主角，在竞赛活动中，也不一定要想尽办法让他们胜利。而当孩子犯错时，对其给予适度的惩罚，也可以使其体会受挫折的感觉，学会自我调节。

三、有意设计障碍，培养孩子抗挫能力

为什么要有意地设计障碍呢？因为在成长的道路上孩子总是难免要遇到苦难、阻碍的。如果孩子平时走惯平坦路、听惯顺耳话、做惯顺心事，那么一旦他们遇到困难，就会不习惯，从而束手无策，情绪紧张，容易导致失败。所以家长在平时的学习和生活中，有意地给孩子设置些障碍，是为了培养孩子更好地分析问题、解决问题的能力。

在设置障碍时，要注意挫折教育具有预防性和针对性，有目的地组织障碍性活动。同时，家长还要注意孩子的年龄特点，设置障碍的困难程度须是孩子通过努力能够克服的。例如，孩子拿不到他想要的物品，家长不要马上拿给他，而要让孩子动脑筋，想想怎样才能拿到物品。

爸爸在日常生活和孩子的游戏中，有意地设置困难障碍，不能光是挖空心

思地满足他们的要求，而应学习日本、朝鲜、法国的家长们，千方百计地对孩子进行"吃苦教育"：带孩子登山、野营，让孩子自己动手捡柴火，定期让孩子到艰苦的地方生活，锻炼他们生活自理独立的本领，培养挑战困难与挫折的坚强意志和抗挫能力。

四、鼓励孩子克服困难，培养抗挫折勇气

有的孩子在逆境中易产生消极反应，往往会垂头丧气，采取退避的方式。要改变这种现象，就必须在孩子遇到困难时，教育孩子要采取正确的态度，勇敢面对，向困难发起挑战。例如，当孩子登山怕高、怕摔跤时，我们就应该鼓励孩子说："别怕，你行的！摔一跤算什么。""你真勇敢！"许多小女孩害怕走平衡木、害怕游泳，这时，我们就应该鼓励孩子说："别怕，你一定行！"当孩子一次次战胜困难时，他们便会增添勇气，激起对战胜困难的愿望，害怕的心理就会消失，自信心就会增强，这时孩子会对自己说："我行。""我可以。"

善教子者，教于孩提。从依依牙牙学语开始，我对她就不娇惯、不纵容，尽管我从心里疼她、爱她，但是该"狠"的时候，我决不"心慈手软"。尤其在培养孩子独立意识和抗挫折能力方面，我是"狠心"到底。朋友说我对孩子太狠了。在孩子刚刚学会走路的时候，难免要摔跤。每次一跌倒，孩子本能地大哭。孩子跌倒哭泣，几乎所有的父母都会做出相同的反应，那就是急速赶过去，抱起摔倒的孩子。我分析孩子哭叫的原因，第一当然是因为摔疼了，第二则是要引起大人的注意，让大人来扶自己。所以我没有那样做，而是告诉女儿：要自己爬起来。于是，依依摔倒哭泣的时候，我故意不理睬，她哭几声之后，见我不理，自己就爬起来了。虽然起来后还会委屈地哭几声，但我及时给予她赞扬："宝宝真棒，自己起来了！"她很快就破涕为笑了。渐渐地，再摔倒时，只要不疼，就很少哭，总是自己爬起来。

女儿渐渐长大，我鼓励并带着孩子晨跑、晨练，磨炼她的意志和毅力；在家里，也让她做一些力所能及的小事；利用节假日带孩子徒步郊游、爬山、逛公园等，从而使孩子体验到劳累与艰辛，体会到生活中除了甜，还有苦和辣，使孩子在各种环境下受到挫折和磨炼。所以，如今不满18岁的女儿抗挫折能力特强，心理素质特棒。人家做父母的是想办法为孩子开辟坦途，铲除荆棘，而我却在孩

子的脚下挖坑，设置障碍，天下难找我这样的爸爸。可是，看着依依一天比一天坚强、自立和豁达，我觉得自己这"坑"挖得很值！

当然，对孩子进行挫折教育，也要有个度，否则就会适得其反。

总之，正如古人所说，"自古英雄多磨难，从来纨绔少伟男"。磨难和挫折最能锻炼人的品质与意志，它们是孩子成长必不可少的经历。对孩子进行挫折教育，必然可以促进其更好地面对学习和生活中面临的困难和挫折，学会自强自立。战胜挫折并非一朝一夕可得，也并非刻意追求即成，关键是顺其自然，顺应儿童的发展规律。在生活中潜移默化地培养孩子的承受及克服挫折的能力，持之以恒。任何放纵和迁就的行为都会造成孩子的依赖思想，要让孩子在亲身体验中认识挫折，从而战胜挫折。

生命中的每个挫折，每个打击都有它应有的意义。"逆境是一所最好的大学。"这是所有成功者的感言。不经历风雨怎能见彩虹？要想让孩子见到"彩虹"，那就让他们迎着风雨而行吧。

学习方法重于条件

孩子由于年龄不大，自控能力和计划协调能力较差，因此，爸爸与孩子一起协商每一阶段的学习安排非常必要。

学习是一种受众多因素影响的复杂的认识活动。

孩子在学习过程中，要形成适合自己特点的最佳学习方法，并不是一件容易的事情，它不仅依赖于孩子自身的探索、教师的辅导，也需要家长的参与。因为父母比任何人都了解孩子的兴趣与个性，更有可能参与到孩子的学习过程中来。

曾有一位焦急的爸爸来心理诊所向我道出了苦衷："自从孩子到了小学四年级以后，我们给他'装备'了最好的学习硬件，还有大学生家教，孩子也蛮用功的，常常到深夜还要看书，但成绩却没什么进步，不知道问题出在哪里……"我具体了解了孩子的学习情况后，较肯定地回答了这位爸爸："问题就在学习方法上。许多情况下，方法比硬件和家教还要重要。"

对于孩子来说，靠死记硬背、生搬硬套、机械练习也能习得知识，形成某种技能，但是如此学习，一来因为方式单一、机械而使学习变得枯燥、乏味，久而久之使孩子失去学习的兴趣；二来增加孩子的学习负担，加大学习压力，孩子感受不到快乐；最重要的一点，如此获得的知识，常常因为不懂得运用到实际生活中，而成为死知识，没有用的知识。比如，一个孩子能够熟练进行四则运算，可是爸爸让他帮忙算算家里采购的账，他却算得一塌糊涂。如此，我们能说孩子已经掌握了四则运算知识了吗？

所以，在引领孩子进行学习的过程中，爸爸要做的第一件事，不是教孩子记住多少东西，而是教给孩子科学的学习方法，要重视对孩子学习兴趣、学习动力、学习能力的培养。要给孩子学习的金钥匙，也就是不仅仅是"授之以鱼"，更要"授之以渔"。

依依在最初认知的时候，我们也走过一段弯路。那时妻子也热衷于教依依背诵一首又一首唐诗宋词，热衷于教孩子认了多少字，等等。后来我及时纠正了这种单纯积累信息的教育思路，逐渐培养她的学习能力，传授给她学习方法，现在回头总结我们引领依依走上学习之路的感受，我觉得以下几点不该忽视。

东子给爸爸们的建议

一、帮助孩子确定正确的学习目标

要让孩子明白，学习的目的不是应付考试，而是为了拥有知识，为了自我的发展。在这个基础上，引导孩子进行有目的的学习，学习才会充满动力。有人将终日绕着磨盘转的驴子和走万里路取经的马对比，驴子和马走的路程大抵相等，因为两者每天都没有停止过频率相同的脚步，但是马因为有明确的目标，每天按照如一的方向前进，所以走出了广阔的世界；而驴子终日围着磨盘打转，永远也走不出那个狭隘的天地。为了考试而学习，就如同被蒙上眼睛绕着磨盘转圈的驴子，而为了获取知识和技能而学，就是那匹取得真经的马！

我在读了6年书离开校园后，参军到了部队，感受到自己文化水平低的苦恼，于是确立了自学扫盲的目标。因为有这样的目标支撑自己，军旅三年，我每天都在学习，自然成绩也是日日累积。而大部分战友时间都在懈怠中耗费掉了，三年后复员回乡，参军前干什么还是干什么，似乎没有什么长进和收获。这让我深切感受到，学习的过程中，首要的一点就是要确立目标，而且是明晰、科学的目标。

现在，在依依的心目中，写作文不是为了获得老师的评语和高分，而是为了自如地表达自己的思想；学英语不是为了考试时流畅地填写答卷，而是为了日后可以轻松阅读英文和用英语交流；做数学题，不是为了如何提高自己的做题速度，以应对越来越多的习题和试卷，而是为了提高自己的运算能力，锻炼自己思维的缜密性，解决日常生活中时常要遇到的数学问题……所以，在依依眼里，学习是一件让自己受益无穷的事情，也是一件快乐的事情，因此学得劲头足、效率高。

二、培养孩子科学的学习习惯

有人曾采访几位诺贝尔奖获得者，当问他们："获得诺贝尔奖，您首先要感谢什么人？"大家都认为他们一定会说出他们导师的大名，可是几位获奖者一致认为，应该感谢幼儿园的老师和自己的父母。因为是作为启蒙老师的父母和幼儿园老师培养了他们讲卫生的习惯、对人讲礼貌的习惯、诚实勇敢的习惯、自己的事情自己做的习惯、知错就改的习惯……这些习惯是他们一生中最大的财富。没有这些习惯，他们是不可能走向成功之巅的。

孩子由于年龄不大，自控能力和计划协调能力相对较差，因此，爸爸与孩子一起协商每一阶段的学习安排非常必要。每天复习些什么内容，什么时候起床和就寝，休闲时间做何安排，这些都应计划清楚。最好共同制定一个科学合理的作息时间表。

一些好的习惯对于一个人的成才作用非同一般。学习亦是如此。好的学习习惯，可以使学习事半功倍。举个最简单的例子，依依初做小学生的时候，我告诉她，每天晚上睡觉前要整理一下书包，把要用的课本和练习本按照第二天上课的课程表顺序排放好，装进书包，最后再检查一下，看有没有忘记装的东西。做好这一切之后，再去休息。依依每天坚持睡前整理书包，逐渐就养成了习惯。

有一次依依边装书包，边感慨："爸爸教我的这个做法真好，每天上学后，总会听到有同学在那喊：'哎呀，我忘记带作业本了！''哎呀，我的数学书放哪了？'还有啊，上完一堂课，我只需要探手到书包里固定的位置，抽出下节课需要用的书和本子，摆放在课桌上就可以了。好多同学却要把书包翻个底朝天，才能找到想找的东西。"

这只是一个小小的习惯，但依依从中受益匪浅。我还引导依依养成了每天写日记的习惯，每天晚上睡觉前阅读的习惯，还有制订学习计划的习惯，及时归纳整理学习笔记的习惯……

三、给孩子提供在实践中学习的机会

也就是说要有"实学"的意识。有人想成为演讲家，于是乎买来一大摞理论书籍，潜心研究如何演讲，结果理论知识、"要领""须知"掌握了一大堆，可是从未张嘴演讲过，所以他永远也成不了演讲家。

学习亦然。在实践中摸索获得的经验和技能，才会真正成为自己的经验和

技能，才会真正运用于工作中、自我发展中。因为知识不仅仅是"知道"和"牢记"，更重要的是要运用，要化作生产力。发明家爱迪生，如果从文凭和学历来说，他不是"高级知识分子"，但是他所掌握的知识是有效的、灵活的知识。

一次，爱迪生把一个电灯泡的玻璃壳交给他的助手，要他计算电灯泡的体积。由于电灯泡不是规则的圆形，这位助手算了一个上午也没有算出来。爱迪生从外面回来时，看见助手仍然在一大堆公式和数据中苦苦思索。他见到爱迪生后，表示抱歉，并解释由于电灯泡不规则而没有完成任务。爱迪生笑了笑，什么也没有说，接过助手手里的电灯泡壳，在里面注满了水，然后倒入一个形状很规则的玻璃杯中，结果出来了，助手恍然大悟。由此可以看出，知识不是公式、定理和书本现成的答案，而是我们如何运用它的能力。

所以，我们要让孩子尝试着用所学知识解决各种问题，并在实践中收获更多知识。

四、要对孩子因材施教，引导孩子因材而学

每个孩子都是独立的个体，既然是独立的个体，自然每个孩子都与众不同。所以，要充分尊重孩子的个性，引导孩子进行个性化的学习。

这个工作只能由我们家长来做，我们不要指望学校会对孩子因材施教。其实在中国没有一所学校真正做到因材施教，道理很简单，一个班多则六七十个孩子，少则也有二三十个，而一个老师往往要教两三个班的课，至少要面对一百多个孩子。即便老师有心因材施教，针对孩子的个性采用不同的教育方式和方法，也会因为精力、时间等因素的不允许，而难以尽这份心。所以，老师只能给所有的孩子同样的教育，同样的关爱。

也因此，孩子在学校里，接受着"整齐划一"的教育内容，被统一的标准、统一的程序、统一的步调培养着，就如工厂流水线上一模一样的产品中的一个，丝毫没有了自己的个性。

事实上，每个孩子有各自的爱好和特点，每个孩子都有不同于别人的长处，在学习上也表现出不同的个性。基于种种不同，孩子们的学习方式也不会一样。从我国学校教育教学的情况看，学生最常用的方式是上课专心听讲，下课认真完成作业，期中和期末顺利通过考试，取得好成绩。可以说，这样的学习方式

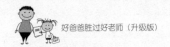

得到了教师、学生和家长的广泛认可。但是，这种方式并不适合所有孩子，所以尽管是同一个老师，按照同一种方式、统一的进度来教授孩子，可是每个孩子的学习情况却不尽相同。

女儿范姜国一的成长或者成功，正是因材施教的结果。因为孩子从小就表现出语言方面的天赋以及对文字的兴趣，所以在实施教育的过程中，我就有意识地加以引导孩子在这两方面的能力。而且在其他学科上，也通过仔细观察和了解，用适合孩子的方式引导她进行学习，这样保证了孩子高效率的学习状态和突出的学习效果。

"未来的文盲，不再是不识字的人，而是没有学习能力的人。"所以，爸爸要帮助孩子寻找学习方法，成为一个会学习的人，然后根据孩子的特质，有针对性地加以科学引导。

引导孩子爱上阅读

当孩子向我们讲述自己阅读的快乐和收获的时候，我们一定要表现出和他一样的开心，分享孩子的读书成果，这会让孩子更有成就感，并对读书产生更浓厚的兴趣。

阅读改变人生。

因为与书结缘，东子从一个只读了6年书的农村少年，走上了从文的道路，成为人们眼中的"作家""大学老师""明星记者""节目主持人""心理医生"。想一下，如果不读书，现在我或许依旧在乡下种地，或者在城里打工。当然我不是说种地和打工的人生就不好，我只是想说，书籍促进了我的自我发展，使我更大限度地挖掘自身潜能，更大限度地发挥自身价值。

有人曾经对被评选为"全国十佳少年"的孩子进行调查，发现这些孩子在阅读方面的能力高于普通孩子；也有人曾经对一些成功人士进行采访，发现这些人在总结成功经验的时候都提到，读书让他们受益匪浅……

一个人不读书要受到命运的惩罚，一个民族不读书要受到历史的惩罚。读书，不仅仅要成为生活中一项重要的活动，更要成为一个人的生活方式。

一个人想学而有成，一个重要的法宝就是让读书成为生活习惯。从小培养孩子爱读书、读好书，将使孩子受益终身。青少年不可能在学校里学习到成年以后所需的一切知识和技能，因此，学校教育必须为终生学习奠定稳固的知识基础，而阅读能力是一个人终生学习的基础和最大的本钱。

可是怎么才能让孩子喜欢读书，并进而让书融进自己的生活，提高阅读能力，让阅读成为生活方式呢？谈到这个问题，总是令很多爸爸头疼。因为生活中我们常常看到很多孩子不愿读书、讨厌读书。在他们看来，读书是一件很枯燥的事情，有一点空闲时间，他们都用来看电视、玩电子游戏了，要看书？实在是静不下心来，也坐不住。

所以，要培养孩子的阅读兴趣，是一项长期的工程，不是一朝一夕能够做得到的，需要耐心和信心。总结这些年我引导女儿依依读书的体会，我想可以从这几个方面入手：

东子给爸爸们的建议

一、读书要趁早

培养孩子的读书兴趣，越早开始效果越好。在犹太人家族，他们爱书如命。在每个犹太人家里，当孩子稍微懂事时，母亲就会在《圣经》上滴几滴蜂蜜，然后叫孩子去吻《圣经》上的蜂蜜。这种仪式的意思不言而喻：书本是甜的。让孩子从小就懂得：读书是一件甜蜜而快乐的事情，以此唤起孩子对书，对文字的兴趣。

我对依依读书兴趣的培养，是从她10个月左右的时候开始的。最初，我每天给孩子读画报上的故事。读画报也算是孩子最早的阅读行为了。每当我打开画报放在她的膝盖上，用手指着上面的图画给她讲故事的时候，她也会跟着指指点点，边听边呵呵笑。

长到1岁半，依依开始认字，于是除了看图，她开始兴致勃勃地读旁边的字。我给她买的书里，插图逐渐减少，文字逐渐增多。渐渐地，我就带她去书店，把她带到幼儿出版物专柜，看她在五颜六色的图书中穿梭，教她挑选自己喜欢看的书。每当这时候，她总是很兴奋，翻完这本翻那本，盯着这本，还想拿那本……

依依3岁多一点的时候，已经能认识300多个常用汉字了，好多简单的故事她都能读下来并且理解故事内容。于是，我慢慢放手，不再单一地由我给她读故事，而是教她自己读，然后讲给我们听。这个阶段，孩子读的大多是《格林童话》《安徒生童话》等书。

经过精心引导，孩子对书的兴趣日益培养起来。等上幼儿园的时候，孩子书包里除了上课必用的课本和本子，总是要装一本自己喜欢读的书；出去玩了一天，回到家里，她大多时候是跑进自己的房间，坐在地板上，一声不响地翻她那些心爱的书；跟我去书店、图书馆，从来不会表现出不耐烦，无论我在里面待多长时间，她很少闹着要走。因为她也在不停地找自己喜欢的书看……

二、保证读书时间

读书贵在坚持，让阅读成为生活方式，是一个长期的过程，不能松一天紧一天读一天歇一天的。如果每天都给孩子一段读书的时间，哪怕一天只有10分钟，日积月累也是一个惊人的数字。我和依依经过商议制定的生活作息时间表里，读书和看电视一样有固定的时间，除此，睡前半小时是雷打不动的读书时间。

为了给依依争取到更多读课外书的时间，我曾到学校与老师和校长交涉，减免依依的家庭作业。因为在我看来，浩瀚的书海中有更多的知识琼浆等待孩子去汲取，为什么要每天机械性地、重复性地埋头于作业、题海，而远离知识更丰富、天地更广阔的书的世界呢？

三、营造读书氛围

读书需要有一个良好的氛围，如此才能保证孩子心情愉悦、注意力集中地读书。所谓书香门第多才子，一个最重要的原因就是他们的家庭读书氛围好。如果父母是知识分子，本身都有阅读习惯，言传身教，自然能给孩子良好的影响。

我所说的"氛围"包括两个方面：第一，硬件设施。也就是前文说，家里要有书可读，在经济条件允许的情况下，尽可能多地购书，而且品种要涉及百科知识、文学类、历史类、地理类等方面；也不要忽视准备一些工具书，使孩子在阅读的过程中也便于查找资料。另外，要有读书的地方，比如一个安静、宁和的房间，一张书桌，一盏台灯……试想，如果家里连张书桌都没有，要让孩子在哪里安心读书呢？

第二则是软件指标。家里首先要有读书需要的安静环境，不能要孩子读书，家长却把电视开到最大声，或者吆三喝四在家里喝酒划拳打麻将；还有家里人最好都有读书的习惯，每天都有在一起看书的时间和一起讨论读书内容的时间。孩子的心会很容易随之沉浸于书海中。孩子的可塑性强，极易受周围环境的影响，想让孩子爱读书，首先爸爸自己得爱读书。

四、多带孩子去书店

我认为这是一个让孩子零距离接触图书的最好途径。除此还有图书馆、书市等地方，这些地方浓厚的读书氛围就像气功的"场"，孩子去的次数多了也就产生了"场效应"。一来，孩子感受到了浓浓的读书气氛；二来懂得世界上的书是读不完的，好书是源源不断出现的；三来品味手抚新书、闻着墨香的欣喜感觉，以培养对书籍的感情。

多年来，只要有时间，我就带依依去书店、去图书馆，或者去书市。渐渐地，逛书店、泡图书馆成了我们爷俩共同的爱好。最初去书店，我总要跟在依依身后，观察她都喜欢什么书，必要的时候要在她选择的时候给予一些引导。后来，一进书店，我俩就"各奔东西"，各自寻找自己喜欢的书，然后各自沉浸在自己的世界里。好多时候，我看累了，去催她走，她还表现出不舍："等我看完这本，好吗？"而且每次去书店，我们都选取各自所爱，买他几本等回到家再细品。

五、感受到读书的乐趣

孩子之所以喜欢玩游戏，是因为游戏让孩子感到快乐。那么要想让孩子喜欢读书，也要让孩子感受到读书的快乐。首先要给予孩子鼓励，尤其在孩子向我们谈及读书的一些感受的时候，一定要不失时机地给孩子以鼓励。其次要给孩子感受读书快乐的机会，比如带孩子参加读书活动比赛，在孩子有一些收获的时候，及时给孩子肯定，等等。还有，当孩子在认真看书的时候，我们不要去打搅他，更不要根据自己的兴趣对孩子提出一些要求，因为这个时候孩子正沉浸在享受读书的乐趣中，你要做的是分享这种乐趣，而不是破坏孩子的心境。

另外，当孩子向我们讲述自己阅读的快乐和收获的时候，我们一定要表现出和他一样的开心，分享孩子的读书成果，这会让孩子更有成就感，并对阅读产生更浓厚的兴趣。

依依从小学一年级的时候，就开始订阅《语文报》（低幼版）。二年级上学期结束的时候，《语文报》组织了一个"读报知识问答"活动。我和依依在看报纸的时候，看到了问答试卷，依依提出要参加这个活动，我表示支持。

两个月后，《语文报》给依依寄来了一个包裹。从邮局取回来打开一看，有一个获奖证书，告诉依依在这次活动中获得三等奖；还有一个精美的笔袋，是给依依的奖品……依依开心地跳起来，我则张开双臂把依依拥到怀里，激动地说："你真棒！"

自此，依依越发喜欢读《语文报》，每期报纸来了，都要认真地一篇文章接一篇文章地读完。孩子读报的积极性更大了，当然这种积极性也同时体现在读书方面。

读书可以影响一个人的人生，可以改变一个人的命运。东子和女儿的成长，都验证了这一理论：阅读改变人生。

教会孩子利用网络

网络之于孩子，就是学习的工具，了解世界的窗口，以及适当游戏娱乐玩具。

现代社会，信息技术的发展突飞猛进，已经渗入社会及人们生活的各个方面。网络的建设，给人类带来了诸多的便利，如：买东西可以不用去逛商场；看书可以不用去图书馆占位置；甚至上学可以不用去学校；网上办公，电子商务往来，孩子们也在网上冲浪中获得无穷的乐趣……

说网络不能不提及网络游戏，这几乎让所有的家长都闻言色变：可不敢让孩子玩那玩意！仿佛网络游戏是毒品，孩子一沾上就从此堕落和毁灭了。一个当教师的家长在网上发帖子："电脑最好不要放在孩子的卧室里，而应该放在大人的卧室里，放在其他有锁的房子里也行，但钥匙一定要在大人手中；一定不能让孩子玩网络游戏，太容易上瘾了！"

更为可悲的是，为了监控孩子上网，商家竟然研制了很多限制孩子上网的软件，而且颇受家长欢迎。很多家长在电脑上装了这种限制软件，或者看着孩子上网，把原本融洽的亲子关系，弄成了紧张的敌对关系。这样，孩子苦，家长累，而且往往事与愿违。

把电脑放到家长卧室、放到有锁的房间里，是一些担心孩子上网成瘾的家长通行的做法，而这些做法其实是愚蠢至极的，这样做不但起不到好的效果反而会越来越糟糕，因为你的控制会让孩子感觉更空虚，那他就会不惜一切代价地去排解这种空虚，寻找机会继续上网，那时，网吧将是他的首选。

有的家长以不让出门、不给零花钱来阻止孩子去网吧，实践证明这个方法是不可行的，因为孩子可以在上学时间旷课去玩，即使从非正常渠道得到钱也要上网。所以，这种因为担心孩子沉迷于网络，而用"隔离"这招挽救孩子，实在是下下策。

我们要从根本着手。很多家长整天忙着上班赚钱，回家对孩子说的唯一一

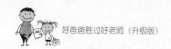
句话就是"作业写完了没？"这会使孩子对很多事情失去兴趣。在他的生活中除了上学就是吃饭睡觉，可以陪他的只有电脑，陪他快乐，陪他度过网上的美好时光，他怎会放弃呢。所以，根本问题还在于家长。

大禹治水的成功，不在堵，而在疏。堵的结果是暗潮更凶，疏导得利，网络之于孩子，就是学习的工具，了解世界的窗口，以及适当游戏的娱乐玩具。

那么，作为爸爸，我们应该如何教会孩子利用网络呢？

首先，我们应该搞清楚网络不是个坏东西。网络虽然是个虚拟世界，但网上资料随时可以查阅，网上论坛使我们可以随时与名师、专家、网友进行沟通，网络强大的交互功能使每一个网友都能迅速地成长起来，这确实又是最现实的世界。

其次，我们应该明白，随着现代信息技术的发展，人们生活、工作环境的变化越来越快，需要面对不断出现的新知识、新技术。因此，我们应该认识到，终身学习将伴随我们的一生。

东子给爸爸们的建议

一、要明确上网的目的

让孩子知道，网络的最大作用就是通过它来获取有益的资源，要有意识地引导孩子在网络上搜索自己需要的信息，并积极地应用到学习生活当中去。但要要求孩子文明上网，不去浏览不健康的内容。为什么国外青少年上网成瘾的现象没有我国严重呢？有专家说：国外都是父母首先学会健康运用电脑和网络。在美国都是父母先用电脑、网络，孩子看着父母用电脑长大的。中国存在父母不文明上网的现象，很多家长为孩子上网聊天、玩游戏成瘾而感到头疼，反过来孩子说家长"你们不是也玩吗？"

所以说，文明上网以引导为主，预防为辅。爸爸不要把电脑视为洪水猛兽，网络是不能抗拒的发展方向，我们要主动迎接这一挑战。希望中国的父母首先自己学会正确运用和使用电脑，学会科学上网，从小引导孩子健康上网。

依依在她的新著《范姜国一的快乐初中》里有一篇《百度的贡献》的文章，

讲述了她利用网络学习的故事：

趁着午后的美好时光，我躺在阳光下，一边享受着冬日暖阳，一边在书海中遨游。可就在我开心地被阳光包围时，一个小小的生词憋住了我正快乐着的心。咦，这个词是什么意思呀？我一边盯着这个词，一边犯疑，以前没见过它——"置若罔闻"，字还都认识，就是不知道是什么意思。于是，我想起了网络的好帮手——百度。

登上百度的网页，在搜索的一栏输入这个词，轻轻地按一下回车，就出现了很多条目，看准了，点击它一下，便进入了另一个网页——百度百科。

一打开这个页面，一串解释就映入眼帘："意为放在一边不管，好像没有听见似的。指听后仍然不予理睬。"

哦，原来是这么回事呀！呵呵，知道了这个词的意思，我的心又变得愉悦起来……

二、要经常和孩子交流上网体会

与孩子交流对网络信息的看法，比如：网上有什么新闻、你怎么看待这件事，等等，要以平等的态度和孩子交流，从而知道他们的真实想法，同时也说说自己的看法借以引导孩子。我如果在网上看到有关依依感兴趣的新闻，就会让她过来分享，同样如果她看到什么有趣的信息，也会叫我与她分享，并且交流彼此看后的想法。这既是利用网络学习，又是休闲娱乐，还增进了亲子关系。

孩子上网是必需的。你不妨像东子一样，和孩子一起上网，在做好防护的同时，引导孩子如何运用网络获取知识，如何运用网络学习、解决问题。要给她介绍一些好的网站、论坛等。要在孩子上网前给他一个好的基础。其实，越早让孩子接触网络，就越有利于孩子正确地使用网络，而不至于沉迷其中。

三、要合理控制孩子上网时间

现实生活中，大多数家长都过分夸大孩子的网络行为，只要孩子上网时间稍长就将之定义为网瘾。其实不然，界定网络成瘾有如下几个标准：首先，出于非工作学习目的每天上网 5 小时以上，这是网络成瘾的一个时间标准；其次，只有上网状态持续比较长的时间，才能构成网络成瘾的病程标准。

孩子的自觉性相对较差，容易"网络成瘾"，如以粗暴方式完全制止他们上网，很容易引起逆反心理。正确的方法是通过交流尽量与孩子达成共识，在不影响学习的前提下安排一定的时间上网，一天不超过2小时。要让孩子知道，网络只是学习和生活中的一部分，是一种辅助工具，过度地上网不仅会影响学习，对身体发育也是有害的。

在依依刚接触网络时，我就告诉孩子，用电脑绘图、上网玩游戏，都只是她玩耍的一种项目，玩一会就去玩别的游戏。后来孩子渐渐大了，可以用电脑和网络学习了，我还是告诉她，这只是帮助你学习的一种辅助方式，无论是上网玩耍还是学习都不可时间过长，一定要控制在2小时之内，最好在1小时左右。我没有为此看着孩子，而是让她自己去把握，这种信任赢得了孩子遵守诺言的积极回应。

多年来，每天我都会安排一段时间，把电脑让给依依。在这个时间段，依依可以自由使用电脑、上网玩游戏、打开邮箱发电子邮件、制作电子贺卡、跟同学及朋友用QQ聊天、浏览感兴趣的新闻，等等，在网上做着自己喜欢做的事情。而规定的时间到了，依依会很自觉地从电脑旁走开。

依依利用网络开设了自己的电子邮箱、QQ空间、个人主页和博客，与他人相互交流与学习。如今，上网已经成了她生活中不可缺少的一部分，网络陪伴着她健康成长。

常怀感恩之心

作为一个孩子，感恩更加重要，感悟他人对自己的好，对自己的帮助。从小培养孩子感悟他人之意，让孩子拥有一颗必得感恩的心，长大之后才能成为一个懂得感恩的人。

我常常听到一些家长抱怨自己的孩子自私、蛮横、缺乏爱心，认为父母为他们所做的一切都是天经地义的，只知道享受，不懂得给予，只知道自我，不懂得体谅他人，一切以自我为中心。这些孩子不同程度地存在以下不良倾向：只知受惠，不知感恩；只知索取，不知奉献；只知被爱，不知责任。

在家庭中，孩子是小太阳，父母宠，外公外婆爱，爷爷奶奶亲，"所有人只为他一人而动"，家长把养育孩子当成自我情感的满足，给孩子处处创造优厚的生活条件，他们对自己所做的一切都认为是应该的，从来没有想过也不想得到孩子的回报。久而久之，很多孩子都认为得到是理所当然的，爸爸妈妈所做的是应该的。使得孩子只要求别人关心、爱护、让着自己，不会想着去关心别人、感激他人。

美国和加拿大有个"感恩节"，原意是为了感谢上天赐予的好收成，近几年被"引进"国内，也延伸了内涵，包括感念父母、老师等有恩于自己的人。

可当下的社会，很多孩子不知道报恩。我想是家长忽视了对此的教育，我们要让孩子知道，并非报大恩大德的大举动才叫感恩，对父母的点滴孝行，对他人看似微不足道的关心，也是一种感恩。

孩子如果能常怀感恩之心，不仅能培养他们与人为善、与人为乐、乐于助人的品德，促进他们健康人格的形成，而且对其今后和谐人际关系的建立有重要作用。

一个人要永存感恩之心，感恩之情。我们要让孩子认识到，别人为他付出的一切并非天经地义。无论是父母的抚养，还是老师教给他们知识，抑或他人给予的帮助，这一切都是"恩情"。在"知恩"之后，当以行动给予回报。

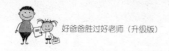

东子给爸爸们的建议

一、要孩子感念父母的养育之恩

说正题前，先给大家讲个故事吧：

很早以前，一只母羊生了一只小羊羔。羊妈妈非常疼爱小羊，晚上睡觉让它依偎在身边，用身体暖着小羊，小羊睡得又熟又香。白天吃草，又把小羊带在身边，形影不离。遇到别的动物欺负小羊，羊妈妈用头抵抗保护小羊。一次小羊说："妈妈，您对我这样疼爱，我怎样才能报答您的养育之恩呢？"羊妈妈说："我什么也不要你报答，只要你有这一片孝心就心满意足了。"小羊听后，不觉流下泪，"扑通"跪倒在地，表示难以报答慈母的一片深情。从此，小羊每次吃奶都是跪着的。它知道是妈妈用奶水喂大它的，跪着吃奶是感激妈妈的哺乳之恩。这就是大家都熟知的"羊羔跪乳"。

可我们又是如何感念父母之恩的呢？

很多家长对孩子溺爱有加，但对父母却不孝顺，把孩子当祖宗供养，常弃老人于不顾。所以，孩子不知道感恩，完全是父母不当的教育所至，如果父母平时注重身教，给孩子做出榜样，再辅之以理性的言语，不满足孩子的不合理要求，孩子就不会连羊羔都不如。只有家长对父母心存感恩，理性爱子，孩子才会懂事理、知感恩。

有些孩子总是伸手向父母要这要那，完全不体谅父母的难处，这是因为孩子只知道爸爸妈妈有钱，但并不是非常清楚钱是怎么来的。家长可以有意识地让孩子了解家里的状况，让孩子知道父母的辛劳。同时，让孩子承担必要的家务，既可以让他体验到劳动的艰辛，又可以了解到父母挣钱的不易，这样有助于孩子体谅父母、心疼父母、感恩父母。

要让孩子学会感恩，首先就是要感念父母的养育之恩。因为父母是孩子的至亲，如果对父母的关心、疼爱不会感恩的话，那么孩子对别人就更加不会懂得感恩。我和孩子妈妈的生日、父亲节、母亲节和感恩节，女儿都会有精美的礼物相送，无论是购买的还是自制的，总会看到那上面充满着感恩的温情话语。

二、要孩子感念老师的教诲之情

提起老师，我们会感慨良多，想起我们的童年、少年、青年时期，为我们传道授业解惑的人，想起我们人生路上的领路人，想起辛勤的园丁、燃烧的蜡烛、人类灵魂的工程师……

尊师重教是中华民族的优良传统，早在公元前 11 世纪的西周时期，就提出"弟子事师，敬同于父""一日为师，终身为父"。意思是说，哪怕是只教过自己一天的老师，也要一辈子当作父亲看待，意为要尊重老师，感念师恩。

由于东子在校读书时间较少，所以教过自己的老师算起来只有十几位，这些老师都是东子幼年时的启蒙老师。那时，年幼无知的东子，很叛逆也很调皮，但骨子里还是很敬重老师的。成年后在外生活了近 30 年，每每想起老师，我都心怀感恩，因为我深知如果没有他们的细心教导，就没有今天的东子，这些年每当有新著出版，我都寄送给老师，请他们指正并分享。

在我的影响下，孩子也特别喜欢老师，尊重老师，除去教师节和新年，要自制礼物给老师外，还通过日记记录老师的教导，并且写文章赞美老师，在女儿心里，老师是世界上最值得尊重的人。

在依依出版的《玩着长大的小依依——玩过小学》这部书中，曾写过一篇《美丽的田老师》：

田老师是我刚上小学时的第一个班主任，是我的启蒙老师，说她美丽，可不仅仅是指老师长得漂亮，还表明老师有美丽的心灵，而且她说话声音柔柔的，脸上总是挂着甜甜的笑容，就连看我们时的眼神都充满了关爱……

田老师很喜欢和我们一起玩，这对于好玩贪玩的我来说，真是求之不得的。下课了她并不急着回办公室休息，而是带我们到操场上玩各种游戏。跟着她，总有玩不尽的花样，总有止不住的欢乐笑声。后来我和别的小朋友玩的许多游戏，都是从田老师那里学来的。

因为喜欢田老师，我特别喜欢上田老师的课，也喜欢上学，喜欢这所学校。每天都开心地背着书包往学校跑，放学了要和田老师说好几遍"老师再见"，才肯跟妈妈回家……

现在已经上大学的女儿，不时地还会与我谈起田老师，而且她打算有时间去看看田老师。

三、要孩子感悟他人之意

在我们的成长路上，给予我们帮助的人绝不只有父母和老师，还有我们的亲人、朋友、邻里，甚至是路人。

时光大幕拉回40年前的那个寒冬，在东北平原的一个小村庄里，一个七八岁的小男孩，戴着破洞的小手捂子（比手套厚一些），顶着零下30多摄氏度的严寒，走在回家的路上。走到半路时，冻得孩子脸发青手发麻，在路过一户人家门口时，他终于哭出了声。这时，从院里走出一位60来岁的老人，他一边和孩子说话，一边将孩子拉进屋。进屋后，老人脱掉孩子的手捂子，用他那双布满老茧但却温暖无比的大手，攥住孩子的小手揉搓，过了一会，孩子缓过来了，老人又把他送出门外，安慰嘱咐道："很快就到你家了，路上小心！"

那个孩子就是本书作者东子，那个给我暖手的老人叫岳关四，在村中，我叫他"岳四大爷（伯父）"。

1995年，东子在陕西省西安市工作，应邀赴河北秦皇岛，出席首届全国公关策划与企业创新研讨会，开完会后准备取道北京回西安。在秦皇岛火车站候车时，一不小心将手指划破，我忙低下头拉开行李包找纸，在我还没有找到纸时，邻座的一个女孩，撕开了一贴创可贴递过来，让我伸出手指，她帮我严严实实地把伤口包好，我连声说："谢谢！"过了几分钟，她随着检票的人流走了，我望着她的背影慢慢离去……

至今，我也不知道这个女孩（现在也应该快40岁了）姓甚名谁，家在哪里，甚至连长的什么模样，我都不曾记得，可我一直不曾忘却。

类似的事情，在东子40多年的生命历程中，有过很多次，我相信您也一定曾经历过类似的事情。所以，我们每个生命，无论是大人还是孩子，都要知道感恩，感恩于社会，感恩于他人。

中国自古就有："滴水之恩，当涌泉相报"，"老吾老以及人之老，幼吾幼以及人之幼"。据历史记载，汉初韩信功成名就后，历尽千辛万苦，寻到对自己有一瓢食之恩的漂母，优厚赡养以报其恩；诸葛亮感刘备三顾茅庐知遇之恩，尽管后主"乐不思蜀"，仍"鞠躬尽瘁，死而后已"。

古人尚且明白的浅显道理，可是为什么在今天，我们知恩、报恩的声音却越来越少呢？

是麻木。大人的麻木带来了孩子的麻木，最终导致了的群体麻木，这是非常可怕的事情，群体的麻木会导致人们丧失最基本的品行。

人是群居性动物，无论个体多么强壮，他都不可能独自生活在这个世界上，每个人每一天都在接受他人的帮助，尤其是孩子，付出的相对要少，接受帮助的概率要高很多。所以说，作为一个孩子，感恩更加重要，感悟他人对自己的好，对自己的帮助。从小培养孩子感悟他人之意，让孩子拥有一颗懂得感恩的心，长大之后才能成为一个懂得感恩的人。

我们感谢上苍，赐予我们阳光和雨露；我们感谢大地，赋予我们山川与河流；我们感谢祖先，给予我们五千年文明古国的文化传承。知道感恩，孝顺长辈，会成为不竭动力，这种动力可以使孩子的天更宽地更广，可以让他飞得更高走得更远！

第二章

"好爸爸" 是孩子的好朋友

爸爸与子女怎么样心灵相通、情感交融？怎样形成有利于子女成长的家庭氛围？它有赖于爸爸教育思想的端正，教育方法的得当，教育条件的适合。这中间，有一点是少不了的，那就是爸爸要把自己也当成孩子。

爸爸要把自己也当成孩子

家具损了，可以重新修理好；东西坏了，可以花钱再置办，唯独孩子的内心受到伤害是难以补救的。

美国人李文斯登·劳奈德，写过一篇题为《不体贴的爸爸》的短文，曾感动了成千上万的美国人。文章写道：

孩子，在你睡着的时候我要说一些话。你躺在床上，小手掌枕在你面颊之下，金黄色的鬈发湿湿地贴在你微汗的前额上。我刚刚悄悄地一个人走进你的房间。几分钟之前我在书房里看报纸的时候，一阵懊悔的浪潮淹没了我，使我喘不过气来。带着愧疚的心，我来到你的床边。我想到了太多的事情了，孩子，我对你太凶了。在你穿衣服上学的时候我责骂你，因为你只用毛巾在脸上抹了一下。你没有擦干净你的鞋子，我又对你大发脾气。你把你的东西丢在地板上，我又对你大声怒吼……

从明天起，我要做一名好爸爸。我要把自己当成孩子，做你的好朋友，你受苦难的时候我也受苦难，你欢笑的时候我也欢笑。我会把不耐烦的话忍住。我会像在一个典礼中一样不停地庄严地说："他只是一个男孩，一个小男孩！"我想我以前是把你当作一名大人来看，但是我儿，我现在看你，蜷缩着疲倦地睡在小床上，我看到你仍然是一名婴孩。你在你母亲怀里，头靠在双肩上，还只是昨天的事……

我是流着泪读完了这篇文章的。望着曾幼小的女儿，我心潮起伏、思绪万千。那么，看了这篇文章，同样作为爸爸的您感想又如何呢？您不觉得我们站在大人的角度想问题太多，而从孩子的实际出发太少了吗？实际上，设身处地想一想，如果您是孩子，面对那么多成人的要求、成人的标准，同时做那么多的事情，您会做得到吗？

我们的孩子其实很乖，很多事他们都尽力按我们的想法去做了，只是一时承受不了，出了点错；我们的孩子其实很坚强，对我们超乎孩子能力的要求也坚持着、努力着。只是一次次真的达不到我们的期望，但是面对我们的责骂和教训，他也只有默默流泪；我们的孩子其实很棒了，我们童年不会的东西他都学会了，我们没有取得的荣誉他都取得了，只是我们总是和别的孩子比较，让孩子更高、更快、更好……他们幼小的心灵承受了成人的紧张、压力和竞争，这不该是父母制造的伤害啊！

家具损了，可以重新修理好；东西坏了，可以花钱再置办，唯独孩子的内心受到伤害，是难以补救的。一个人在儿时心灵上所受的影响，关乎其一辈子性格的发展，乃至命运的走向。因为孩子一点小小的不是，就没完没了地责问谩骂甚至大打出手，实在是一件愚不可及的事情；过多的挫折感会把孩子的想象力、创造力扼杀在萌芽里、摇篮中。

爸爸怎样才能与孩子心灵相通、情感交融？它有赖于爸爸教育思想的端正，教育方法的得当，教育条件的适合。这中间，有一点是少不了的，那就是爸爸要把自己也当成孩子。

东子给爸爸们的建议

一、要有一颗不泯的童心

有一位画家说："我为孩子们画画，画故事连环画，画童话插图，就得像孩子那么想，那么看，于是嘛，也就有一颗童心啦！"如果我们的爸爸们，也能像孩子那么想，那么看，那么做，把自己当成孩子，站在孩子的角度去看世界，我们不是也会拥有一颗不泯的童心吗？

我和依依一起玩的时候，常把自己幻化为"大小孩"，不仅把自己童年时玩的游戏教给孩子，而且耐心学会现在的孩子正玩的各种游戏，然后全身心投入其中。我教会依依玩我小时候经常玩的打杀、弹杏核、掷嘎尕蛤，带孩子去坐雪爬犁、溜冰、打陀螺……而依依教会我玩魔方、各种网络游戏，然后和我对决。

依依 7 岁半时，她妈妈回山东老家教书去了，我和依依在长春生活。那半年时间，我几乎每天都要和她玩游戏，以上说的游戏在这期间都玩过，最有趣的游戏是一次偶然间的起意。一天晚饭后，我们爷俩出去散步，漫步于 228 厂大墙外，我当时在想一些事，所以心不在焉走得慢一些，孩子催促半天见我依然没有跟上，她就说："爸爸，咱们比赛吧，看谁走得快。"

"你那么小怎么能走过我呀？"

"我说的比赛是有规则的。"

"什么规则呀？"

"咱们先站在一起，然后'剪刀、石头、布'，谁赢了就往前走一步，输的原地不动。"

"啊，好啊，好啊。"我为孩子又有新创意而高兴地附和着。

第一轮"剪刀、石头、布"，依依就赢了，孩子兴奋地向前跨出一大步，第二轮依然是孩子赢了，她又往前走了一步，见我仍然原地踏步，就安慰道："老爸，别着急，慢慢来。"而后的第三轮我终于赢了，按规则向前移动一步。

就这样输输赢赢，一刻钟后，依依已经落下我很远了，这时天色渐黑，我们隔着长空的"剪刀、石头、布"，已经看不清对方出什么了，我故意耍起了赖，孩子见状就大赦我一回，让我向前走三步，这样又玩了一会，我追上了她。这下，依依不干了，非让我再退后三步，说这是还刚才让我前进的那三步，一想孩子说的也在理，我就很滑稽地后退了三步，为此还险些撞到墙，我们父女哈哈大笑……

我小时候玩爬树、踢毽子、骑牛（一种小朋友当牛的游戏）、掏鸟窝、打水仗、打弹弓等游戏时，一玩就是一天，没早没晚，昏天黑地，忘了吃饭忘了回家是常有的事；每天泥脸一张、泥猴一个，光着个脚丫子走东家串西家跑遍大半个村子，满脚的猪屎牛粪，什么时候在乎过？有一次居然和村里几个小伙伴结群打伙偷生产队的青苞米烧着吃，什么荒唐事、恶作剧没做过？哪一天让大人省心过？而自己却只顾一心一意认认真真地做孩子，大人的心思一点也不明白。望着快乐玩耍的女儿，回味着久违了的童趣，仿佛又回到了从前。

正如鲁迅先生所说："孩子的世界与成人截然不同，倘不先行理解，一味蛮作，便大碍于孩子的发达。"为了"先行理解"孩子，爸爸就要走进孩子的世界，

把自己也当作孩子，同他们一起游戏，同他们一起编织生活的花环，同他们一起描绘斑斓的未来。用童心这把钥匙，打开孩子心灵的那扇门。

二、没有理解就没有有效的教育

不理解孩子，爸爸的教育就会脱离孩子的实际，强人所难，甚至把孩子当成执行自己意志的工具。相反，站到孩子的立场上以孩子的眼光看待自己的要求，支持孩子的正当要求，与孩子同喜、同忧、同乐，心灵相通，情感交融，这样才能爱得准，爱得深，爱得正当。当然，理解不是目的，而是教育的起点。理解代替不了教育，但没有理解往往也很难教育。有些孩子和爸爸情绪对立，往往是爸爸不理解孩子，简单粗暴教育孩子造成的。理解就是为了避免这样的做法，变简单粗暴为耐心诱导，变单纯禁堵为积极疏导。

虽然孩子还小，但他也有自己的想法，也是一个独立的个体。我们大人不能为完成自己的愿望而要求孩子，让他干自己不愿干的事，我们应学会平等地对待孩子。每个人都有自己美妙的童年，可人们一旦做了父母，往往就把自己的童年给忘了，一味以成人的想法要求孩子。如果家长能经常回忆自己的童年，将心比心，遇到问题设身处地替孩子想想，就容易理解孩子的心情，对孩子的教育方法自然也会改变。

比如孩子和小朋友正跳皮筋跳得来劲，爸爸非得让孩子马上回家，孩子的嘴就会噘得老高。为什么？因为她刚跳完，应该给别人押皮筋了，这时候走开，小朋友就会对她不满。假如好容易等到该她跳了，而家长把她叫回家，她心里也会不满。如果做爸爸的理解孩子的这种心情，说再玩几分钟就回家，孩子有了思想准备，"告一段落"后自觉不玩，心里的不平衡也就得到解决。做家长的不要忘了自己的童年。童年的一切游戏也曾使我们激动过，如果这些我们能回忆一下，对于理解孩子，正确引导孩子都是大有帮助的。

有些爸爸在对孩子的教育中，常常感到效果不理想，甚至与孩子的关系闹得很紧张，其中一个重要原因就是其缺乏对孩子的了解、没有做孩子的朋友及自身缺乏童心。爸爸常用成人的眼光去看孩子，用成人的想法去要求孩子，用自己的标准去衡量孩子，总想让孩子"规规矩矩"，把孩子变成"小大人"，这种脱离年龄特点的教育很容易造成两代人之间的隔阂，难免导致教育的失败。

因此，爸爸要有一颗童心，把自己也当成孩子。

三、要了解孩子的心理

不了解孩子的心理就不会成为孩子的朋友，爸爸们应当明白，每一个孩子在感情方面都是一个独特的世界，如果爸爸不了解他们的这个独特的世界，就很难理解他们，也就会实施"错位"的教育，结果只能事与愿违。比如：孩子想和小朋友去玩一会，可是爸爸却把他关在屋子里逼着学习，孩子难免会对爸爸有意见，造成感情上的隔阂，产生抵触情绪，为今后的教育设置了障碍。所以，爸爸要从儿童的角度去体察孩子的需要，怀着一颗童心去满足孩子的心理需要。

对孩子感兴趣的话题，要主动参与讨论；对孩子感兴趣的活动，也要热心地参与和支持，这样孩子才能和你真正交流，成为知心朋友。事实证明，谁了解孩子的心理，谁就会赢得孩子的心，取得教育的主动权；反之，则会产生顶牛现象，甚至遭到孩子的怨恨，费力而不讨好。

我们有些家长教育孩子的失败，往往就是因为缺乏对孩子的理解。家长脑海中常常有一个想象中的"模范孩子"，并以此督促自己的孩子也要这样去做。但孩子毕竟是活生生的人，他们不可能什么都按照家长的意愿行事，就是主观上想让家长满意，客观上有时也会力不从心。有的家长会因此焦虑不安，甚至大动肝火。这样一来，反而使得孩子无所适从，不知如何是好。

所以，爸爸们要从孩子的实际出发，多考虑他们的难处，以朋友的角度，设身处地为孩子想一想。一点一滴地引导他们朝着理想的目标努力，孩子们一定能变得越来越优秀，父子的感情也会越来越融洽。

多参与孩子的活动

> 爸爸做孩子的游戏伙伴，不仅可以满足孩子情感上的需求，而且在和孩子玩耍的过程中能够更好地促进孩子的心理发展。

在很多人的观念中，爸爸爱孩子就是为孩子多赚钱，给孩子买好东西。一个大男人如果整天婆婆妈妈地陪孩子玩，参与孩子的生活和活动就是娘娘腔。因此，学校里的家长会、各种活动，大多见到的是母亲的身影。由于大男子主义思想作祟，爸爸们下了班就是在外打麻将，也不愿关心孩子的事。

于是，领着孩子逛公园或在休闲广场做运动的是妈妈，接送孩子去参加各种培训班的，也多为妈妈……爸爸只顾忙自己的事情，仿佛教育孩子、陪伴孩子理应就是母亲的责任。

就连一些教育著述也不自觉地忽视"父亲"在陪伴孩子中的作用。在谈到父母责任的时候，大多是笼而统之，不加分析地把"父""母"捆在一起来谈。仿佛孩子的生活中，爸爸除了提供经济供养外，就别无他用了。

其实，孩子的生活和活动中是不能缺少父亲的，父亲应该积极参与孩子的活动，无论是家庭活动还是社会活动。

爸爸做孩子的游戏伙伴，不仅可以满足孩子情感上的需求，而且在和孩子玩耍的过程中能够更好地促进孩子的心理发展。同时，能够及时发现孩子的兴趣和潜能，从而在共同玩耍中有针对性地加以引导。爸爸参与孩子的活动，可以了解孩子的兴趣和特长。

爸爸在参与孩子的活动过程中，要不断地赞扬和鼓励孩子，以增强他的耐心和耐力。在他厌烦或灰心丧气时（这是肯定要发生的），你可以建议他休息几分钟，但其后要立即投入活动。孩子天性顽强、有弹性，在他们沮丧泄气之时，你纵容他们，就等于损害了这些天生的优点。你要调整策略，在参与程度上要有所变化，尤其在孩子具有注意力不持久、缺乏动力的时候。

女儿依依参加学校举办的一些活动，如果情况允许我都尽量争取去参加，当然更多时候，我只是一个默默无闻的观众，或者是依依啦啦队的队员。即使这样也给孩子以无穷的力量，尤其是依依参加体育比赛时，爸爸的鼓励和安慰既是"兴奋剂"，又是"安定片"。

在美国，父亲常常参与孩子的活动。"如果你答应当孩子球队的教练，你就必须花时间跟孩子在一起。"这是住在美国加州的一位父亲杰佛瑞，陪4个孩子（从3岁到15岁）的方法，他已经当棒球教练8年了。"如果你不能当教练，那么就加入啦啦队吧。"麦斯是一位律师，他说他希望在小麦斯成长过程中陪着他，可是麦斯实在对运动一窍不通。"我没办法当教练，但是我出席了每一场孩子的比赛，替他加油打气。"麦斯说他和他的太太很久之前就决定，参加孩子学校的每一项活动。

科学研究和社会实践都表明，父亲参与了孩子的活动，和孩子一起玩耍，非常有利于孩子成长。

东子给爸爸们的建议

一、多与孩子接触，多参加孩子的活动

人是一种情感丰富的高级动物，尤其对于孩子来说，更需要来自父母的情感呵护。作为独生子女，现在的孩子本就孤独，只有母亲的陪伴是不够的，他们也希望父亲参与到他们的活动中。如果父亲以各种借口不陪孩子玩，不参与孩子的活动，很多活动或许无法进行，那孩子心里就总会有一种缺憾。

爸爸可以影响孩子的体格发育。因为孩子在婴儿期，爸爸大多喜欢用身体运动的方式来逗孩子玩，比如骑大马、顶牛等，给孩子以强烈的大幅度身体活动刺激，从而促进孩子身体发育；而进入学龄段，爸爸更多地带孩子进行户外活动，比如打球、爬山、去游乐园游玩、到自然中游览等，这些当然使孩子的身体得到很好的锻炼。

二、父爱是孩子个性品质形成的重要源泉

男人的独立、自信、宽容、坚强、果敢等个性特征，在和孩子接触的过程中，有声无声地影响着孩子，从而使孩子也具备这些品质。而这些个性特征是通过

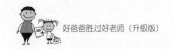

具体事情来体现的，参加孩子的活动就是最好的展现机会。

我就经常与依依一道做些体育运动项目，比如单双杠、吊环等。有一次，我们来到单杠前，一个六七岁的男孩对他父亲说："爸爸，这个你能上去吗？"略显臃肿的爸爸摇了摇头，那个男孩说："我刚才看到一个叔叔从那个铁杆向上拉了好几下，爸爸你也来几下吧！"没办法，这位父亲被赶鸭子上架，向上蹿了两下，由于太重跳不起来，而没有够到横杆，男孩很失望。

父子走后，一家三口来到这里，女孩的爸爸蹿上去，来了几下引体向上，女孩看到爸爸的动作拍着手说："爸爸好棒，爸爸好棒！"

"你爸爸现在不行了，在部队时还能翻到杠上去做练习呢。"女孩的妈妈说。

依依听到后，对我说："爸爸，你不也当过兵吗？你也像她（那个女孩）爸爸一样做几下，好吗？"

"好吧，等会爸爸再给你表演啊。"我告诉孩子。

"好嘞。"依依高兴地答道。我见那一家三口离去，跳起抓住横杆，先来两个引体向上，而后左胳膊用力一支，跃上横杆，然后来个翻身大回环后，又吃力地拉了几个引体向上，才跳下杠来。

几个围观者，赞叹说我很灵巧，动作娴熟。依依一看比刚才那个叔叔做得还好，于是振臂高呼："爸爸真厉害！"此后，在和别的小朋友比爸爸本领的时候，总是说："我爸爸可以到单杠上翻身，你们爸爸能吗？"

孩子的这种自豪感，可以使他更加乐观、自信，他会更加愿意接受父亲的教育引导，也可使亲子关系更加融洽。

三、和爸爸相处时间多的孩子社会交往能力比较强

因为爸爸的豁达可以让孩子学会宽以待人；爸爸的自信能让孩子充满热情。

依依的交际能力和适应能力常常为人所称道，小小年纪生活了很多地方，换了很多学校，无论到哪她都能很快地与小伙伴们融洽相处。

2006 年 8 月，依依从烟台转学到大连读初中，开学第一天，就把同班同学尹岩领回家里玩；2007 年 8 月，在沈阳读初二时，不到三天，就和班里大部分同学成了好朋友；2008 年 10 月，转学来长春后，很快又与班里的小伙伴成了

好朋友。依依在她的新书《玩着长大的小依依——乐过初中》中写道：

我换学校的次数可谓一绝呀！小学就不说了，光是初中，仅仅三年的初中生活，我就换了三个学校，而且是三个不同城市、两个不同省份的学校。可是每次换学校，不出一天，我就会和新同学打成一片，时间久了，次数多了，一提起换学校，我就会开心地想到：又有新同学了！又可以认识新朋友了！心里乐得很呢！所以目前为止我的初中同班同学已经累积到 150 多个了……

她的热情、自信，使她赢得了很多朋友。现在全国很多地方都有她的同学、好友，她们相互通信、通电话，沟通交流学习和成长的感受。

四、爸爸参与孩子的活动，有利于孩子性别角色的发展和完善

家庭是孩子自幼学习角色观念、形成角色取向、模仿角色行为的重要场所，孩子最初是在家里模仿父母，进而模仿其他男人和女人的行为，从而形成自己的性别角色。如果"父亲"角色缺失，那么男孩子会缺乏角色认同感和男性特征，变得软弱、缺乏独立性和自主性及目标的持久性，形成男孩女性化倾向，适应环境的应变能力差，不能适应男性的独立生活，女孩子也会过于柔弱，并因为对男性的陌生感，而在成年后在与男性交往时，出现焦虑、羞怯和无所适从等交往障碍。

爸爸的存在是孩子心理发展、个性发展的源泉，对孩子的性别角色规范、生活方式、价值观和态度具有重要影响。所以说，"爸爸"是孩子成长中不可替代的角色。

我很欣慰，在家庭教育的舞台上，我这个爸爸没有放弃自己的角色。从成为爸爸那一天起，我就担负起"父教"的职责，参与到女儿的活动中，为女儿的健康成长发挥自己的作用和价值。

我做得最基本一点，就是每天都尽可能地拿出一定的时间陪她玩，和她一起看书、看电视。尤其确定了"三三教子"理念后，我更是注重在孩子玩的时候、看书的时候以及看电视的时候，和她坐在一起。这种亲密无间的相处，让孩子把我当成最知心的朋友。

通过参与孩子的活动，给孩子做出榜样并予以鼓励，来教会孩子某种本领与合作精神。而且，通过参与孩子的活动，父母可以了解孩子的兴趣和特长。

多参加孩子的活动，就像农民播种一样，春撒一粒种，秋获多粒果。

再忙也要与孩子沟通

现在的孩子物质上已经够丰富了，我们要做的是多抽出些时间来陪伴孩子。

2013年年初，东子在新浪微博上写道——"忙爸爸们"应该思索这样一个问题："为何而忙？"仅仅是事业吗？为当更大的官、挣更多的钱、出更大的名？不！这不是你的全部！因为你还是儿子、丈夫和父亲，尤其是后者，不能陪孩子玩耍的爸爸，是没有资格为人父的！

微博发布后，迅速引起热议，大家纷纷转载和评论：

实名认证的教育专家鲁稚：父亲不仅代表着秩序和安全感，还代表着一种性别的影响，不只是呵护和宠爱，男孩女孩的教育都需要父亲参与。

实名认证的北京青年报记者孟庆伟：很多时候，忙爸爸都是在为各种欲望奔走着。他们不知道，自己失去的天伦之乐才是最宝贵的。

实名认证的童话作家赵明：果断转！必须转！好东西要分享！告诉爸爸们别瞎忙了。

实名认证的儿童阅读推广专家李一慢：爸爸们的时间也像海绵，如果都不能挤出陪伴孩子，进行亲子共读、共玩，那真的是"心亡"的爸爸。

西安乐高戴老师：好文章，请忙碌的爸爸们抽空看看，再抽空想想，爸爸不仅仅是一个称呼，更是一种责任。

Vivixu2010：话说老公昨天破天荒地给女儿辅导功课，听女儿念了一遍课文，惊为天籁，借此机会鼓励老公再接再厉，哈哈。

......

看到这条微博后，《华商报》（西安）记者谢勇强针对越来越多的"忙爸爸"现象，对我进行了采访，而后推出《"忙爸爸"应该知道为何而忙》的长篇报道。

看看我们身边的父亲，究竟拿出多少时间陪孩子玩了？我曾经就这个问题做过调查，一种回答是："工作太忙了，天天想着挣钱养家，哪有时间陪孩子玩？"一种回答是："唉，和小孩子玩，让人心烦，给他多买点玩具，自己玩去。

有陪孩子玩的时间，自己多看看书，看看电视，上上网消遣消遣多好。"

无论是哪种回答，都证明一点：中国的爸爸们太忽视陪伴孩子了，在他们眼里，事业、工作、合同书……都比陪孩子玩重要。甚至很多人认为，物质上能够满足孩子的都满足了，也从心里爱孩子，不过是没有时间陪孩子玩，这对孩子的成长不会有什么不良影响的。

实际上，这种只注重孩子的物质需要，而忽视孩子情感需要的爱，是片面的。情感上疏离了孩子，会让孩子在感到孤独的同时，产生不安全感。这样的心理将给未来的生活带来消极的影响。现在的孩子物质上已经够丰富了，我们要做的是多抽出些时间来陪伴孩子。

东子始终认为人的第一角色应该是家庭，第二角色才是社会，没了家庭哪来的社会啊，可对于忙爸爸来说，完全本末倒置了。

其实，东子每天的工作千头万绪，要说忙，我想我比一般的上班族要忙得多。因为每天除了撰写文稿，还要接听心理咨询热线，采访别人或接受他人的采访，接受邀请外出讲座、开会，到电台、电视台做节目……回到家还要利用一切闲余时间看看书、上网查查资料，等等。

我的生活、工作状态如此，相对于那些天天和孩子相处的父母来说，我和依依相处的时间太少了。但是我可以肯定地说，我陪女儿一起的时间，要比那些每天下班回家看到孩子，却不陪孩子的爸爸多得多！

很多时候，我用一天中的半天时间陪孩子。而这半天时间我可以用来写一篇稿子，换来千八百元稿费；或者去做一场报告，拿回几千元劳务费。我也可以用来打保龄球、打麻将；用来读书看报，或者干脆睡觉……可我陪孩子在家做游戏、看书，去郊外、去游乐场，去孩子想去的地方，尽管那里没有我可玩的东西，但孩子快乐，我则幸福。

除了让女儿每天都看到"爸爸"，我更多地在塑造女儿性格以及培养心理素质方面倾注心力，她妈妈则多为孩子的饮食、起居操劳。通过充分发挥"父职"，依依不仅乐观、自信、开朗，而且具有男孩子般的果敢、坚强和不轻易服输的韧劲。同时，孩子独立性很强，自理能力也很棒。

东子给爸爸们的建议

一、尊重信任孩子，是与孩子有效沟通的前提

我们应该明白：爱孩子，首先要尊重信任孩子。尊重和信任，是现代教育的第一原则。尊重信任孩子，意味着爱护他们善良美好的心灵，意味着一种涵养和宽容待人的品格。尊重信任孩子，就要尊重孩子对学习时间的安排，不要过多地干涉；就要尊重孩子的隐私权，孩子的随笔、日记、信件未经孩子允许不随便翻看；就要尊重孩子的兴趣，并积极鼓励孩子发展个性特长；就要尊重孩子的正当的交往需求，包括与异性同学交往。

与此同时，家长还应摆正自己的位置。教育可以划分为三个时代：第一是先喻时代，即知识的传授是长辈传给晚辈，师父传给徒弟；第二是并喻时代，即长辈、晚辈相互学习；第三是后喻时代，即晚辈向长辈传授知识。目前教育处于"并喻时代"向"后喻时代"进化阶段。

在信息化社会中，学生获得知识的途径是多种多样的，因此孩子们虽然年少，却已蕴含着影响成人世界的潜能。这表明成人单方面控制孩子成长的时代即将结束。现代社会正朝着两代人共同进步的社会迈进。这就要求家长摆正自己的位置，千万不能唯我独尊，不能要求孩子唯命是从。更多的应是"不当裁判当顾问，多提建议少命令"。

二、身教重于言教，是与孩子有效沟通的基础

托尔斯泰说："在一个家庭里，只有父亲能自己教育自己时，才能有孩子的自我教育。没有父亲的先锋榜样，一切有关孩子进行自我教育的谈话都将变成空谈。"家长孝敬老人，孩子才可能孝敬你；自己下岗择业时充满自信，孩子才可能面对挫折不断追求。榜样的作用是无穷的，家长的人格力量是最重要的教育因素。

新世纪孩子的成长环境发生了巨大的变化。在新环境中长大的孩子，其观念、情感和行为层面的发展与上一代孩子有着很大的差异，这使父母在教育孩子方面产生了种种困惑，而首先的困惑是不了解今天孩子心理的变化。于是，在孩子的心目中，父母的威信越来越低；在这样的困惑教育下，孩子的心理问

题越来越多，离家出走屡见不鲜，违法犯罪比例直线上升，自杀现象此起彼伏。要解决以上的问题，首要的是有一个沟通的平台。

三、善于倾听发现，是与孩子有效沟通的桥梁

我们大人都有这样的体会：碰到开心的事情，找几个朋友聚一聚，庆贺一下，会觉得更加快乐；不顺心时，找个知心朋友聊一聊，或许这位朋友并没有给我们提出有效的建议，只是静静地听，偶尔点点头，我们讲完了，心里也舒坦了。这说明一个道理：人都有倾诉的愿望。这个道理同样可以移用到我们与孩子之间。注意倾听孩子讲话，即使是自己不感兴趣的话题也要耐心听。相反，如果我们对孩子的倾诉心不在焉，孩子就会觉得跟你讲也是白讲，久而久之，孩子心灵的大门就可能对我们永远关闭了。

善于倾听，不但要努力听进去，而且要思考，注重发现孩子讲话中的闪光点或者孩子的困惑、烦恼。闪光点要及时肯定、强化；困惑和烦恼就要积极引导，及时化解。

四、学会欣赏激励，是与孩子有效沟通的润滑剂

每个人都渴望成功，渴望得到别人的承认与肯定。没有哪个孩子愿意生活在一个充满否定的世界里。这就要求我们做家长的要会欣赏，会鼓励。称赞和鼓励对人类而言，就像阳光一样，没有它，我们就无法成长开花。

即使孩子某件事做得不够完美，我们也要换个角度肯定孩子做出的努力，然后有策略地给他指导或者提出建议。这样的沟通才会让孩子乐于接受，乐于改变，并且始终处于积极的状态中。

每一个孩子都希望跟父母做知心朋友。在自己遇到困难时，他最希望得到的就是父母所给予的帮助。所以，爸爸要舍得时间多和孩子沟通与交流。

经常作换位思考

孩子与父母是平等的，要站在孩子的角度看问题，要充分地意识到自己的孩子处在一个什么年龄段，他这个年龄的特点是什么。

很多孩子在很小的时候就会背："不识庐山真面目，只缘身在此山中。"稍大一点的孩子又会背："当局者迷，旁观者清。"人们在对待事物，解决问题的时候，都习惯地用比较单一、主观的思路进行思考。虽然家长知道让孩子背古诗有很多好处，但有多少家长能在教给孩子古诗的同时，自己也能"学以致用"呢？

换位思考，就是指一方做出涉及另一方的决策时，不但考虑到己方的情况，而且还能站在对方的立场上思考问题。

企业的管理者不能高高在上、发号施令，要站在客户的角度，根据客户的需要做决定，才能发现和满足客户真正的需求，赢得客户的信任，建立和提升品牌形象；教师不能用自己的权威命令学生读、写、算，要站在学生的角度，用学生喜欢的方式引导学生自主、合作、探究，这样才会有高效课堂；医生不能光靠"经验"诊断就定病给药，要在意患者的感受，顺着患者提供的"身体线索"去调整自己的治疗方案，才会治病救人。

生活中的诸多矛盾和问题，都可通过换位思考化解。对孩子的教育也是如此，很多家长都苦于无法了解孩子，其实，这个问题并不复杂，只要不时地把自己和孩子的位置换换，从他们的角度考虑一下问题，也许一切问题都迎刃而解了。

大多数的家长在教育孩子时，孩子喜欢告诉孩子应该怎么做、如何做，但是却不告诉孩子为什么这样做，只是把我们成年人认为的一些想当然的想法强加给孩子。结果呢，往往事情偏偏向着相反的方向发展去了，让做的没有做，不让做的倒是都做了。在我们抱怨孩子不能体恤家长良苦用心的时候，我们是否也应该在关心孩子的吃、穿、学之外，试着去了解一下他们的内心呢？所以，我认为我们的家长很有必要与孩子做换位思考，站在孩子的角度去看待问题。

就像郭冬临演的那个小品《我和爸爸换角色》，说有一个老师在新课程改革中做了这样一个试验，她让学生写一篇作文，题目是"我和爸爸换角色"，要求父子沟通后写出感受。通过与孩子换角色，使这位爸爸认识到以前自己一味责备孩子的不足，由此也就理解了孩子。这是弄假成真的一个教育感悟案例，生活中我们如果每一天都能和孩子换角色，就会对孩子多一份理解，多一份欣赏，多一份正确的引导，这是一件多么值得的事！

东子给爸爸们的建议

一、换位思考，可以让我们更好地了解孩子

在现实的教育中，常常会出现体罚学生（孩子）的情况。可能我们的很多孩子也曾经被体罚过，例如某个同学在作文中写错了一个字或用错了一个词，老师罚他将这个字或词写100遍，这样的情况我们应该不陌生。现在这个权力的行使范围扩大了，我们的家长也逐渐地喜欢上了这个方法。可是就是写上1000遍，除了让孩子厌烦，又有多大的教育意义呢？试想，如果你做错了一件事，领导罚你再重复去做100遍，你又会做何感受呢？

所以，爸爸与孩子要经常地换位思考，这样可以让我们了解孩子的心理需求，感受到他们的情绪，从而可以更好地进行沟通；可以让我们揣摩到孩子的心理，使我们能够抓住重点对孩子进行说服教育；可以让我们发现孩子的优点，有利于我们树立科学的成才观，鼓励、支持孩子做自己喜欢的事，可以使孩子有更大的发展。

在《玩过小学》的书里，依依得意地讲述了自己做"家长助理"的表现以及感受。"家长助理"是我临时想的称号，有市长助理、经理助理，就不能有"家长助理"吗？让孩子当家长，做一些平时家长做的家务，站在家长的角度考虑问题，对孩子来说未尝不是一件好事。

给了依依这样的称号之后，依依参与家庭事务的积极性更大了，家务活做得也很主动。而且，除了做家务，她还"参政议政"呢。每当家里有什么事情需要商量，只要孩子可以旁听，我们都会通知她："开家庭会议啦。"于是，

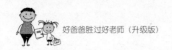

依依会拿着本子和笔，神情肃穆地端坐在旁边，一边听一边做"会议记录"。当然，她也没忘记"发言"，谈自己的想法和看法，尤其是谈和她有关的事情的时候，她更不会放弃自己发言的权利。

当依依有过做家长的这段经历后，一是孩子比以前更理解我们了，二是和我们意见发生分歧时，她能够为我们着想。孩子能够有这样的改变，我很欣慰。同时我也时常站在孩子的角度思考，去理解孩子。

二、换位思考，就能使自己变得智慧和理智

爸爸对孩子过多的指责，会让孩子不知所措。小孩子都会犯错，这不仅仅是这个时代小孩子的通病，就是古往今来乃至以后，这都是再正常不过的事情了。适当的指责可以让孩子知道做错事的后果，帮助孩子改正缺点，可是过多的指责就只能起到相反的效果。

爸爸和孩子都学会换位思考，就能使自己变得智慧和理智，就会减少矛盾冲动与盲动；学会换位思考，就会使自己善解人意，与人为善；学会换位思考，就会使自己心胸宽广，像海川一样包容一切，就像高山一样，容纳风雨而被人仰止。而不懂得宽容，就会以自我为中心，凡事以"我"为出发点而忽略或不顾他人的感受，做出损害他人损害自我的事情。

有这样一个小故事，说的是一个人搭乘火车，上车后坐在一个靠窗的位置上。火车刚刚缓缓开动，他不小心把一双新鞋弄丢一只在车窗外。有人说，你快跳下去捡鞋子！可他非但没有跳下去捡鞋子，反而把另外一只鞋子也扔了下去。人们议论纷纷，都说他太笨了。而他只是以一种淡然平静的口吻说，在你们看来，我或许真是很笨。但是跳下去捡鞋子有两种可能：一种是我安然无恙，鞋子也捡回来了，但是我却耽误了行程；另外一种就是在我跳下去的瞬间，我摔断了腿，或者成了轮下之鬼。而我把鞋子扔下去，别人捡到的就是一双鞋子。如果只捡到了一只，那也只能是一只无用的鞋子。

生活中许多事情是很复杂的，充满了矛盾。正是因为这样，人们的关系往往处于和谐与非和谐之中。为了消除人际间的不和谐因素，减少彼此间的矛盾，我们就应该学会"扔鞋"，懂得换位思考。

三、换位思考，小孩总有小孩的道理

曾看过柳亚子回忆鲁迅的一篇文章：鲁迅有一次在家里宴请几位作家。席间，鲁迅的独子周海婴将一颗丸子咬了一口，又吐了，说是变了味，而客人们当时都没有觉得。许广平便怪海婴调皮，客人们也都在想，这孩子怕是被惯坏了。鲁迅却不然，他夹起海婴丢掉的丸子尝了尝，果然是变了味的，他感慨地说："小孩总有小孩的道理……"

读到此时，心里是一份感动，而且久久不能平静。从此等小事可感受到鲁迅先生深沉的父爱和教子的用心程度。在众人面前鲁迅没有摆家长的架子，没有照大人的常情，勃然大怒，伸出大手在海婴的屁股上猛击几下，或是横眉冷目，怒声呵斥，吓得海婴有言难辩。我深深感触于鲁迅那句："小孩总有小孩的道理。"我们是大了，成人了，在生活中，我们操纵着大人的思想、带着大人的眼光看问题。我们竭力剔去身上的幼稚，尽量把自己装扮得成熟一点，老练些。对于小孩子的把戏，我们掩饰起曾有的纯真的童心，对于他们的世界有点不屑一顾了。"我走过的桥比你们走过的路还多。"我们开始用自己成长中累积的生活经历，来评定孩子之中的是是非非了。我们用成人的思维来做标准，为孩子定下惩奖制度。并由此在小孩子中寻找师道之尊、父母权贵了。

我们读过《题西林壁》，有句叫"横看成岭侧成峰，远近高低各不同"，可在教育孩子时，我们从没有想过，自己要转个角度，站在孩子的立场上看问题，来审视自己是否有过失的教育。在女儿的课文中有篇课文是：《绿色的金鱼》，我没见过绿色的金鱼，大家都没有见过，可是文中学生却说："现在没有，以后会有的。"对，现在高速发展的社会没有不可能会出现的东西。又如所有的人都说月亮光是白的、淡黄的，可有个孩子却发现月亮是绿的，通过孩子妈妈仔细地观察，孩子说得没错。

大到鲁迅先生小到范姜国一同学，他们都明白经常换位思考的益处。于是鲁迅先生成了中国近现代史上一位众人皆知的大作家，范姜国一成了一个阳光、快乐、懂事的女孩。

所以，只要爸爸们能够勤于换位思考，理解、尊重、信任孩子，孩子就能够健康快乐地成长。

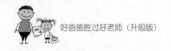
保护好孩子的自尊

理解孩子，维护孩子的自尊，你会发现，我们的"宝贝儿"个个懂事、可爱、聪明。

自尊心是尊重自己，维护自己的人格尊严，不容许别人侮辱和歧视的心理状态。

很多爸爸认为，孩子幼年什么也不懂，不知道什么是自尊。其实不然，东子曾经做过这样的测试：当拿一个香蕉放到不满一岁的孩子嘴边时，孩子张嘴就要吃，如果你把香蕉后移，孩子会伸着脖子要吃；第二次再将香蕉送到嘴边，孩子依然够着要吃，你再次拿走香蕉；当第三次将香蕉放在孩子的嘴边时，孩子会看看香蕉再看看你，然后无动于衷。为什么？孩子伤自尊了。也就是说，婴幼儿也有自尊心。

孩子的心思既敏感又脆弱，且极易受到伤害。假若爸爸动辄恶语指责，长此以往，孩子或者会产生强烈的逆反心理，你说什么他都不爱听，不愿做，脾气倔强；或者被吓得畏畏缩缩，服服帖帖，凡事没有主见，唯父母的意见马首是瞻，这样的孩子永远只会是父母的孩子，没有个性，更不会有前途。

孩子是有差别的，有的俊美，有的貌丑；有的孩子灵活，有的孩子迟钝；有的喜静，有的好动，等等。无论孩子长得怎样做得如何，我们都不要用羞辱的语言对待孩子，要维护好孩子的自尊。

东子给爸爸们的建议

一、允许孩子失败

当孩子犯错误、做错事后，不少爸爸喜欢用难听的话辱骂孩子，这会伤了孩子的自尊心，还造成了亲子间的隔阂，使孩子产生逆反心理，许多孩子干脆"破罐子破摔"，从此失去进取心。命令、怒骂、责怪式的家长语言，会使孩子感到成人对他的轻视，相反，如果父母常对孩子用应有的礼貌方式交流，孩子就会更加尊重家长，增添自信。

孩子成长过程中，要经历无数次失败，孩子的任何失败我们都不要斥责，而应从多方面分析孩子失败的原因，肯定孩子的付出，给予安慰和鼓励，要允许孩子失败。因为我们大人也难免失败，何况孩子还没有我们大人坚强。失败了，他会比大人更痛苦、更难堪。所以，在孩子失败时，家长需要给他心灵的支持与爱护，让孩子真正体会到家长对他的理解和信任。同时，父母常对孩子用关爱的，礼貌的方式交流，孩子就会更加尊重家长，增添自信。

理解孩子，维护孩子的自尊，你会发现，我们的"宝贝"个个懂事、可爱、聪明。

二、给予孩子必要的肯定

家长对孩子表现好的要及时给予肯定，对孩子错误的地方，应尽量施以正面的引导，避免否定、嘲弄的言语或表情，让孩子知道他在你心里是个好孩子。

在对依依的教育引导上，我一直都很注重维护孩子的自尊，给予孩子肯定。即使是一件小事，能肯定的地方我也要肯定，能鼓励的地方我也一定鼓励，以此帮助孩子建立自信心，使孩子能够健康快乐地成长。依依从小就喜欢写作，我带着微笑大声朗读依依的"作品"，是我对依依表示赞赏的最直接方式。从依依写下第一句话开始，我就成为依依的第一个读者，而且是最"忠实"的读者。只要依依把她写的东西拿给我看，无论写的是什么，也无论写得多蹩脚，我都要从头到尾大声朗读，遇到哪句话写得很好，我会再重复一遍，而且不忘夸奖："嗯，这句写得好！"只要捕捉到文字中的闪光点，我就不遗余力地给孩子充分的肯定，让孩子享受到成功的喜悦、写作的快乐。

2005 年 10 月的一天，9 岁的依依突然有了写诗的兴致。她从来没有写过诗，更不知道如何写诗，在晚饭后她顾不上看自己喜欢的动画片，趴在桌子上苦思冥想写下人生第一首诗《太阳》：

太阳，如果一旦失去你

就没有天上飞的鸟，地下跑的兽

太阳，你和所有的生物的生命都密切相关

如果失去了你，花儿枯萎，鸟儿遭殃，人类也无法生存

太阳，你为人类做出了贡献，人类永远也忘不了你

当她兴致勃勃地把这首没啥章法的诗拿给我看时，我没有像有的家长那样随便夸几句敷衍了事，而是依旧大声朗读了一遍，然后大声称赞她："我的女儿第一次写诗，就写这么好。相信你以后一定会写出更好的诗来！"

第二天，我把这首诗一个字未改地贴到了我为依依制作的网页上，让更多的人看到孩子的第一首诗。我对依依说："这是你真实的成长记录，谁也不是天生就会写诗，那些大诗人生平的第一首诗，说不定还赶不上你写的呢。"依依听了很开心："呵呵，爸爸喜欢我写的诗，我的诗都可以贴到网上展览了……"

后来依依说，每当自己完成一篇作文，得到爸爸的赞赏，心里总是美滋滋的，会觉得写作文真是一件快乐、开心又轻松的事情，自己真的是很棒！

我们假想一下，如果依依把她写的第一首诗递给我的时候，我皱着眉头说："这什么破诗啊，这也叫诗？不会写就别瞎写！"依依会怎么想，她肯定会引用宋丹丹小品里的一句经典台词来回应我："忒伤自尊了！"这样下去即使孩子有兴趣再写第二首诗，她也绝对没有兴趣再给我欣赏了。

赞赏就如肥料，撒在孩子的心田里，孩子的自尊心和自信心都会得以茁壮成长。

三、勇于向孩子承认错误

按理说，一个人做错了事，伤害了别人，应该向别人道歉才是。做父母的做错了事，也应该向孩子道歉才对。可是，现实生活中却很少有向孩子道歉的父母。究其原因，一方面是有些父母的封建家长意识在起作用，认为自己是孩子的衣食供养者，将孩子视为自己的私有财产，孩子事事都应该听自己的，即便自己错了，也不向孩子认错；另一方面是许多家长认为，向孩子道歉会起到纵容孩子的作用，并且有损父母的威信和尊严。

现实生活一再证明，那种把孩子看作是私有财产的做法是培养不出好孩子来的。成年人希望得到别人的尊重，孩子也同样渴望得到大人的尊重。伴随着孩子年龄的增长，放弃家长专断作风，代之以平等地对待孩子，应该是父母明智的选择。

关于向孩子道歉，我也有这方面的体验。

依依成长到 18 岁，这些年由于这样那样的原因，错怪了、误解了、冤枉了孩子几次，当我意识到是自己错了时，我都及时地向孩子表达了歉意，得到了孩子的谅解。此举不仅没有影响我们的亲子关系，而且还赢得女儿的信任与尊重，由此相互关系更加融洽了。

一些爸爸"向孩子认错、道歉，会失面子，会失去权威"的担忧是多余的，学会向孩子"道歉"，对教育子女无疑是大有裨益的。

每个父母在教育孩子的过程中都或多或少会犯下一些错误，对此，我们没必要在孩子面前伪装我们的歉意，只要我们勇敢地对孩子道歉，孩子会觉得自己很有尊严，并且也会以相同的态度对待父母以及其他人。真心诚意地改掉我们的错误，则会令孩子对我们更加的佩服和欣赏。

当孩子"闯祸"后，一些家长由于一时的感情冲动，往往会对孩子进行不恰当的批评或惩罚。事后，父母又往往会后悔。这时，倘若父母能勇于真诚地向孩子道歉，用自己的行动补救自己的"过失"，则常能引导孩子更好地走自己的路。

当然，父母向孩子道歉还必须讲究道歉的艺术。首先，道歉应该选择在心平气和的时候，这时的道歉既显得郑重诚恳，又容易被孩子所接受。其次，道歉要明确。父母向孩子道歉时，一定要说明自己做错了哪件事说错了哪些话，同时还要说明为什么向孩子道歉，否则，容易把孩子搞糊涂，起不到应有的作用。第三，向孩子道歉要中肯，要就事论事，实事求是，既不要夸大自己的错误以取悦于孩子，也不要轻描淡写，让孩子以为父母是在敷衍了事。

向孩子道歉是对孩子的基本尊重，是维系和谐亲子关系必要的做法。维护孩子的自尊，尊重孩子的人格，才能使孩子拥有一个健康的心理和乐观的性格。勇于向孩子承认错误，放下的是尊严，托起的是希望。

一定要让孩子信赖你

放下架子，平等交流，给予孩子必要的尊重和理解，才能赢得孩子的信赖。

在家庭教育中，不少家长有这样的困惑：自己比较注意教育方法，与孩子的关系也算亲密，但常常弄不懂，为什么孩子对老师的话，句句都奉为"圣旨"，而对父母的要求却往往大打折扣，甚至背道而驰。父母是孩子的第一位老师，保持父母在孩子心中的尊严和威信是很重要的。

有很多家长向我诉苦说，他们非常想和孩子做朋友，想和孩子做心与心的交流，了解日渐长大的孩子的真实想法，但孩子不屑于与家长沟通，有什么话说给同学和小伙伴听，也不会对父母讲。这些家长不解：为什么？

根据东子做家长的体会，这是你没有赢得孩子的信赖。

按理说，父母应是孩子信赖的第一人，那为什么会是这样呢？是因为家长们自己破坏了自己的形象，使孩子对其失去信赖。比如，孩子有了隐私，许多做父母的总是千方百计地去侦察：孩子上学翻抽屉看日记，半夜拿手机查短信、翻微信，偷听孩子打电话，如果有"情况"就是一通打骂训斥。这种做法自然会伤害孩子的自尊心，造成孩子沉重的精神压力，甚至产生敌意和反抗。孩子的隐私空间被无情地破坏，出于本能，他就会采取全方位的信息封锁和防备措施，由于对父母的强烈不满和气愤，甚至与父母出现逆反，导致父母与孩子关系恶化。信赖是沟通的前提，没有信赖就没有教育。

中国青少年研究中心曾在北京、上海等六省市进行了一项针对中小学生学习和生活现状与期望的调查，结果显示，43.8%的小学生和56.6%的中学生最渴望得到父母的信任，最不满父母说话不算数。

前些天看了一个关于两个离家出走孩子的报道，一个是爸爸为了让自己的孩子能考上理想的大学，承诺考上后买一台笔记本电脑，这对一个贫困家庭的孩子真的是个很大的诱惑，孩子果然顺利考上了，然而打零工的爸爸却没有兑现自己的承诺；另一个爸爸说孩子考上了重点高中，就带孩子去国外旅游，孩子如意考上了，可这个爸爸也以种种理由不兑现承诺。

孩子离家出走其脆弱心理是一个方面，但是我们做父亲的应该好好反思一下。如果我们能够兑现对孩子的承诺，或者当初不轻易许诺，会造成今天这样的局面吗？

言而无信，孩子又怎么会信赖你？

东子给爸爸们的建议

一、信守承诺

对孩子做出承诺后，最好要及时兑现；因为某种原因对孩子失信，应该及时向孩子说明，而不能敷衍了事。

在日常生活中，为了安抚孩子一时的情绪，随口许下诺言事后却抛到脑后的家长比比皆是。也许你并不是存心的，可当孩子一而再、再而三地失望时，父母在他们心中就会变成"狼来了"，不仅不再信任父母了，以后对他的教育恐怕也无法再接受。

古有曾子可以杀猪兑现承诺，而今天的一些父母却因为一点事言而无信。如果你不能信守承诺，那你不是在育子而是骗子！（同时，爸爸的失信也会影响孩子将来的诚信。）

二、有责任感

有人说："爸爸，是一个充满责任与担当的角色；妈妈，是一个充满慈爱与包容的角色。"这话很在理。相对于妈妈而言，爸爸的确是一个偏重于责任与担当的角色，尽管他们也时常对儿女充满慈爱与包容。

作为爸爸，我们同时担负着家庭角色和社会角色，也就是说，既要具备工作责任感，更要有家庭责任心。

虽然我们已经远离了刀耕火种和原始狩猎的年代，但今日社会男人依然是主体，在单位是中流砥柱，在家里是顶梁柱，所以男人要挺起腰板，有所担当。

拥有责任感的男人的天地更宽广，有所担当的男人更加受到别人的尊重。一屋不扫，何以扫天下？爸爸不为孩子营造一个有责任的氛围，孩子的心中怎

能植下"担当"这棵幼苗，孩子又如何信赖你？

三、加强互动

其实孩子是喜欢沟通也需要沟通的，关键是父母应当努力成为孩子最可信赖的朋友，如果孩子把心里话告诉你之后，得到的不是真诚理解和有效指点，而是"授人以柄"那种尴尬与被动，下次他还怎么信任你呢？与孩子无法进行"亲子互动"式的沟通，父母的"主动"得不到孩子的积极响应，多半是家长方面的原因，比如时机不对、场合不宜、态度不好、方法不当等。

亲子互动的前提是深厚的感情基础；亲子关系的最佳状态是"心有灵犀"。为人父母者要取得亲子互动的最佳效果，并终生保持良好的亲子关系，一定要在这些根本问题上下功夫。

亲子互动的基本条件，是要有"亲子共享时间"，也就是大人和孩子都要"挤"出一定的时间来"共同享用"。我为什么要用"挤"这个词呢？因为我发现如今的大人和孩子，尤其是爸爸们总是忙，不懂得家人在一起共享时间的重要。

我记得自己小时候和爸爸一道坐大马车去赶集，或牵牛下田干活，边走边聊，还有冬夜里全家人围着火盆讲故事，都特别有意思。现代生活虽然和以前大有不同，但亲子共享时间还是不能没有的。

我们做家长的总是喜欢在孩子面前端着架子，一脸严肃，一本正经，动不动就呵斥一番，教训一顿，令孩子敬而远之。原以为这样才有威信，其实这大错特错。放下架子，平等交流，给予孩子必要的尊重和理解，才能赢得孩子的信赖。

倾听孩子的心声

孩子越小越愿意倾诉，爸爸应充满耐心与兴趣地倾听，因为这是代际沟通的黄金时期。

随着现代社会生活步伐的提速、竞争压力的加大，爸爸们常常由于工作忙碌，而无法留给孩子充足的时间，陪着孩子一起成长。现代家长不应该只是努力为孩子创造一个良好的物质环境，而是应该抽出更多时间，去陪伴孩子、了解孩子，让自己和孩子的心灵更为亲近。

其实，在成长的过程中，孩子的最佳听众、最想诉说的人便是爸爸和妈妈，每天哪怕是一小时、半小时，甚至是一刻钟都好。爸爸妈妈都应该学习当孩子的听众，倾听孩子心中的想法，如此一来，便能真正看到孩子的优缺点，然后再有针对性地加以引导。

倾听也是一种爱。

有的时候，对孩子要听话听音。其实成年人的偏见是很多的，他们觉得孩子没有什么思维，孩子很简单，孩子很幼稚，孩子不懂事。其实不然，没有倾听就难以发现。有时候，孩子表达的只言片语都是真实的、可贵的信息。我们要学会"翻译"，深入理解，学会去问，让孩子用平静的心情把事实说出来，这个时候你才能得到重要的信息，才能做出恰当的判断。所以说，倾听是一种爱，倾听的艺术就是教育的艺术。

在我们教育孩子的时候，爸爸的角色往往是个主动的角色。因而爸爸有时很容易进入一个误区，就是一见到孩子，特别是碰到孩子发生什么问题的时候，爸爸就滔滔不绝，口若悬河，话特别多。在爸爸看来，孩子要多说，多批评，才会有进步。其实，这样的看法与做法是不明智的。为什么呢？因为你可能太急于表达，却忽略了孩子的反应。孩子可能根本没有听懂你的话，或者一个耳朵进，一个耳朵出，你的教导完全没有发挥作用，反而还可能恶化了你们的亲子关系。

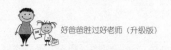

孩子越小越愿意倾诉，爸爸应充满耐心与兴趣地倾听，因为这是代际沟通的黄金时期。为什么会有许多父母抱怨孩子越大越不愿意和他们交流？很大一部分原因是孩子在小的时候，倾诉的意愿没有得到父母完全的重视，因而渐渐地孩子也就不愿意和父母交流了。其实，孩子年纪越小，越是代际沟通的黄金时期。如果坚持下去，孩子即便大了，也会习惯与父母交流。

东子给爸爸们的建议

一、学会倾听

曾看到这样一个故事：一个小孩有段时间上学总迟到，老师为此找其爸爸谈话。爸爸知道后，没有打骂孩子。在临睡觉前，他问儿子："告诉我，为什么你那么早出去，却总迟到？"孩子先是愣了愣，见爸爸没有责怪的意思，就说："我在河边看日出，太美了！看着看着，就忘了时间。"爸爸听后笑了。第二天一早，爸爸跟儿子一起去了河边看日出，面对眼前的景色，他感慨万分："真是太美了，儿子，你真棒！"这一天，儿子没有迟到。放学回家，儿子发现书桌上放着一块精致的手表，下面压着一张纸条："因为日出太美了，所以我们更要珍惜时间和学习的机会，你说是吗？爱你的爸爸！"

这是一位深深懂得爱的好爸爸。爱孩子，没有粗暴的责问、无情的惩罚，而是选择了倾听。倾听之中，融入了对孩子的爱、宽容、耐心和激励，给孩子创设了幸福、温暖的成长环境。试想，如果这位爸爸听了老师的话后，不问青红皂白地将孩子打骂一顿，结果会是怎样呢？我想，那颗热爱生活，发现美、欣赏美的稚嫩的心可能再也找不到了吧。

生活中很容易找到能说会道的家长，但却很难找到善于倾听的家长。我们把大量的时间用来批评和教育孩子，却忽略了倾听孩子心里的声音。常有家长这样抱怨："真不知道我家孩子是怎么想的，为什么总是不肯好好听我说话。"对此，我不禁反问："作为家长，你有没有听过孩子说话？"家长的目标都是为了把孩子培养成人，但家长能否走进孩子的内心世界，能否用心聆听孩子的心声，是教育成功与否的关键。

二、放下架子

从某种意义上来说，培养的过程也是培养者和被培养者平等对话、双向交流的过程。为实现平等对话，爸爸必须放下架子，主动接触孩子。其次，爸爸必须认真倾听孩子说话，为平等对话创设自由宽松的氛围。在倾听中要树立这样的信念：家长和孩子是平等的，每个孩子都有被尊重和信赖的需要。只有让孩子体会到家长对自己的尊重，孩子才能更加信任家长，达到和家长以心换心、以长为友的程度。在这种条件下，孩子才会对家长消除隔膜、敞开心扉。

很多孩子有这样的感慨："每当我和爸爸的意见不一致时，他都以势压人，不让我说话，有时批评的根本不是那么回事。"家长不允许孩子发表自己的意见，也不调查问题的来龙去脉，而是一味地大发脾气，这种做法是严重违背教育宗旨的。

其实，父母和子女发生矛盾在所难免。作为长者，我们应该让孩子把意见申述完毕，要耐心地倾听，如果不等孩子讲完话，家长就主观臆断地下结论，必然会带来一系列的消极后果，其中，孩子的逆反心理将会表现得十分强烈。每个人都盼望别人尊重自己，孩子也不例外，父母只有尊重孩子，所说的话才会发生效应，何况在许多争论中，孩子往往是站在真理一边的。

很多熟悉我的人都知道，我是一个很威严的家长，但是在和女儿的沟通过程中，我很注重平等。任何的沟通都必须建立在彼此尊重、相互理解的基础上，所以我和女儿的沟通效果非常好，孩子也愿意与我交流，我也愿意倾听孩子的心声，这一过程使我感到很幸福，而通过沟通有效地解决了相关问题，使我们的亲子关系更加融洽。

三、摒弃偏见

在一个家庭聚会上，一位客人测试主人的孩子说："假如你驾驶飞机载着乘客在空中飞行，突然发现飞机有问题，出现故障，没油了，你怎么办？"

这小孩直截了当地说："我就赶快跳伞，让他们在飞机上等着我，我要第一个跳伞！"

许多客人听后都哈哈大笑起来，有的客人还笑得东倒西歪的，就觉得孩子真鬼头，一发生故障他第一个跳伞，先想到自己跳伞自己逃生。

而这时，孩子爸爸接着问道："然后呢？"

这个小孩说："我去取汽油，然后回来救他们。"

听到这句话，这些大笑的客人们止住了笑声。他们没想到在孩子单纯的、幼稚的举动当中，包含着一颗博爱的心。

我感觉到这位爸爸有一个十分可贵的地方，就是他没有中间打断孩子，而是继续倾听孩子的讲话，最终了解了孩子的真实想法。我们有的时候刚听孩子说个开头就打断孩子，会因为对孩子的偏见，认为孩子没有多少想法，或者认为孩子自私，或者认为孩子空想，而误解甚至冤枉了孩子。其实孩子也是人，孩子也有一颗丰富的心灵，我们要特别注意倾听他们的心声。

社会学大师费孝通先生曾经说过：孩子经常听不懂大人的话，孩子懂道理是看会的，不是听会的。所以我们一定要体谅孩子的这种难处、这种特点，你对他了解得越多，体谅得越多，你的教育就越有良好的效果。

也许孩子的行为确实有不对之处，但也不要急于批评和纠正。倾听反映之后，试着去接纳孩子，如"我了解……""我体会到……"别担心孩子会误解你的意思，因为点头不完全表示赞同，接纳也不表示违反自己的立场。等孩子倾吐心声、情绪较平稳后，以柔和坚定的态度和孩子商讨解决之道，激励孩子思考，帮助他从错误中学习成长。

其实，每个孩子都希望得到父母的重视，现实生活中每个家长都无比重视自己的孩子，可为什么孩子体会不到呢？为什么仍然有很多孩子总是抱怨家长不理解自己，不爱搭理自己呢？很多情况下都是父母做得不到位，如果爸爸能够主动沟通、认真倾听，父子间的沟壑就填平了。

做孩子的"哥们儿"

文学大家朱自清的《背影》，将中国式父子关系描写得淋漓尽致——彼此感情很深，却都不善于表达。

在美国人看来，父母与子女的关系平等性很重要，老的不要倚老卖老，小的不应以小耍小。孩子从小追求的是公平，到了初中阶段就要对一些事情自己做决定。而做父母的也大多是对子女的一些诉求以引导为主，很少以父母的尊严强迫子女做一些他们不愿做的事。家长与孩子的关系仿佛朋友一样，父与子也会成为很好的"哥们儿"。

最近一份《中日韩美四国中学生权益状况比较研究报告》显示，在四国中学生心中，爸爸的地位都不算高——这显然与社会分工的不同有关。因为中国爸爸往往承担了赚钱养家的重任，在面对快节奏的生活与职场压力时，不知不觉中就忽视了与子女的沟通。中国学生心烦时宁可找网友也不找爸爸，表明父子隔阂在中国较其他三国更为严重。

这也与中国含蓄的文化传统有关。文学大家朱自清的《背影》，将中国式父子关系描写得淋漓尽致——彼此感情很深，却都不善于表达。如几乎已成西方父子关系必修课的拥抱，却很少被中国父亲用于儿女。

无疑，在中国2000多年的封建社会进程中，"父为子纲"的家长制一度决定了父子间训诫与遵从的关系，严重阻碍了感情交流。

其实，在同一份调查报告中也能找到答案：与父母聊天比例最小的中国中学生，能感受到父母关爱的比例却最高。这正表明，中国父母对子女不是缺乏关爱，而是关爱的方式和内容不对：重视子女的学习态度与成绩，轻视心理健康与发展。

我在孩提时代，爸爸就是爸爸，是至高无上的家长，若称之为"哥们儿"，那就是大逆不道。这就是中国的传统文化。我一直认为，要批判地吸纳传统文化，祖先留下来的东西，在继承的同时还要发展，而后形成现代的东西，做爸爸也

是如此。

我做了爸爸后，和女儿的关系不仅仅是传统的家长与孩子的关系，还是师生、朋友，这个朋友里面很大程度是"哥们儿"。这样不仅没有使我这个爸爸威名扫地，而且更加赢得了孩子的尊重，融洽了亲子关系。

东子给爸爸们的建议

一、亲密无间

与孩子亲密无间的爸爸很少，孩子与爸爸疏离的却很多。是孩子不愿亲近爸爸吗？显然不是。

如果你也有这样的困扰，让我们来做一个小测试，应该就不难找出原因了。回答问题时先别找理由，是或不是？有或没有？只选一个答案。

①你每天都在孩子没睡着前回家吗？②每天专心陪孩子玩的时间有没有1个小时？③你经常为他说晚安故事、陪他散步或玩球吗？④你常常抱他并且跟他说话吗？⑤孩子哭个不停时你会耐心地哄他吗？

如果以上几个简单的问题，你的答案都是否定的，那么孩子不可能与你亲密无间。

孩子从出生到进入青少年时期，是爸爸唯一能有时间陪他、建立亲密亲子关系的时候。如果错过，当孩子慢慢长大，有了自己的世界，你再想陪他也许连机会都没有了。有时在孩子最需要的一个阶段，爸爸却常常为事业、为赚钱，用掉了所有的精力与时间，没有时间陪孩子是个无奈的事实，却也成了扼杀亲子关系的罪魁祸首。当爸爸发现自己在孩子的心中，似乎不被重视、孩子对自己越来越不亲的状况出现，想要补救往往需要花相当长的一段时间，而且要费尽心思来引导，这对爸爸、对孩子都将会是一种可怕的煎熬。

要成为受孩子欢迎的爸爸是需要用心去学习、去体验的。如果现在爸爸还没遇到这种令人头痛的状况，可千万别忽略了用心的重要。

看到过一篇名为《孩子为何记两本日记》的文章。文中孩子把家长当作敌人来防范，以至于不惜绞尽脑汁。乍一看，好像是孩子太不懂事，对家长耍花招。

实际上，这是家长严重失职的表现。因为孩子已把你从他们的内心世界里排除出去了。所以我觉得家长在埋怨孩子之前，先做一下自我反省：是不是每天把工作、交际放在首位，而对孩子的情况不闻不问，或者只关心孩子的学习成绩，对孩子心灵的成长却忽视了。因为孩子除去学习，对亲情也是非常渴望的！尤其是当他们在日常学习或交往中遇到阻碍时，他们更希望家长能够耐心地倾听他们的心声，并为他们出谋划策。

本是亲密无间的亲人却成了要防范的敌人，这真的是为人父母者的悲哀。要改善这种亲子关系，最好每天花些时间陪孩子一起玩玩、跟他聊聊天、讲讲故事……了解孩子的心思，也让孩子知道爸爸其实很爱他。

二、平等尊重

这是我多次谈到的问题，要想成为孩子的哥们儿，做爸爸的必须给孩子足够的尊重。

作为爸爸，关爱孩子不仅要为其提供优越的生活条件，更重要的是要真正了解自己的孩子，了解他们真正的生活目标是什么。在这里，平等很重要，尊重很重要，一个能和儿子成为好"哥们儿"的爸爸，才有机会走进孩子真正的内心世界之中去。

既能跟孩子成为哥们儿，走进孩子的内心，又能保持自己做父亲的权威与尊严，让自己的话有分量、有实效，这是很多年轻爸爸追求的理想的父子关系。不管看上去还是做起来都很有难度，有的人还认为两者不可能兼顾。

一位年轻爸爸无奈地说：

在儿子还是婴孩的时候，我就时刻提醒自己说：他是一个独立的个体，有着自己的思想与行为，双方的沟通应在互相尊重的基础上进行。一直以来，我也是这么做的。对孩子，我希望他怎么做时，会以商量的口吻问他好不好，并且鼓励他表达自己的想法。

儿子现在5岁多了，在这样的灌输下，他也习惯了这样的表达，并且他想做什么想得到什么时，也会问这样好不好。可现在他经常直呼我的名字让我过来，我不知道这样会不会过于放肆。

首先，值得肯定的是，这位爸爸做得很好。至于孩子对爸爸太随便，直呼

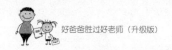

其名，我想不是爸爸对孩子太好、太尊重以致放任或放肆，而是别的原因。比如，可能是妈妈这样叫爸爸，或是爸爸这样叫妈妈，也可能是爷爷这样叫爸爸等造成的影响。所以，教育孩子绝不是一个人的事，也不是你单独尊重他跟他平等对话就可以，而是要周围的人都是这样对待别人。

一个人尊重另一个人，不是因为他有多威严、多高、多威猛，而是因为他有爱、有礼、有品格。孩子尊重爸爸，有的是因为爸爸是爱他的；有的是因为爸爸是顾家的；还有的是因为爸爸的美德。所以，不用担心用尊重的方式对孩子，他就不尊重你。

生活中，我是很注重与女儿的平等沟通的，彼此倾听心声、分享心得。有时，也彼此开些不过格的玩笑。从孩子对我的称呼中可见一斑：老爹、老爸、老哥、哥们儿、老范、东子……当然了，这些带有调侃式的称呼，都是在家里，而且没有外人的情况下才使用的。

所以，我认为，如果孩子真的把你当成了"哥们儿"，那么在一定程度上你已经赢得了孩子的心，已经是一个好爸爸了。当然，这个"哥们儿"是有度的，千万别过了格，否则就适得其反了。

及时为孩子解忧

为孩子解忧不是等孩子忧愁了去做，而是要先防患于未然，未雨绸缪，作好预防，使孩子少产生困惑。

缺少困惑的成长，是不完整的人生。

所以，人在成长过程中要经历许多迷惘与困惑，孩提时代的迷惘与困惑，需要有人为他们解疑释惑，要有人帮助他们拉直心中的问号。除了以"传道、授业、解惑"为己任的教师外，就是家长，尤其是做爸爸的。

从呱呱坠地到长大成人，每个孩子都会遇到不少的困惑，除去学业的压力，这样那样的"小问题"也会始终缠绕在他们的心头，由于有些问题总是那样的难以启齿，孩子们往往不知所措，于是自己看书、私底下问同学等便开始悄然蔓延……

一代人有一代人的追求，一代人也有一代人的困惑。随着社会和经济状况迅速发展，"00后"的成长环境也在不断变化，尤其是社会价值观、家庭结构与功能、社会信息的传播、人际交往的形态、教育制度的改革、就业结构的转型等，都给他们的成长带来不同程度的压力和挑战。

东子给爸爸们的建议

一、关注孩子来自学习的困惑

关于孩子学习上的困惑有很多，比如孩子上课不能集中注意力听讲，经常走神，或在课堂上做小动作；孩子做作业拖拖拉拉，做题速度慢；孩子学习记忆能力差，对所学的东西总记不住；孩子做题独立思考能力差，总爱问别人，甚至做题总抄别人的；孩子接受问题理解问题能力差，三遍两遍地讲，他总是难以学会；孩子学习缺乏耐心，对一些知识只是学会了一点，还没有学好，就不想再学；孩子虽然能够努力学习，但学习成绩总是提不上来……

一个孩子在来信中写道："我想在这次考试中考个好成绩，结果我失败了，

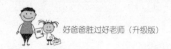

只考了 67 分，这次测试给我沉重的打击，它使我丧失了认真学习的信心。我是不是太没用了？"

还有一个孩子说："面对考试一次又一次地失败，我绝望了。路在我的眼前消失了，代替它的是一堵墙，我觉得我生活在这个世界上是一种罪恶……"

这些问题如果爸爸们视而不见，不仅影响孩子的学习，而且还会影响到孩子的身心发展，所以爸爸们要及时为孩子解惑。我们要帮助孩子疏导心理，调整学习状态，树立正确的学习目标。告诉孩子一些科学的学习方法，帮孩子建立学习兴趣。另外，不要给孩子施加压力，不要期望太高。告诉孩子只要努力争取，不要太在意结果。

二、理解孩子来自长相的困惑

日前，武汉大学社会科学研究所，在武汉城区数所中小学进行了抽样问卷调查。接受调查的学生有 300 人，年龄从 8 岁到 15 岁。在调查中，有 160 余人感到自卑，其中 130 多名学生坦言，长相不美是自己自卑的最主要因素。

这些学生表示：平时同学没有夸过自己的相貌，就连家长也从来没有肯定过自己的长相。

据了解，一些家长为了让孩子安心学习，很少夸赞孩子的外貌，担心孩子会因此变得贪慕虚荣，心思不用在学习上。为此，一些家长甚至直言孩子长相不佳，以打击孩子的臭美言行。家长这样做可谓用心良苦，但这些做法无形中给了孩子不良暗示，那就是你长得不讨人喜欢。对于在长相方面自卑的孩子，家长和社会都有义务去帮扶。

有个念初二的女孩，学习成绩非常好，但是一直因为自己的长相一般而自卑。这个年纪的孩子都进入青春期了，而她越来越嫉妒那些漂亮的同学，对于那些成绩好又漂亮的女生更是嫉恨。这个女孩性格很内向，没什么知心朋友，有了苦闷她一般没人可发泄。她的父母拼命赚钱却不懂得关心她，在乎的只是她的成绩。她总觉得自己是多余的，曾几次想过轻生。她怨父母没有给她一个好的容貌，认为活着没有意思，不如趁学习成绩好，给人留下一个好印象而告别人生，求得解脱。

长相有缺憾，使人有自卑感。这种自卑感，压抑了人的自尊心、自信心和上进心，甚至会影响人的一辈子。但是，有长相有缺憾并不是一事无成的傻子，每个人都有其长短，不要总是盯着自己的短处，要更多地看到自己的长处，扬长避短同样会有所成。

三、引导孩子来自人际关系的困惑

人际关系是个人社会化的桥梁，对青少年来说，最为重要的是与同伴交往，它对孩子们产生的影响最大，因为这种交往是一种平等地位的关系。一个学生生活在群体中，其处世、为人、思想、言行总要反映到别人头脑中，形成别人对自己的各种看法，引起别人对自己的各种评价和议论，这对于客观、全面地认识自己也是很有好处的。

一个人没有良好的人际关系，就不可能愉悦地度过一生；一个学生没有良好的人际关系，就不可能拥有快乐的学生时代。

爸爸要帮助孩子建立良好的同学关系，多让孩子参加同学间的活动，因为同学间的互助友爱的人际关系的培养，不是在静止的状态下，而是在活动的状态下进行的，应该鼓励孩子和同学交往，在交往中，通过互助、彼此诉说自己的心里话，从而增强他们间的感情与思想的交流，他们之间就会产生亲密感和相互依赖感，提高他们之间的相互信任度。

同学间总会发生一些矛盾、冲突，其原因是相互间缺乏心灵的沟通，缺乏尊重与理解，他们往往希望得到别人的尊重，却不知道如何尊重别人，他们渴望得到别人的理解，却不懂得去理解别人。

爸爸应该学会运用心理沟通的方法，告诉孩子如何换位思考，多去体谅他人、包容他人，从而建立良好的人际关系。良好的人际关系是中小学生全面发展的要求，是身心健康成长的要求，是适应现实和未来社会的要求。

四、孩子来自青春期的困惑

我的一个女性朋友，曾惊恐地向我讲起她遇到的困惑：11岁的儿子要看看她的下体，想了解一些女性的生殖结构……

在东子的十几年的心理咨询工作中，类似的案例有很多，都关乎青少年的性教育问题，家长遇到这样的问题，大多惊恐不已，不知所措。

随着孩子青春期的到来，身体的变化就会引起心理的变化。如果得不到及时的关注和疏导，孩子就会引起心理困惑。在我国，性教育一直是一个讳莫如深的话题，无论是家庭还是学校，对孩子或学生都缺乏必要的、科学的、全面的性知识教育。

家庭是性教育的第一课堂，但据统计，在中国只有6%的学生，是通过家长了解到性知识的。所以说，中国的家庭性教育几乎是空白。由此导致很多进入青春期的孩子困惑不已。

而遇到此类问题，家长最大的难题就是，不知该如何向孩子开口。其实，家长可以提出一些巧妙的暗示方式，比如，不妨在孩子床头，放一本相关的书，或是给孩子写一封信、留一张字条，告诉他，"你长大了，如果在生理或心理上遇到什么疑问或困惑，妈妈（爸爸）可以帮你解决……"这种隐讳的暗示，并不一定立竿见影，但这会给孩子一个暗示。

孩子提出性问题，做家长的就要大大方方回答，有了性困惑，要及时帮助解决。在孩子即将出现性生理变化前，就要告诉他们下面会出现什么情况，如何应对，这样孩子才不会出现性困惑，性恐慌，才会健康度过性发育期。

走过青春期的成年人，是否还记得当年我们的"性无知"？当年的东子也是身受其害的。

由于幼时没有接受任何有关"性"方面的教育，所以自己的第一次遗精使我惊恐万分，以为自己得了什么病，那段时间寝食难安，又不敢与别人说。过了若干年我才知道那是怎么回事，于是我就想，等我做了爸爸后，一定要事先告诉孩子青春期的变化，使孩子幸福快乐地度过青春期。又过了很多年，女儿十多岁了，我除了在女儿的床头放置几本有关青春期的书籍外，还给她介绍了相关知识，并且告诉孩子等来了月经后，爸爸要为你做庆祝。

当12岁半的女儿，迎来了她人生中的初潮，由于之前的教育很到位，女儿面对身体突然的变化没有措手不及，而是像迎接老朋友一样把一切都做得井然有序。我还和她妈妈、姐姐为她举行了小型的家庭庆祝，祝贺她的进一步成长。

为孩子解忧不是都等孩子忧愁了才去做，而是要先防患于未然，未雨绸缪，做好预防，使孩子少产生困惑。当然，再好的预防也不能杜绝，问题出现了一定要及时为孩子排忧解难，这样你才有可能成为一个好爸爸。

分享孩子的快乐

在孩子眼中，这个世界新奇无比。和孩子们在一起，我们需要不断擦亮日渐浑浊的眼睛，装修我们日益倦怠的灵魂，去及时分享孩子的快乐。

我们常说一个人的痛苦，别人分担了就成了半分痛苦；一份快乐，别人分享了就多了一份快乐。孩子更是如此。

孩子有了快乐，希望与他人分享，尤其是爸爸妈妈和老师，因为分享的同时，他还希望得到人们的肯定与赞赏。可我们的很多家长，尤其是爸爸们往往忽略这些，特别是一些在家长看来小小不然的一些小事上。

现代社会，是一个共享的社会。所以，人人都要学会分享。

孩子在生活中，在幼儿园和学校有很多的快乐，很多高兴的事，有时，孩子可能会说给你听，不要因为你正忙，或你心情不好，再或不值一提，来拒绝分享孩子的快乐，而要用欣赏和略带向往的心情来分享孩子的快乐。

在现实生活中，很多家长失去很多孩子式的欢乐和坦诚。很多家长平时的兴趣、爱好，与孩子大相径庭、格格不入。孩子唱唱歌，他们嫌"吵死了"；孩子讲故事，他们说"让人烦"；孩子让他们鉴赏小制作，他们说"没意思"，一次次被泼了冷水的孩子，觉得爸爸怎么那样不可理喻。失去童心童趣的爸爸，因为与孩子相距日远、隔膜日深，也就自然失去了孩子对他的信赖和喜欢。

在孩子眼中，这个世界新奇无比。和孩子们在一起，我们需要不断擦亮日渐浑浊的眼睛，装修我们日益倦怠的灵魂，去分享孩子的快乐。

东子给爸爸们的建议

一、快乐无小事

正如一位年轻的爸爸说的那样：

我的儿子刚过了 7 周岁生日，他每天都很快乐，常常发出愉快的笑声。大人们司空见惯不以为意的事物，在他的眼里却是有趣的、好玩的、值得高兴的

事情。他会因为喝到了想喝的饮料而露出甜蜜和满足的笑容，他会因为你给了他想要的玩具而绽放出灿烂的笑容，他会因为忽然间看到了喜欢的电视节目而现出欣喜异常的表情，他会因为听到了一支喜欢的歌儿立即欢声歌唱，他会因为发现了路边的一棵嫩绿的小树发出新芽而大声呼叫。

一个小小的瓶盖、一片落在地上的树叶、一个被吸完的烟头、一朵含苞待放的花蕾、一颗夜空中的星星、一辆呼啸而过的警车、一段色彩亮丽的广告、一曲或悠扬轻快或铿锵有力的歌儿……都能打动儿子。每天，儿子的快乐感染着我。我在分享儿子快乐的同时，也找回我儿时的快乐。

"我搭了一个神奇的城堡！""我修了一座长长的桥！""我的车子能飞快地在路上走！""我发现我们种的豆子长高了！"……当孩子们把这些讲给小伙伴、老师、家长听时，眼睛里呈现的都是喜悦。毫不夸张地讲，孩子是很容易满足的，一点点变化和体验都会让他们激动万分。

有心的地方就会有发现，有发现的地方就会有欣赏，有欣赏的地方就会有快乐，而快乐是不分事情的大小的。

二、善于分享

一位小学体育老师这样写道：

一天，我给一年级的小学生上体育课，刚到操场的甬道上，就看到一个孩子手里拿着跳绳向我跑来，结果跑得太急，被绳子绊倒了，哭了。我蹲下来帮他拾起绳子。他突然记起要告诉我的喜事，便破涕为笑："老师，看，我爸给我买的新绳子，和他们的都不一样！"我看到他天真的笑脸，真诚地说："真不错！好好地练习，你一定能跳得最好！"听了我的称赞，孩子爬起来就跑回去排队了。

这个班有一个智障女孩。女孩的运动能力很差，立定跳远只能跳到不足 30 厘米，对这个女孩子学习跳绳技术，我从没有奢望她能学会。大约练习跳绳快一个月的时候，她跑到我的面前对我说："老师我会一种跳绳方法，你会吗？"我故意惊讶地说："是吗？那你跳给我看看！"接着她就认真地跳起来。只见她努力地向上跳一下（跳的高度也不到 10 厘米），把绳向前使劲地摇动，接着又努力地向上跳一下，将绳再使劲地向后绕动，可是，她一次也没有成功地将跳绳从脚底绕过。但面对她的热情，我却不能将"你跳得不对"这句话说出口，因为我知道，正确的跳绳方法对她来说太难了，难到可能她一辈子都学不会，所以我就鼓励她说："你跳得真不错，好好地练习，一定会成为一个小跳绳高手。"听了我的称赞，她高兴地跑走了，去向自己的同学炫耀她独创的跳法。

这是一个非常了不起的小学老师，是个善于分享孩子快乐的好老师。他与第一个孩子分享了有新绳的快乐，又与第二个孩子分享了创新的快乐。

其实，这样的故事无论是在校园还是在家庭里，几乎天天都会发生，因为每个孩子都想把自己的快乐与老师和家长分享，每个孩子都想得到老师和家长的欣赏和奖励。这时，老师和家长给孩子的哪怕只是一句赞美、一个微笑，孩子便会感到心理满足，这是一种积极的情感体验。

这种体验会产生一种继续追求得到满足的心理需要，产生新的动机和兴趣。这时，他们就会像小鸟依人一样依偎着你，因为你在他们的心中，是一个能理解他们心意的好老师、好妈妈、好爸爸。所以，好爸爸一定要向这位老师学习，善于分享孩子的快乐。

三、及时分享

一个人最大的开心，不是在遇到让他开心的事情的时候，而是在他开心的时候，有人回应自己，与其分享。当孩子因为自己的进步开心的时候，你若表现出分享的快乐，那么孩子会因为感受到你的这种快乐，而受到更大的激励，从而激发他更大的前进动力。

所以，当孩子兴致勃勃地把认为高兴的事情告诉我们的时候，我们千万不要流露出麻木，或者不以为然的表情，那样会残酷地削减孩子的快乐体验。而是要做出和孩子同乐的样子，分享孩子的快乐。

和女儿共同成长的这些年，有很多快乐分享之事，最难忘的是她7岁那年。

有一天依依放学回来，她在楼下按门铃。我接听后，给她开了楼下的电子门，她却在楼下对着大门上的对讲机，急不可耐地冲我喊："爸爸，我要告诉你一大喜讯，天大的喜事！"也不知道是怎样的大喜事，竟等不到上楼再说。

考虑到楼下太冷了，我说还是上楼进屋再说吧。放下话筒，我就想是什么喜事让孩子高兴成这样呢？被老师表扬了？获什么奖了？又考了个第一？交到

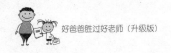
新朋友了？……

这时，依依急匆匆爬上楼，气喘吁吁地站在门口，脚刚踏进屋就喊："爸爸，你猜我有什么大喜事？"我就把刚才想的一个个说了。依依一遍遍摇摇头："错错错，都错，我告诉你，我踢毽子能连踢三个了！"

"什么？！"她眼睛笑成了一条缝，再次说道："我踢毽子能连踢三个了！"

我暗笑：就这天大喜事呀？但我的脸上瞬间还是漾出惊喜，和依依一样如获至宝般地惊喜："真的？祝贺你！"我朝依依竖起了大拇指，并用另一只手拍拍她的肩膀。依依顺着我的胳膊依偎过来，我顺势给了她一个热烈的拥抱，把我的爱和对她取得如此"胜利"的赞赏，都通过这一拥抱传递给了她。

依依兴高采烈地说，她以前只能踢一个，练了很久了，也没能多踢一个，没想到今天竟然踢了三个。她以前一直是班里踢得最少的，现在已经超过了只能连踢两个的同学！

想一下，在成人眼里，这简直就是鸡毛蒜皮，根本不值得如此大惊小怪。可在一个7岁孩子的眼里，这就是一个巨大的成功，一个值得高兴和庆祝的胜利。如果我们做父母的对此不当回事，甚至训斥孩子疯疯癫癫，不稳重，势必打击了孩子的兴奋情绪，消减了孩子对快乐的体验，更不利于孩子建立自信心。

如果快乐没有人分享就是一种惩罚；反之，分享别人的快乐就是对别人的一种给予，就是给别人的一种爱。我们乐于分享孩子们的快乐、孩子们的成功，爸爸也一定会取得意外的收获的。

分享孩子的快乐成长，给我带来更多的做父亲的幸福。

"好爸爸"是孩子的好玩伴

第三章

玩和学习真的就是对立的吗？其实不然，玩和学习是统一的，有益的玩就是学习，而科学的学习就是玩；玩可以促进学习，而游戏化的学习可以让学习变得轻松愉悦。

陪孩子玩游戏

对于孩子来说，玩是最开心的事情；而对于父母来说，玩也是最佳的教子方式。

长久以来，我们的家长把"家庭教育"定义为"智力开发"和"文化学习"。一提教育孩子，张口闭口谈的都是如何提高孩子的学习成绩，给孩子报什么样的特长班，等等，无不是与学习有关的话题。而玩与"教育"似乎不搭界，并且在大部分人眼里，学习就要争分夺秒，玩是浪费时间，是会影响学习的。

基于这样的思想意识，很多家长都把"玩耍"剔除孩子的日程表之外。

家长有这样的想法似乎也可以理解，我们的传统文化历来崇尚头悬梁锥刺股的学习方式，那些寒窗苦读的楷模被我们颂扬和模仿，玩在大家眼里是不务正业、学习态度不端正的表现。学习这么紧，哪有时间让孩子玩啊？再说，玩物丧志，玩野了心，岂不影响了学习？

这种看法是对玩耍极大的误解。玩耍，虽说是一种娱乐性质的活动，但是它具备强大的教育功能。

首先，它教会孩子认知。孩子从诞生那一天起，就开始在玩耍中认识和感知世界，并在玩耍中学会语言交流，懂得人际交往。可以说，玩耍是孩子理解人生的开始。

其次，它教会孩子处事。比如很多游戏需要和他人配合，在游戏的过程中，孩子会懂得合作的重要性，会学会如何与别人合作；但凡游戏都有规则，不遵守规则游戏就无法顺利进行下去，在游戏的过程中，孩子养成了遵守规则的习惯，日后生活中就有了遵守社会规则的意识，等等。

还有，游戏能提高孩子的实践能力、解决问题的能力、模仿能力、创造能力、思维能力，甚至还可以开发智力，促进大脑发育，提高注意力、观察力、想象力、协调能力等。

所以，对于孩子来说，玩是最开心的事情；而对于父母来说，玩也是最佳的教子方式。孩子通过游戏可以学到许多知识，增长很多能力，这些是无法用数字来计算的。

如果我不是鼓励女儿范姜国一尽情玩耍，孩子就不会先后写出《玩过小学》《乐过初中》《一路玩来是长大》和《玩着长大的小依依》的书籍，更不会有这样一个"品行好、能力强、学业优"的阳光女孩。

东子给爸爸们的建议

一、玩出独立能力

每个孩子长大后都要独立地面对社会，他们能否形成独立的人格品质，是他们能否在未来竞争十分激烈的社会中生存和发展的重要问题。所以我们应该从小培养孩子的独立能力，让他们养成自己的事情自己做，敢于独立地解决各种问题的个性品质。

因此，从女儿依依牙牙学语的时候，我就注重培养她的自立意识。渐渐能够自己做一些事情了，我就放手让她独立去做，以培养她的自理能力。当然，做这些事情都是以玩的形式来进行的，比如，让孩子独自把风筝放飞到天空中，在玩风筝的过程中，孩子感受到独自做成功一件事情的自豪感和成就感；和我们一起去划船，鼓励孩子独自挥桨，靠自己的力量让船前行。

孩子会因为自己的劳动给大家带来快乐而开心，从而更积极地要求一个人坚持到底；玩具坏了，尽量让孩子自己动手修复，玩的过程中遇到什么困难了，也鼓励孩子自己解决……在感受新奇和快乐的同时，孩子的自理能力和自立意识悄然增强。孩子自豪，父母省心，可谓一举两得。

二、玩出健康心理

健康的心理对一个人的成长和发展有多重要，已经无须赘言。只是很多爸爸感到茫然，如何培养孩子健康的心理？又如何让孩子在快乐中健康成长？最简单易行的方式，就是把孩子带到各种游戏中。

我经常和依依玩比速度和反应能力的游戏，比如把不同形状的积木堆在一起，看谁在最短的时间内找出规定形状的积木，如此培养孩子临危不乱的心理自控能力。

而各种竞技游戏皆有成败之分，失败的结局可以增强孩子的抗挫折能力。我和依依经常玩棋牌游戏，自从她对对弈产生兴趣后，我很少"手下留情"，依依自是输得多赢得少，很多时候依依连输几次后，眼睛里泪光闪烁，但我决不"手软"。

刚开始，她会烦躁地推开棋盘或者把纸牌一甩，噘着嘴不高兴地说："不玩了，再也不玩了。"我开导她："要有输得起的气度，要有勇于挑战的精神。连输牌都逃避，那么以后遇到更大的失败，还不就被打趴下了？"在我的鼓励下，依依渐渐地能够坦然面对失败，再输牌了很少气馁和放弃，而是嚷着："再来！"

另外，好多集体游戏让孩子学会了合作和宽容，懂得了竞争重要，合作更是获得胜利的保证；游戏中的快乐让孩子心里充满了阳光，快乐的情绪对孩子形成乐观豁达的性格很有益处……

通过竞技游戏，培养孩子临危不乱的自控能力；游戏中的失败更是增强了孩子的抗挫折能力；集体游戏，让孩子学会了合作和宽容；各种游戏中的快乐都会让孩子心里充满阳光……

三、玩出坚强意志

未来社会的竞争是激烈而残酷的，如果孩子没有坚强的意志品质，没有较好的生存能力，那么将来他们很难从事一些竞争性很强的职业，也很难坚强面对人生风雨。所以我们应该注意让孩子从小就接受一些意志品质方面的训练，使他们能够养成敢于和困难做斗争，并敢于克服困难的意志品质。所以，我时常带依依去爬山、徒步远行，或者进行一些较量意志的游戏。不知不觉中，孩子的韧劲、不服输、能吃苦的劲头越来越足了。

依依8岁生日那天，我带她去动物园玩。观赏了所有动物后，我们走向大门口时，发现前面有一座山。我问依依要不要上去看看，依依抬头看了看山顶，坚定地说："上！"

而后，我们攀岩陡峭的羊肠小路，依依的两只手使劲抓着路两边的杂草，脚小心翼翼地向上挪动一点，等站牢靠了，再先挪动一只手，寻找新的抓拽的目标，接着挪动另一只手。就这样一步一挪，牢固扎实地一步步接近了山顶。

经过半个小时的跋涉，当我们终于爬上山顶时，我和依依的脸上、身上全是土，依依的双手还被划破了几道口子，两根手指隐隐作痛，仔细一看竟扎进了两根刺。但她没有表现出一点疼痛的表情，站在最高点，脸上洋溢着胜利的微笑！

这件事充分展示了依依的不畏艰险的意志，而此后在生活中，孩子更是无时不表现出这种坚强意志。女儿不满11岁时，参加大连国际徒步大会，她是走完全程的10万人中年龄最小的，她在《玩着长大的小依依》这部书中写道：

2007年5月26日，一大早我就醒了，像要去远征的战士一样，收拾完行装后，穿着徒步大会的统一服装，在衣服上戴好大会的姓名资料牌，我就精神抖擞地出发了……

什么事情都会有变化。

原以为到星海广场就能和老师、同学会合呢，哪承想这里人山人海，根本不见他们的踪影，我当时很伤心，就像一个被丢弃了的孩子。听工作组的阿姨说，这次活动随来随走，先来的肯定走了。当年没有手机的我相当于与所有人失去联系，于是，我只能手里拿着徒步大会线路图，沿着路边的标线开始我那艰难的追赶……

总是期盼能遇到他们，哪怕一个熟悉的面孔也好，身边的选手一个个从我的身边走过，他们有男的有女的，有爷爷奶奶、叔叔阿姨，也有大哥哥大姐姐，还不时地看到大个子大鼻子蓝眼睛的外国人，以及与我们长相无异，但是却说着日语和韩语的外国人。追上我的人很多，而被我追上的却很少。一想也是，我的同学都比我大三四岁，都比我腿长比我有力气，我哪能追得上他们呀。于是，我干脆放慢了脚步。

由于报名时，说路边有饮水站，爸爸担心走那么远的路带着水走不动，所以就没有给我带水。走着走着我就渴了，可是还不见饮水站的踪影，想买瓶水又没卖的，我只好硬挺着，可能由于口渴，所以总感觉累，于是走不动了我就坐路边歇一会再走。走到金沙滩，终于见到卖水的了，一瓶矿泉水我一口气喝下了一半。而后精神饱满地往前走，刚走出不远就见到了饮水站。此后，水没了我就加水，也不知这一路究竟喝了多少水，又有多少水转化成汗水。

不知走了多久，我征服了第一个大坡，在坡顶看到前面黑压压的人群，回头望去依然是人山人海的涌动……

在最后的 10 公里里程中，我真是累得不行了，5 月份大连已经进入了盛夏，当时正好还是正午，徒步的线路中又有爬山的区段，所以我几近中暑，周围又没有同伴，向远看是没有头的路，不知还要走多久才能到达终点，那时我几乎濒临崩溃的边缘。几次索性躺在路边休息，几次想放弃。可是向来不服输的我，还是坚持再坚持……

四、玩出创造力

有很多游戏，是需要一定技能和丰富想象力的。所以，在游戏中，孩子运用知识的技能和灵活处理问题的能力得到了锻炼，而且会激发孩子无限创造力。比如依依酷爱手工制作，不仅锻炼了她的动手能力，而且在制作过程中，孩子会不断有新意的想法和创意，使得手里的小手工独具魅力。她做的好多小手工在小伙伴当中深受欢迎，很多孩子爱不释手，却做不出来，于是干脆向依依索要。

依依的手工作品中，给我留下印象最深的是那架纸飞机：双翼伸展，机头高昂，看上去很神气。更主要的是它的身后背着一个"降落伞"，使整架飞机看上去是那么与众不同。依依举起飞机使劲朝上空一掷，只见飞机在空中画了一个弧线，身上的"降落伞"打开了，飞机缓缓降落，直到平稳地落在前方地面上。

我惊奇地问她，你是怎么想到要在飞机上挂"降落伞"的？她说，这是她研究了一天的成果。最开始她也是折普通的纸飞机的，玩着玩着，她就想如何能让飞机飞得既平稳又长久？当然是减缓飞机落地的速度了，可是怎么解决这个问题呢？她在心里谋划着一个又一个方案。

当她看到桌子上的塑料袋时，眼睛不由得一亮：咦？要是给飞机安个"降落伞"会什么样呢？于是，她拿起剪刀，从塑料袋上剪下一块正方形的塑料片，然后给四个角分别系上一根细线，再把四根线汇总到一起，系到了机身上。"试飞"的时候，依依看到飞机到达最高点后，斜着身子往下落，这时候它身后的"降落伞"飘到了它的上空，线被拉直了，塑料片也鼓了起来，飞机忽忽悠悠在"降落伞"的阻力作用下，慢悠悠地落了地。那情景让依依激动不已，忍不住大声欢呼。

用普通的纸折出飞机，是一种创造；而在飞机上吊降落伞，延长飞机降落的时间，则是一种更智慧的创造。这样"玩"比在课堂上坐着机械地背定理、记公式要有意义得多。

玩耍犹如神奇的流沙，孩子的手会勾勒出各种美妙的沙画，玩中动手、玩中动脑、玩中创造。"寓教育于游戏中"是幼儿教育最好的方式。所以，爸爸要陪伴孩子开心地玩耍，鼓励他们聪明、巧妙、愉快地玩，玩出一个好孩子。

陪孩子去锻炼

儿童时期也是人体形态发育的重要时期。这一时期生长发育的好坏，对人一生的体质和体型有很大的影响。

说起锻炼身体，我们脑子里首先会想到的是，各种大大小小的竞技比赛、运动会、健身房等场面，以及夏日里的清晨街道旁、休闲广场，大爷大妈们跳的健身舞、傍晚扭的大秧歌，冬天公园里冒着刺骨寒风冬泳的勇士……如果换作要家长领着孩子在院子里跑跑跳跳、玩玩滑梯，假日领孩子去游园、去远足，在人们眼里这似乎跟锻炼不搭边。

可是我想说的是，体育锻炼无时无刻不存在于我们的日常生活中。比如玩皮球、滑滑梯、踢毽子、跳绳、跑步、游泳、做操、远足等，就是随意地散散步，也不失为一种锻炼。这些锻炼，爸爸要尽可能地陪孩子一起进行。

我们作为父母都希望孩子成龙成凤，都希望孩子身体健康，也都明白只有具备健康的身体，孩子才能有好的前程。但我们往往倾向于孩子的营养，倾向于孩子的智力开发，却忽视了孩子的体育锻炼，忽视了增强孩子的体质。因此，幼儿园及小学校里才出现了小胖墩、豆芽菜、小眼镜等，经常生病的、体质很差的小朋友也屡见不鲜。

《人民日报》为此以《"小胖墩"为何这么多》《"小眼镜"扎堆让人忧》《好日子咋养出弱孩子》为题，关注孩子健康问题，文章总结说：近视、肥胖和体质下降，已经成为扼杀我国青少年身体健康的三大"杀手"。

这一点，我们家长应该深刻反省。孩子从小，我们就觉着什么有营养就给孩子吃什么，营养虽然跟上了，但是孩子为什么还是经常生病呢？究其原因，就是缺乏锻炼。

儿童时期正是养成自觉锻炼身体习惯的好机会。如果错过了，随着人的年龄的增长，由于受旧习惯的干扰，新习惯就难以养都成。儿童时期也是健康发育的重要时期。这一时期生长发育的好坏，对人一生的体质都有很大的影响。因此，爸爸带孩子进行合理的体育锻炼，有着特殊的意义。

东子给爸爸们的建议

一、要提高对孩子体育锻炼的认识

如今的家庭大都只有一个宝贝，因此比较娇惯。有个别家长别说户外体育活动，平时连走路都不太舍得，生怕累坏孩子。如果在户外活动中摔一跤，那更是心疼得不得了。有些家长认为自己的孩子体质弱，累坏了要生病。甚至有的家长认为，有些爬、翻、滚的动作危险，还会把一身干净的衣服弄脏。还有的家长认为户外体育活动就是玩玩而已，还不如写写字、看看书有用。家长对体育活动意识的淡薄，使现在的孩子缺少锻炼的机会。

春暖花开的季节，家长应该多带孩子去户外游戏，4～5岁的孩子可以去郊外远足，运动中快走与慢走、快跑与慢跑以及跳跃交替进行，既训练了幼儿的基本动作，又训练了幼儿的速度、耐力等基本身体素质，还培养了幼儿的吃苦耐劳的精神，锻炼了幼儿坚韧不拔的毅力，更使幼儿欣赏了大自然的美好景物、增长了知识，进一步调动了幼儿进行身体锻炼的积极性。

体育锻炼是爸爸对孩子进行素质教育的良好载体。事实上，孩子天性好动，真正不爱运动的孩子只是很少一部分。体育锻炼是一项父子可以共同参与、亲力亲为的活动，体育锻炼的过程，既是培养孩子吃苦耐劳精神、磨炼意志品质的过程，也是孩子体会公平竞争、团队精神、人际交往的过程，是孩子宣泄不良情绪、克服焦虑、享受体育带来的欢乐和愉悦的过程，更是父母们了解孩子、引导孩子、加深亲情、加强沟通的一个互动的过程。

二、要重视日常游戏对孩子锻炼的重要性

游戏是孩子体育启蒙的第一课，游戏可使孩子聪明伶俐、身体健康。游戏的目的不仅在于增强体力，更是使孩子的四肢得以均衡使用，从而有效地弥补孩子在日常生活中，因为单一的活动对大脑的不均衡刺激，促使大脑发育。尤其是在婴幼儿快速生长时期就更为有利，将使孩子终身受益。

1～5岁是幼儿感觉运动发展的最佳时期，此时有目的、有计划地发展幼儿的感觉和运动，不仅对大脑是良好的刺激，以提高大脑对全身各器官系统的支配能力，还能促进运动神经的发展。

其中，1～3岁可选择的游戏有：手指体操、捏橡皮泥、踢定点球、踢滚动球、侧滚、驮物爬、两腿两足夹物走、拍球等；3～5岁可选择的游戏有：各种曲线跑、各种躲闪游戏、跳皮筋、伸展性体操、单足站立、学骑自行车、跳房子、跳绳等。幼儿玩耍各种套叠玩具、穿绳玩具、积木、积塑等，有助于锻炼小儿肌肉动作和手指的灵活性。

球类游戏是比较古老的儿童游戏，在球类游戏中，不但可以训练孩子的手腕力量，还可以训练孩子手控制方向的能力，提高手眼协调性，增强孩子的快速反应能力。而球的反弹特性，使孩子对事物运动方向的改变产生思考和认识，提高了孩子预测运动方向的能力。

孩子在完成独立行走以后，随之就是高级的运动技巧的发育和形成，比如跳跃、模仿肢体动作、接球、跳绳等。孩子运动能力的提高和培养，也可通过游戏来完成。这需要家长结合孩子的生理特征，来制定符合其发育特点的游戏计划。

三、根据孩子的年龄特点合理安排运动量

幼儿正处于生长发育阶段，不要一味追求运动的强度，而要根据孩子的年龄特点、兴趣和需要，选择适合他们年龄段的，他们自己喜欢的、有条件的、并能坚持下去的游戏或运动。关键是要使孩子能坚持锻炼，风雨无阻。如果三天打鱼，两天晒网，就不会有大的效果。家长在与孩子共同的体育锻炼中，对孩子要少批评，多指导，多鼓励，营造一种宽松和谐的气氛。

儿童要想锻炼好身体，必须掌握科学的方法和正确的原则。根据孩子生理的基本规律和年龄、性别、体质的状况等具体情况和客观条件，选择合适的项目，并在一定原则指导下，合理安排运动量，有计划地进行体育锻炼。幼儿年龄较小，自觉性较差，家长必须予以正确的指导。一般情况下，家长应该每天陪孩子至少一个小时的时间，专门进行户外游戏或锻炼身体，并长期坚持。

体育锻炼也是有助于孩子长高的重要因素之一。经常在阳光下进行体育锻炼，不仅可获得充足的阳光照射，而且通过跑、跳、蹦等动作对骨骼进行机械刺激，可以增强骨骼的生长发育，但要注意不可过于疲劳。

春季是儿童身体发育生长最快的时期。这是因为继寒冬的休眠和春的复苏

之后，自然界的万物在春暖花开、艳阳高照中进入生长发育的高峰。人类，尤其是儿童也有同样的效应，因为骨骼的生长与光照时间有密切的关系。所以，春暖花开时节，要多带孩子去户外，享受充足的阳光照射，让孩子跑一跑、跳一跳，骨骼的生长发育会更快、更结实。

四、让孩子迈开自己的那双小腿

如今，孩子上幼儿园，大多是家长背着、抱着，究其原因，家长认为孩子太小。但据东子观察发现，尽管孩子年龄不大（小的不满两岁），但他们已经能够很稳当地走和跑，其他动作也发展得较为均衡。而且，他们在游戏、玩耍时从不叫累，总是兴致勃勃地跟小朋友一起玩得非常开心。那么，为什么早晚来幼儿园和离开时总让父母，甚至让爷爷、奶奶抱着、背着，有时还骑在脖子上呢？

我理解做家长的对孩子的一片爱心，可现在的问题是，当孩子已经长大后，我们真的还有必要什么都要事必躬亲吗？走路是孩子在初长成时的基本能力之一，他们需要在成人的帮助下，学习正确的走路姿势，当然也包括跑、钻、爬、攀登、跳跃等，当他们自己有能力走路、跑步时，做家长的应该放手让他们自己走、跑。这样做，不仅可以锻炼孩子的腿部力量，而且也使孩子知道：我已经长大了，我会自己走路，不需要爸爸、妈妈抱了，从而使幼儿增强自信心。

有些父母心疼孩子，怕孩子摔痛、摔伤，用"学步车"来代替教孩子走路。殊不知，省去或缩短了孩子锻炼的过程，孩子的大脑和神经得不到相应的刺激，没有通过四肢的主动运动，达不到刺激大脑神经细胞发育的目的，孩子的各方面能力反而受到了明显的影响和阻碍。

当孩子不愿意自己走路时，做父母的要仔细观察，孩子是不是病了，如果不是，就应该坚持让他自己走，做法是：多用语言鼓励，夸孩子走得快，开展走路比赛。或者在走路时跟孩子玩一些游戏，如猜拳游戏，赢者向前进，输者暂停；扔抢沙包游戏等。总之，利用一切方法，使幼儿体验走、跑的快乐。

女儿依依从学会走路那一天起，我就引导她迈开那双稚嫩的小腿，去走属于她自己的路，跌倒了爬起来再往前走。她越走越强健，越走越开心，越走越自信。看着孩子一路走来，作为家长，我十分欣喜自豪。

陪孩子看电视

要让"看电视"成为一件科学而快乐的事情，您就要努力做好孩子的"领路人"。

在东子的童年里，是没有"电视"这一"玩具"的。直到20岁，我才看上电视。所以，我觉得现在的孩子很幸福，可以从出生那天起就欣赏电视节目。

听说我让女儿尽情玩耍的同时，还让孩子尽可能多地看电视，好多家长瞪大了眼睛："怎么可以这样？我们禁止还来不及呢……"

为什么很多家长不让孩子看电视？理由多着呢：

第一，看电视多耽误学习啊。有67%的家长"为了学习，不让孩子看电视"；85%的家长认为"孩子看电视多了，影响学习"。几乎所有的人都认为孩子应该"抓紧时间"学习，而看电视是需要时间的，哪舍得拿出时间来让孩子看电视？除此之外，还要参加形形色色的课外班，"看电视"就成了极其奢侈的一件事。况且，家长们很"务实"地认为：看电视看不出高分。

第二，现在的电视节目有太多粗制滥造的内容，比如暴力镜头、暴露的情爱剧情、英雄般的黑道人物、充满"智慧"的作案手段……对孩子的负面影响很大。一个朋友曾向我倾诉烦恼：12岁的儿子将来的理想竟然是要做职业杀手！只因为电视里的杀手都很酷，很"英雄"。孩子看电视都看出这样的恶果了，还敢让孩子看吗？

第三，电视看多了，孩子盲目崇拜影视剧里的人物形象，或者迷恋某些头戴光环的明星，好多孩子为"追星"不惜离家出走，荒废学业。

第四，孩子长时间看电视会使视力下降，体质变弱，精神萎靡，甚至形成自闭性格……

面对这诸多问题，家长首先把电视定位为引起祸端的"种子"，因此简单地对孩子看电视进行控制。其实，问题的产生，不是电视的错，而是家长认识的错误。我们不但不该让孩子远离电视，相反，要更加"亲近"电视。

东子给爸爸们的建议

一、看电视也是一种学习

当今社会，电视已经成为人们生活中最主要的信息来源之一。现代社会是一个信息社会，而网络和电视是我们接受信息的主要平台。而除了通过电视掌握信息以外，电视可以作为一种娱乐消遣手段，使孩子们在轻松愉悦的情绪状态下观察社会，扩展视野，获取知识。也就是说，看电视是很好的学习途径。

更重要的是，孩子们需要娱乐。成年人下了班可以看电视，还可以去唱歌、下棋、打麻将，而孩子们难道只应该写作业？在强大的考试压力下，孩子们的娱乐活动已经少得可怜，似乎只剩下看电视了，我们实在不该再把孩子看电视的权利也给剥夺了。毕竟娱乐、休闲是孩子的权利，《国际儿童权利公约》明确规定："儿童有权享有休息和休闲，从事与儿童年龄相宜的游戏和娱乐活动，以及自由参加文化和艺术活动。"那么，看电视是不是一种娱乐和文化活动呢？当然是。所以，儿童有权利享受这种活动，我们做父母的没有权力剥夺孩子的这一权利！

基于这几点，爸爸要做的是如何充分发挥电视的教育功能，而非因为有问题出现，就简单粗暴地禁止孩子看电视。禁止是不现实的、不科学的。不从根本上解决问题，只是一味地禁止，不仅徒劳无功，而且会产生更多的负面影响。

因此，从依依能够看电视那天起，我就坚持一个理念：多看电视。我可不想为女儿堵上这条好的学习途径。当然，孩子看电视的时间和内容，我是要为她把握好的。

那么，孩子究竟每天看多长时间的电视合理呢？根据我引领依依看电视的体会，孩子幼儿、小学、初中、高中每天看电视的时间，分别以不超过三小时、两小时、一小时、半小时为宜，当然这不包括周六日和寒暑假。节假日的时间可以稍长一些，但是不可以超常。

另外，幼儿由于没有学习任务可以多看一些电视，但是不可以连续看两小时以上，如果超过此时间长度则要分段观看，比如分上午、下午、晚上。还有，孩子正是在长身体的时候，晚上看电视不可太晚，以保证充足的睡眠。

电视只是工具，如何用，关键在人。引导得法，电视就是学习知识开阔视

野的窗口，否则就会沦为"隐形杀手"。

二、要教会孩子看电视

既然看电视是学习的途径，能够给孩子们带来丰富的知识、经验，带来快乐和见识，那么就让我们把电视还给孩子。当然，我强调的是，重在引导。不是说支持孩子看电视，就完全放手，让孩子随意、自由地看。上文中提到的各种问题，我说过错不在电视，而在于家长的疏于引导和监管不力。

想一下，对于孩子喜欢看而我们不希望孩子看的节目，我们如何处理？粗暴干涉，严厉禁止；劝说无效，听之任之；和孩子讲道理，告诉他们为什么不希望他们看……对号入座，我们会发现，选择第三种的家长很少很少。

我在放手让依依看电视之前，是先教会她看电视。

首先，帮助孩子确定看电视的时间表。先和孩子一起看电视报，根据她喜欢的节目所在的时间段，统筹安排她看电视的时间。然后形成表格，挂在她的书桌前。孩子自觉遵守时间表，时间一长就养成了按时看电视的习惯，这样可以避免无节制地看电视，而且可以增强目的性。当然这个时间表是灵活的，只要总时间量不改变，具体时间段可以根据实际情况来定。

比如，某段时间少儿频道在中午播放依依喜欢的节目，那么时间表上看电视的时间就挪到中午；如果晚上有依依想看的节目，那么规定看电视的时间就挪到晚上。而且，看电视并不意味着一定要在做完作业之后。如果放学以后就有好看的电视节目，我会让依依先看电视。她开心地欣赏完电视节目，自会全身心投入学习中。养成习惯后，依依很自觉，什么时候看电视什么时候看书什么时候玩耍，依依自己安排得井井有条，很少需要我们督促。

其次，培养孩子对科学有益的电视节目的兴趣。小孩子喜欢看动画片，这是无可厚非的。但是不能单纯让孩子陷入动画片的世界，那样电视的教育功能就被削弱了。除了动画片，还有好多节目孩子可以看，比如《动物世界》《科技探索》等，只要科学引导，孩子也会对这些节目产生兴趣。不过，每个人看电视的兴趣不同，平时要注意尊重孩子的兴趣，不能将自己的兴趣强加给孩子。

再次，提高孩子的判断能力。一是教会孩子选择节目，懂得哪些适合自己看，哪些不适合；二是在收看节目的过程中，学会批判地吸收，哪些信息对自己有用，哪些内容是糟粕。当然,这对于年龄尚小的孩子来说,做起来有一定难度。不过,只要循序渐进地对孩子进行引导,孩子的判断能力自然会日益提高。

三、要帮助孩子甄别内容

现在的电视内容可谓丰富多彩,丰富多彩的背后是繁杂,甚至是良莠不齐,所以虽说电视要看,但是作为家长,一定要帮孩子把好关,尤其是孩子在幼儿和小学阶段。这样就可以及时消除电视中某些不良镜头给孩子带来的负面影响。

当然,在看电视的过程中,女儿依依也要面对诸多问题,比如选择什么样的节目,如何看待节目中有失科学和偏颇的剧情、镜头,如何安排看电视的时间,等等。对于这些问题,我首先做到心中有数,然后有针对性地加以引导,最初帮她把关,告诉她什么样的内容可以看,什么样的不可以看。后来,孩子渐渐大了就自己选择把握了。

女儿看电视是从卡通片(动画片)开始的。对于孩子而言,没有卡通片的童年,是残缺的童年。

卡通片之所以如此受孩子的欢迎,我想:第一,片中的人物形象造型奇特夸张,和现实人物截然不同,可以使孩子产生新奇感,并产生了解的兴趣。而且画面大多色彩鲜艳,场面热闹,符合孩子的审美情趣。第二,故事内容大多以神话、幽默故事、虚拟人物、童话故事等为主,这些内容在孩子看来既神秘又有趣,极大地激发孩子观看的兴趣。

卡通片最重要的一个功能,就是给孩子制造了快乐。常看卡通片,还有助于培养孩子积极的人生态度。卡通片的主人公大多积极向上,具备人类最美好的品质。这有利于净化孩子的心灵,同时培养孩子不向困难低头的乐观情绪。同时,孩子可以从中学到很多自然科学知识、社会常识、人际交往知识。

本着这个原则,我鼓励依依遨游卡通片的世界。在不到两岁的时候,依依迷上了《猫和老鼠》,常常被幽默的对话和滑稽的画面逗得前俯后仰。为了更好地满足她对这部卡通片的酷爱,我还去买了全套《猫和老鼠》的碟片,只要有时间就放给孩子看。只要画面上一出现小老鼠那可爱的形象,依依就忍不住咯咯地笑,惹得我也跟着哈哈大笑。

随着孩子一天天长大,依依对卡通片的评判能力越来越强,我也越来越轻

松地看着她在电视机前欢笑、跳跃，尽情享受那一刻的欢乐……

除了卡通节目，依依还对科技节目感兴趣。她最喜欢看的栏目是《科技博览》《探索发现》《走进科学》。而且看过之后，自己也总要想办法"探索"一下。有些奇异的想法，常常让我忍俊不禁。

不过，这《探索·发现》也曾让依依"误入歧途"。那段时间连续播出有关古墓发掘的节目，依依最初兴致勃勃地和我一起观看。可是，当画面上出现头盖骨、尸骸时，依依大怕！她惊呼一声扑进我怀里："爸爸，我怕！"直到我告诉她，那个镜头过去了，她才肯把头探出来。从看过那个镜头后，依依不敢自己一个人睡了。后来经过一段时间的学习和"脱敏"，依依终于不再对那个"头盖骨"感到恐惧了。

从那以后，我更不敢忽视及时引导的作用了。就这样，通过我的"导航"，依依在看这些成人类节目的过程中，不断吸纳广博的知识和信息，领略科学的神奇和奥秘，并及时避开"暗礁"和"旋涡"。

四、和孩子一起看电视

孩子能否成为电视的主人，能否科学看电视，在电视屏幕前健康成长，离不开父母的悉心引导。

大多家长忽略陪孩子看电视的重要性，尤其对于那些相对来说闲暇时间很少的家长，常常放手让孩子自己看电视，甚至寄希望于电视能拴住孩子，帮他们陪伴孩子，以便自己有精力去工作、去应酬。

不让孩子看电视不可取，放任不管也是个错误。要让"看电视"成为一件科学而快乐的事情，家长就要精心做好孩子的"领路人"，和孩子一起看电视，可以解决下列问题：

第一，增进和孩子的感情，并可借共同看电视之机逐步走进孩子的心里，了解其内心感受，从而更有利于日常的交流、沟通和引导。

第二，可以及时消除电视中某些不良镜头给孩子带来的负面影响。比如孩子看到暴力打斗的镜头，我们就要和孩子讨论，就事论事告诉孩子什么是好的什么是恶的，什么是美的值得学习的，什么是丑的需要批判的，从而避免孩子的内心受到不良刺激。

第三，可以及时解答孩子提出的各种问题。一些有益的节目，涵盖的知识较多，孩子可能一时领会、理解不了，有家长在旁边陪伴，就可以随时问父母。家长这时候需要耐心，对孩子提出的问题，要认真解答，这样，孩子的求知欲望和探究精神才会得到激发。

第四，便于随时和孩子讨论电视节目。如果你不陪孩子一起看，如何和孩子进行"电视批评"？你连孩子在看什么都不知道，孩子喜欢什么电视节目你也不了解，又怎么有效地和孩子交流呢？

陪孩子看电视，随时可以就某个情节、镜头进行讨论，不仅提高了孩子的鉴赏能力，而且提高了孩子的思维能力、口语表达能力……

陪孩子看好书

孩子在学校学到的主要是课本知识，如果只是掌握课本上那点知识，那么知识结构难免单一。

书籍是人类进步的阶梯，阅读则是了解人生和获取知识的重要手段和最佳途径。孩子在学校学到的主要是课本知识，如果只是掌握课本上那点知识，那么知识结构难免单一。

阅读有益的课外书有助于开阔视野、培养广泛的兴趣爱好、学会为人处世等，而且可以增长见识。同时，读书还可以帮助我们战胜坎坷和磨难，给我们打拼的勇气和希望，战胜困难的力量。读书还能够驱除内心的浮躁，让一颗心沉浸在文字宁静的世界里，给心灵以慰藉和滋润，让一颗心在知识的海洋中渐渐丰盈、充实起来。

对于学生来说，读课外书有助于积累语言，提高写作能力。博览群书，是一个积累的过程，天长日久，自然会产生写的欲望。而且因为读的书多，写起来也会有"信手拈来"的感觉。

孩子在学校主要依赖老师、教材和课堂，这样在一定程度上限制了他们学习的主动性和创造性。而看喜欢看的课外读物，却能提高孩子的学习积极性，使他们主动认知、主动吸收知识和掌握知识，并积极运用这些知识开动脑筋去思考问题、分析问题、解决问题，从而有效地培养和确立主体意识，使孩子从依赖型的学习向主体型的学习转变。

纵然读书有诸多好处，可我们的孩子课外阅读的情况却不容乐观。

其实，家长不仅要放手让孩子阅读课外书，而且要抽出时间陪孩子一起读书看报。越小的孩子亲子阅读越重要，陪孩子一起阅读才可以有效地延长孩子的注意力时间，还可以在示范朗读、带问题阅读中培养孩子阅读的兴趣，进而让孩子爱读书、会读书。

东子给爸爸们的建议

一、不要关闭这扇门

一个不重视阅读的学生，是一个没有发展的学生；一个不重视阅读的家庭，是一个平庸的家庭；一个不重视阅读的学校，是一个乏味应试的学校；一个不重视阅读的民族，是一个没有希望的民族。

所以，我们不要对孩子关闭阅读这扇门。

当今，应试教育就像一只无形的手，在剥夺和遏制孩子课余得到心灵抚育的机会，关闭了孩子通往课外书籍的大门。长期的应试教育，使社会普遍认为孩子读课外书与考试成绩不会有太大关系，衡量一个学生的整体素质主要凭一张试卷和一个分数来说明。

所以在这只手的操控下，爸爸们普遍认为分数、成绩是第一位的。在他们看来，孩子只有考上大学才算成才，于是就对高考落榜的孩子说："这些年的书白念了！"而考学靠的是分数，不是看你读多少课外书。所以，很多家长不仅不支持孩子看书，而且剥夺孩子看书的时间，一味逼孩子学习。

也有家长允许孩子看课外书，但前提是必须对提高学习成绩有帮助。所以他们为孩子准备的"课外书"大多是课本外的习题集、教辅资料，抑或作文选之类的。也就是说，孩子阅读的功利性很强——为了提高学习成绩，为了考学而进行阅读。我曾经看过很多孩子的书包，里面除了课本，就是父母给买的各种教辅书，什么《同步训练》《英语习题》《单元测试》等，而童话书、故事书等一本也找不到。

在这只手的操纵下，孩子们的学业压力越来越大，闲暇时间越来越少。阅读课外书的时间和空间也都被作业、习题和考试挤占了。

我们都是从童年走过来的，想一下，当我们也是孩子的时候，谁不曾幻想得到潘多拉的魔盒，放飞最后的希望？谁不曾幻想骑上巫婆的扫帚，独自在湛蓝的天空自由飞翔？谁不曾幻想采撷到神仙的七色花，实现美丽的七彩梦想？谁不曾幻想拥有神奇的飞毯、魔杖、百宝箱、神笔……可是，为什么当我们做了父母，就要剥夺孩子的这些梦想呢？没有这些美丽的梦，孩子的童年该是何等的黯淡无光啊！

所以，请不要对孩子关闭通往神奇世界的大门！

二、和孩子一起读书

在中国，亲子共读是一个没有得到足够关注的家庭教育问题。

导致这种状况存在的原因，第一当然是一大部分家长压根就不允许孩子读课外书，自然也就谈不上陪孩子一起读书了。第二，许多家长自身就没有读书的习惯，自然更没有意识和孩子一起读书。第三，对于那些不反对孩子看课外书的家长，有一大部分人抱着"孩子看书很乖，又不是闯祸，不用看着守着的，就让他一个人看去吧"的想法，对孩子的阅读不闻不问。

这种种表现只说明一个问题：家长对亲子共读的重要性认识不足。

电视纵然好看，自己纵然有许多事情要做，但是东子认为，书一定要陪孩子读。因为和孩子一起读书的好处实在太多了。

第一，这是一个培养孩子读书兴趣的绝好途径。有的家长抱怨，家里买了许多名著、精品图书，孩子却碰都不碰。想一想，如果家长和孩子一起读这些书，孩子会置之不理吗？第二，这是一个和孩子交流感情的绝好机会。通过和孩子一起读书、一起交流，建立良好的亲子关系。第三，便于及时了解和引导孩子的阅读情况。第四，便于帮助孩子吸取书中的精华，摒弃糟粕。

所以，和孩子一起读书，是家庭教育中一项重要的活动，既引领孩子学习了知识，培养了阅读兴趣，又可以走进孩子的心灵世界，增加和孩子交流的机会，促进孩子的精神成长……

可是在意识到陪孩子读书的重要性后，有些爸爸会产生新的问题：如何陪孩子读书？有的人说，自己一看书就犯困，一想到陪孩子看那些小孩子感兴趣的东西就头疼；有的人说，自己给孩子介绍的书，孩子不喜欢，因此没有心情陪孩子看孩子自己选的书……

问题林林总总，但答案只有一个：从自己开始做起，培养自己的读书习惯，让自己先爱上读书，学会读书，在读书的过程中成长。不要犯难，再难的事情也要去做，何况在床头放一本好书，每天挤一点时间去读它，并不是一件多难做到的事情。

我和依依的亲子共读，是从我读孩子听开始的。在依依还未识字之前，我每天给依依读有趣的故事,很多时候,依依是在听我们朗读的过程中悄然入睡的。当孩子进入识字阶段,我没有单纯地教她认字,而是把这一工作放在阅读中进行。我认为,认字的目的就是为了阅读,所以应该把识字和阅读结合起来。

女儿升入小学高年级后,我逐渐减少了和她同步阅读的时间,但是常常要拿出时间听她讲最近在读什么书,以及读过之后的感想和看法,并且和她讨论书中的情节和主题等。这样做,一来让孩子感觉到爸爸和自己一样喜欢她正在读的书,爸爸关心她在读什么书,从而激发孩子对所读图书的兴趣和喜爱;二来也便于爸爸随时掌握孩子的阅读情况和心理发展。

和孩子一起读书,孩子在成长,我们也在成长;孩子得到快乐,我们也从中收获到了快乐。

三、让孩子学着投稿

随着依依阅读量的增加,她不甘心永远做一个旁观者,渐渐有了投稿的意识。那是跳级升入三年级后的一天,依依突然对我说:"爸爸,我想把跳级的过程和感受写下来,然后让报纸印出来,让大家也来看。"我听了很高兴,有用文字表达的欲望,然后让大家来共享,这可是好事啊。于是,我积极给予支持和鼓励。

那天依依写了很长时间,到吃晚饭的时候交给了我底稿。我拿过来一看,文字不多,有两三百字,把自己跳级的经过以及各个阶段的心情都写得很详尽,句子也很通顺。我点点头:"这文章写得不错。交给妈妈敲到电脑里,打印出来投给报社。"依依听了来了劲头:"那我就能像你那样,把文章印到报纸上?"我说:"是啊,而且将来会比爸爸更强!"依依兴奋地跳起来,催着她妈妈快一点打她的稿子。

几天后,我把自己的一篇文章和依依的这篇《我跳级了》一并传给了《长春晚报》副刊的编辑。依依起初天天问我,稿子有没有消息,后来就渐渐忘记投稿的事情了。没多久,我收到了《长春晚报》社寄来的报纸,随手一翻,看到了我的文章,就是和依依的文章一起传去的那篇。没有依依的稿子吗?我又翻了翻报纸其他版面,确认没有后,我心里有些失落。心想,还是别对依依说,我的稿子见报了,她的却没有动静,再等等看吧。

依依很快放学回家，看到茶几上放着的报纸，就拿过去看，当看到我的那篇文章，依依抬头对我说："爸爸，你的文章发表了！"我"嗯"了一声，正担心她接下来会问自己的文章怎么没有发表呢，依依却说："我的文章也发表了。""你的文章？"我没有反应过来。"对呀，就是那篇《我跳级了》，同学都看到了。"

我听得一头雾水，什么时候的事情啊？哪天的报纸啊？依依摸摸脑袋："我也不知道，今天好几个同学对我说，在报纸上看到我的文章了，我也没问他们是什么报纸……"

我想，或许是前几天《长春晚报》刊发了，没有给我们邮寄样报来。这可不行，这是依依的处女作啊，无论如何得找到这张报纸。于是我匆忙下楼，到附近的报刊亭搜寻。遗憾的是，跑遍了所有的报刊亭，也没有找到刊有依依文章的报纸。

我沮丧地回到家，再次拿起刊有我文章的报纸，坐在对面的依依突然欢呼起来："爸爸，你看，在这呢！"我顺着依依手指的方向掉转了报纸，才发现父女俩的文章发表在同一天的报纸上，只是分别位于正反两面，可我竟只看到了自己的文章，没有发现在自己文章的背面就是依依的"大作"！

我发出惊喜的叫声，依依也显得很激动。我们两个头碰头又读了一遍依依的文章，我边读边赞叹："你看你多棒啊，第一次投稿就发表了。"

"这不算什么，我以后会有更多文章发表呢！"依依信心十足地说。

我说："嗯，一定会！"

果然，从那以后，依依的写作兴趣大增，动力也大增，不用我们提醒和催促，常常主动拿起笔来，把生活中的所见所感所想写下来。

把孩子的名字变成铅字，这绝对是莫大的推动力，以后她想不写东西都管不了自己了。您不妨试试这个方法，用心指导孩子写一篇作文，帮他投寄出去，如果发表了，以后作文绝对不用您催了。

会玩的孩子更聪慧

会玩是儿童起于快乐、终于智慧的一种最佳学习效果。玩耍蕴藏着儿童的发展需要和教育契机。

想玩、爱玩、会玩，在传统中国人的眼睛里似乎并不是一件好事，最典型的解释就是"玩物丧志"。但是在儿童的世界里，这套成人的逻辑并不管用——想玩是理所应当，爱玩是天经地义，会玩——那是孩子聪明。

会玩是儿童起于快乐，终于智慧的一种最佳学习效果。玩耍蕴藏着儿童的发展需要和教育契机。孩子从玩耍中学习是一种自发的学习、有趣的探索，能够接受更多的环境刺激，有助于促进大脑的发育，启迪智慧，使大脑技能得到充分发展，因而也就更聪明。

科学研究认为：人脑的潜能是巨大的，仿佛一座宝库；人的潜能所能包容的智力能量，犹如原子核的物理能量一样巨大。一个孩子的大脑就是一个无与伦比的创造性的实验室。

开启幼儿潜能的最佳方法就是玩耍。玩耍是人类思维与行为相结合的一种活动形式，在玩耍过程中，可以提升幼儿的观察力、培养其逻辑力、训练推理力、增进创新力、加强判断力、拓展想象力等多种认知能力；能够培养幼儿的兴趣、爱好，并在玩耍中增强幼儿的自信心、毅力、合作与社交能力等；同时还能提高其身体的运动能力、协调能力及灵敏性等。

玩有助于孩子的智力发展，也有助于许多非智力因素的发展。玩耍满足了孩子们的欲望，同时也激发了他们的求知欲、好奇心和探索精神。和同伴们一起玩耍，完善了孩子的个性、发展了相应的社交能力。善玩的孩子有许多优点，聪明、伶俐、乐观、愉快、朝气蓬勃、有幽默感，乐于与人交往。所以，幼儿的早期教育只能是在玩中学，切莫只学不玩或多学少玩，那样就违背了儿童发展的科学规律。

孩子在玩耍的过程中，观察到许多对他们来说非常奇妙的现象，继而产生

了许多的疑问，他们希望能尽快找出答案，为此，他们会进行一些有益的探索。虽然这种探索有时具有一定的破坏行为，但这是他们探索世界的开始，也是他们创造性思维的萌芽。

如果家长为了爱护玩具，不许孩子任意摆弄玩具，这个玩具对孩子来说就失去了许多重要的意义，压抑了孩子探索世界的兴趣，扼杀了孩子的创造性潜能，孩子所失去的东西远远超出了玩具本身的价值。

爸爸只有多观察孩子，多为孩子创造游戏的氛围，多参与到孩子的游戏中，才能引导孩子玩出智慧，玩出精彩！

东子给爸爸们的建议

一、要了解孩子玩耍的真正意义所在

我们常常听到父母责备孩子"不知道爱护玩具，是个败家的熊孩子"。其实，孩子的玩是儿童的一种学习方式。孩子在玩中学习，增长知识，培养能力。

家长对孩子的"破坏性玩耍"不应用禁止的方法，而应正确地加以引导。首先，家长应告诉孩子有些玩具可以拆，有些玩具不能拆，家中非玩具性物品，特别是贵重物品更不能拆。其次，要为孩子选择可拆装性玩具。在选择玩具时，有些家长认为越贵的玩具越好，特别是为孩子买电动玩具。但事实上许多价值昂贵的电动玩具并非有利于孩子的智慧，一些拆装性玩具却是物美价廉，有助于开发孩子的智力。家长在选择玩具时，要以是否能开发孩子智力、锻炼孩子动手能力作为选择标准，切忌以价格档次的高低作为唯一的选择标准。

许多孩子对玩具或物品只知拆，不知装。组装玩具能帮助孩子更透彻地了解物品及玩具的操作原理。但是，组装玩具的难度要比拆散玩具更大，孩子经常因为装不上而放弃尝试。在这种情况下，家长应对孩子给予启发指导。当孩子组合完一个玩具或物品时，他们会体验到巨大的成功，了解到玩具的内在价值。不仅学到了知识，增强了自信与探索欲，也会更加珍惜玩具和物品。

二、不要限制孩子的自由玩耍

很多爱子心切的家长，对孩子处处不放心，对孩子监视太多，就连孩子玩

的时候也不放过,看见孩子津津有味地玩泥沙,就训斥他们把衣服和手脚弄脏了;看见孩子爬树,生怕孩子摔坏了、擦破了皮;孩子跑得快了、远了,又怕孩子学野了。孩子在各种条条框框的约束下,怎能开心地玩?

更重要的是,孩子在自由自在的玩耍过程中,随心所欲地发挥着自己的想象,他们用沙土堆出各种动物或建筑模型,在"过家家"的游戏中体验各种家庭和社会角色,在拆装玩具的过程中去展现他们的创造成果。所以,家长应放心大胆地让孩子去玩,让孩子突破常规地玩。要敢于"忽略"孩子,这种"忽略"不是放弃教育,而是对孩子的创造性教育。

爸爸要给孩子自由玩耍的时间,让孩子自由地想象、自由地创造,获得家长常常不能给他们带来的知识与独立操作能力。也可能在拆装玩具的过程中就塑造了一个未来的工程师,在玩弄沙土的过程中就培养了一个未来的建筑师,在玩"过家家"的过程中就孕育了一个未来的教师或医生……

三、要细心关注孩子,激发孩子"爱玩"

兴趣是孩子潜能的显示器,也是培养孩子智慧与能力的最好营养品。但是,有些爸爸不顾孩子的兴趣,无情地中断孩子的自发兴趣,造成孩子智力发展的营养不良或失调,使孩子智慧生长的幼芽过早地枯萎了。致使许多孩子上学以后,不知自己的兴趣是什么,到了青年时期,也就什么兴趣都没有了。没有了兴趣,也就失去了创造的动机,人的智慧也显得平淡无奇了。

因此,家长应该在孩子玩耍的过程中,去发现孩子的灵气与偏好,或在孩子提的一大堆"为什么"的问题中,找出能使孩子喜笑颜开的那种兴趣,而且这种兴趣具有一定的持久性的特点。

有的孩子从小喜欢涂涂抹抹,家里的墙上、地上画满了他的"杰作",往往一画就是一两个小时,全神贯注,津津乐道。父母见到孩子把墙画脏了,切不可打骂指责,伤害孩子的兴趣,应加以正确引导,为孩子提供绘画工具与纸张,让孩子参加绘画班,创造各种条件培养孩子的绘画兴趣,施展他的才能,使这种兴趣转化为一种绘画能力。

对于爱在墙上作画的孩子,家长除正面讲道理之外,还应满足孩子表现自己的欲望,把孩子的画展现在为他开辟的小天地里,既能激发孩子的创作兴趣

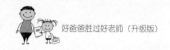

及表现欲，也帮助他改掉了乱涂乱抹的毛病。相信在您的精心培育下，孩子萌发的各种智慧潜能就会茁壮成长起来。

"爱玩"建立在孩子"想玩"的基础上，是外在主动性行为的体现。所以，家长必须先了解孩子在每个成长阶段最想玩的是什么，然后从中发现孩子感兴趣的事物和游戏，也就是关注孩子的活动需要，捕捉孩子玩耍的机会，并创设条件，提供刺激，诱发经验，使孩子在自身需要的基础上玩起来。

值得注意的是，爸爸千万不要代替孩子解决游戏过程中遇到的难题，给他充分的时间、空间和自由，让他自己探究，才会使他玩得更痛快、更持久。当然，如果能够跟随孩子的进展，巧妙地提供一些玩具或者故意设置一些悬念，会让孩子玩得更加投入。

四、要融会贯通，引导孩子"会玩"

探索是游戏的前奏，孩子爱玩，就是因为玩与探索密切相关。当孩子将他探索到的东西糅合进游戏中玩的时候，就进入了"会玩"的境界。要做到这一点，爸爸就必须融会贯通地看待"玩"——把"玩"与孩子的健康发展联系起来，了解孩子游戏的需要及其所处的阶段，把握孩子好学、好动、好奇的特点，关注伴随孩子身心和谐发展的教育契机，在教育与孩子的发展之间建立平衡点，引导孩子在"会玩"中学习，在"会玩"中探索，在"会玩"中开出思维的花朵。

在与孩子游戏的过程中，爸爸可以与孩子一起探索，有意识地进行质疑、诱导和启发，激发孩子的创造性和解决问题的能力，要欣赏孩子在游戏中表现出的想象力、好奇心，以及对新鲜事物喜欢尝试的探究行为。

会玩的孩子大多调皮好动。调皮好动是孩子独立和自主的自然流露。在充满挑战的现代社会里，有创造力、有想象力、有主见、有胆识的开拓型人才，才能跟上时代的脚步。调皮的孩子在长大成人后，往往充满活力、有主见，富于创造性和聪明能干。因此，爸爸要正确对待调皮好动的孩子，不要因严加管束而泯灭了孩子的天性。

科学实践证明，2～6岁的儿童中，会玩孩子的大脑要比不会玩儿童的大脑至少大30%。因为，在玩耍的过程中，儿童要完成几十种与大脑和思维活动有关联的动作，例如掌握平衡、协调心理活动、处理问题等。通过玩耍，孩子能增进识别物体的能力，提高语言表达能力和思维想象创造力，还能消除心理压力和恐惧感等。

所以，会玩的孩子一定是聪慧的孩子。

家庭玩乐不寂寞

快乐是一种自我感觉和体验，不是靠金钱买来的，不是靠物质堆砌出来的。

家庭是孩子温馨的港湾，是一个幸福的乐园。这幸福少不了孩子，少不了笑声。

孩子在成长过程中离不开玩耍，而幼年时的大多数玩耍是在家里完成的。有的是孩子自己摆弄玩具，有的是和来家里做客的小伙伴一起玩耍，而更多的是家长陪孩子一起玩乐。

如果爸爸能抽出时间和孩子一起玩，并利用玩耍时接触到的事物和材料，对孩子进行因势利导的教育，这样，孩子不仅在轻松愉快、无拘无束的氛围中不知不觉地获得了许多知识和经验，而且也避免了因缺少与同伴交往而产生的孤独感。

对家长来说，和孩子一起玩，孩子的良好情绪往往会冲淡自己在外因工作等方面原因而造成的不良情绪，也从中体味到童年的美好和亲子之情，并能从中发现孩子的兴趣、特点，由此更好地引导孩子潜能的发挥。

但是有些家长，把和孩子一起游戏看成是"陪孩子玩"，孩子是发起者，父母是跟随者，父母要被动地跟着孩子走，自然是一件不太轻松和有趣的事情。父母情绪不高，孩子自然也不会太高兴。如果把和孩子一起游戏看成"和孩子一起玩"，爸爸和孩子同在一个游戏的氛围中，一起笑，一起探究游戏中碰到的问题，一起动脑筋想出更多更好的玩法，共同享受和交流其中的乐趣，孩子、家长都乐意。

在与孩子一起玩的过程中，爸爸要真心投入，才能彼此尽兴，共同快乐。

东子给爸爸们的建议

一、做孩子最好的游戏玩伴

爸爸与孩子玩时，既作为长者加以指导，又要放下架子做孩子的真正伙伴。例如，玩看病的游戏，孩子肯定愿意当医生，爸爸就可以当病人，有时"医生"不知该说什么时，爸爸就可以提醒他该吃药了或给开个药方等。

还可以按照图画书里的人物来扮演角色。如：讲《小兔子乖乖》的故事，爸爸与孩子可以分别扮演大灰狼和小白兔，孩子在轻松愉快的气氛中，就练习了口语表达能力及复述故事的能力。

弹杏核儿和弹溜溜，是我和依依经常在家玩的游戏，这一游戏从依依两三岁开始，已经持续了10年之久。首先我们席地而坐，把杏核或溜溜（有时是圆的跳棋子或五子棋子）放到地板上平均分数，接着每人手里暗攥几个（最少一个，多了不限），然后分别将手心打开，查看对方出了几个子，谁出得多谁就争得了优先权，将双方的子放到一起撒向地面，然后选择小指可以划过的最近的两个子弹起，如果击中了要弹的那个子，而没有碰到其他子就赢得一子，直到没有击中目标或碰到了别的子而终，再将发子权转交给对方。

还有一种玩法是参加的人每人每次将一枚杏核放在一个浅窝里，窝外再画一圆圈，然后按"剪子、包袱、锤"确定玩的次序。参加玩的人用自己的母球，弹击浅窝里的杏核儿，弹击出圈即归赢者，并可连续弹击。如一次没有将浅窝内的杏核弹出，则让下一人轮流弹击。

当孩子大一些了，可以玩和文字有关的游戏。比如我和妻子常常和依依玩"造句"游戏。一个人随意说出三个互不相干的字或词语，让对方造句，并且句子中必须包含这三个字或词语。造不出来，就要被罚表演节目。依依对这个游戏很有兴趣，我们常常在夜里关了灯之后，躺在床上玩此游戏。有时已经很晚了，我们有心停止游戏，告诉依依该睡觉了，可依依总要纠缠着："再比一次，再比一次……"

再比如玩成语（词语）接龙游戏。这一游戏活动，最好是爸爸妈妈都参与，人多显得热闹，这也是多年来我家一直保持的一个游戏项目。随着依依的长大，她已不满足于这个"老曲目"，于是她提出了改进的办法。依依提议一个人说

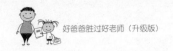
出一个字，另外两个人以此字为"头"说成语，有些说不上来的，经过提示抢答，三人彼此轮换主持，那场面既激烈又好笑。

二、做手工让孩子心灵手巧

常常听到有家长指责正做手工的孩子"瞎忙活什么？有那时间看看书，多做两道题！"每当这时，我总为这样的家长感到遗憾，因为他不仅仅驱走了孩子此时萦绕于心里的快乐，而且毁掉了孩子进行动手能力、创造力、想象力训练的机会。

现行学校教育实行的是手脑分离、只重分数不重能力的应试教育，而一个人具备怎样的创造力、动手能力以及想象力，决定着他具备怎样的综合能力。一个只会做卷子背课文的学生，只是"书呆子"，不会成为一个创造型的人才。

为了弥补学校教育的漏缺，实现脑手身结合，最好的选择就是鼓励孩子多做手工。因为，通过手工操作完成作品的过程，需要孩子思维、观察、判断、决策、美学、操作等多方面的共同配合来完成自己喜爱的作品，如此孩子的创造力、动手能力以及想象力会得到充分的训练和提高。

依依是个小手工痴迷者，从折纸到捏橡皮泥、做立体画……形形色色、各式各样的手工她都不拒绝。在她卧室的一个角落里堆放着两个大纸箱子，里面装满了她的"作品"，而墙上挂着的千纸鹤，门上粘着的五彩星星，电脑、电视机上摆着的"不倒翁"娃娃，更是依依倾注热情和智慧的心爱之作。

每天孩子都要拿出一定的时间摆弄那些小东西，我不仅从不阻止她，认为她忙活那些东西是浪费时间，而且尽量为她创造条件，孩子需要什么资料、工具，我总是不遗余力地支持她，做好她的"后勤部长"。有时候我还会和她一起动手做，做她的助手的同时，也分享她的快乐。

三、爸爸就是孩子最好的玩具

在和家长交流教子经验和感受的时候，谈到让孩子尽情玩耍，经常会听到家长说："唉，要让孩子玩得开心，就要舍得花钱。你说，去游乐园玩，哪样东西不要票？而且那门票都贵得吓人；带孩子去旅游，吃住行一路下来扔出去的钱也不是小数目；给孩子买玩具吧，现在的玩具动辄上百元……"

也有家长从另一个角度谈玩耍和金钱的关系："多投点钱，给孩子多买点高档玩具，请个陪玩的也可以，总之，投入越多，孩子自然越高兴……"

如此说来，是不是贫困家庭里的孩子就与快乐无缘，就玩不起了？想想我们的童年，连饭都吃不饱，"玩具"是什么都不知道，可是我们不快乐吗？我们耽误玩耍了吗？当然没有，一块泥巴一根树枝一颗石子……都是我们最好的玩具，都能带给我们至纯至美的快乐。

所以，玩耍与金钱无关，尤其是一些室内的玩耍。

我和依依玩的好多游戏，金钱的投入是零，但是获得的快乐指数是五星！

在依依很小的时候，我常常把自己的身体当作一个"大玩具"。比如，我躺在床上，偷眼看到依依进了屋，就装作睡着的样子，紧闭着眼睛，却抬起一条腿，高高伸向天花板。依依一看，感到奇怪，咦，睡觉了怎么还举着一条腿啊？于是走过来使劲按下高举着的腿。可是这条腿刚刚落下，另一条腿又抬起来了。只好扔下这条腿，接着按另一条腿。就这样两条腿一起一落，怎么也不驯服。依依咯咯笑着，动起了脑筋。她想办法按下一条腿，然后坐到腿上，用屁股压住，然后再用双手按住另一条腿。结果，终于制服了"捣乱"的腿。依依得意地哈哈大笑……当然，不"驯服"的还有胳膊、脖子，甚至嘴巴、眼睛……依依在"征服"的过程中，不断有新奇的"训导策略"产生，也不断发出胜利的笑声……

还有，吃过晚饭后，依依坐在电视机前目不转睛地看电视。我在卧室里把自己"乔装打扮"一番：头上顶着一个玩具熊，面部用依依的小裙子包着，屁股上挂着毛刷子，一副卡通怪物的形象。然后弓腰驼背头冲前屁股撅着，一步三摇地从卧室走向客厅，走向依依。乍一看，依依会发出无比惊奇的尖叫，然后就兴奋地跳起来，随着我摇摆的节奏蹦跳着、欢呼着。在我快走到她面前的时候，她会迫不及待地扑过来，我则快速后退，装出害怕的样子，倒退着从客厅"逃"回卧室。依依满含期待地朝卧室张望着，静默了片刻后，我又会以新的"造型"出现在她的面前，再次引发她欢快的叫声……

这样的玩耍常常让依依开怀大笑，屋子里到处洋溢着快乐，那种气氛真让人感到惬意。

快乐是一种自我感觉和体验，不是靠金钱买来的，不是靠物质堆砌出来的。所以，想要孩子快乐，不是要父母从口袋里掏钱就可以做到的事情，而是要靠父母用爱心和耐心去创造条件，引领孩子在快乐的长河中徜徉。

户外玩耍花样全

户外玩耍相对于孩子而言益处更大，不仅对开发能力有好处，而且对孩子身体的健康、视野的开阔都有积极的影响。

对于大多数工薪族的父母来说，我们或许不能给孩子丰裕的物质生活，但是我们可以给他一个五彩的童年生活，给他一个丰富的情感世界，给他一段美好的童年回忆。所以，在放手让孩子玩的同时，我们还要想办法让孩子玩得内容更丰富，花样更多彩。如此，孩子收获的快乐会成倍增长，孩子的见识、阅历也会越发丰厚。

室内的玩耍丰富多彩，室外的玩耍更是花样繁多。

我放手让依依每日放学后，玩她每天都玩的常规游戏，同时寻找各种机会，带她去感受更多新奇的东西，为她提供更广阔的玩的天地。

室外游戏和室内游戏一样，有很多也是不需要任何经济上的投入的。比如一场春雨过后，我带依依拿上小铲子、小水桶等工具，找一处有水洼的地方，开始"挖水渠""建桥梁"，或引水或阻流，看着一股股水流或者被自己引导着流向指定的方向，或者被阻隔在一个小水洼里，依依兴奋地拍手欢笑。这样的游戏常常让依依乐而忘返，不知道疲倦。

因此，借助大自然的馈赠，春有小草、泥巴和柳条；夏有河塘、小鱼、小蝌蚪；秋有落叶、果实和种子；冬有雪地、冰场和麻雀。哪一样都会玩出兴致，玩出花样。

走进自然，自然有乐趣。

东子给爸爸们的建议

一、多带孩子去"凑热闹"

现在很多城市每年都要举办些大型活动，什么农博会、汽博会、食博会、啤酒节、服装节、艺术节，还有规模很大的书市、文化节等活动，每有此类活动，我总要带依依去玩。孩子观赏着农博会上各种奇异的农产品，吃着食博会上来自全国各地的美食，翻阅着书市上琳琅满目的图书，还有和参加文化节活动的人们一起载歌载舞，我想她不仅仅获得快乐，而且收获了书本上学不到的东西。

记得 2004 年的六一，正赶上第十一届中国食品博览会在长春举行。我就把参观食博会作为庆祝六一的一项活动内容。吃过早饭，依依就急不可耐地催促我们动身。从走进会场那一刻起，依依就没有停止蹦跳。她从一个大厅跳跃着"飞"到另一个大厅，每看到新奇的东西，就忍不住大叫："爸爸妈妈，快来看啊，太好玩了！"面对各地展示的美食，依依的眼睛似乎不够用，嘴里吃着这种，眼睛还盯着旁边另一种，那副吃相让我们开怀。

从展览厅出来，广场上有几处喷泉，依依欢快地飞奔过去，冲进了"雨帘"中。冲出来的时候，衣服已经湿透了，孩子大叫着："爽啊！"再一次冲进去……

那天，我们直到夕阳西下才"打道回府"。我和妻子都感觉筋疲力尽，可是依依依旧兴致昂扬，神采奕奕，到了家里还忍不住兴奋的情绪，用胳膊绕着我的脖子撒娇："爸爸，明天还去食博会，好吗？"我问她，去食博会有什么好啊，她开始滔滔不绝地说起自己在食博会上的所见所闻，回忆起自己看到的硕大得有一层楼那么高的蛋糕，吃的"天下第一臭"的炸臭豆腐，还有那个做法独特的"叫花鸡"……依依禁不住眉飞色舞、手舞足蹈。

我想，这些新奇的记忆会陪伴孩子一生，当她告别了童年，开始漫长的拼搏之路之后，这些记忆依旧会给她成年后的生活带去快乐！

二、多带孩子去"乡下玩"

除了经常参加这样的活动，我最多的是带依依去乡下，让她在那片天地里玩出个新花样。

对于出生、成长在城里的孩子，乡下是一片神奇的土地。我一向认为，单

一的乡村生活和单一的都市生活都是残缺的。从没有都市生活体验的人，视野狭窄，思维简单；而从没有乡村生活的人，终日蜗居斗室，或者穿梭在钢筋水泥的丛林中，从学校到家里，从家里到学校，单一的生活方式，枯燥的学习内容，无处不在的喧嚣，无法给孩子一片纯净的玩耍的天地。快乐、阳光都被锁在格子间之外，挡在两点一线之外了。

而乡下有潺潺的溪流，有漫山遍野的花草，有唱歌的小鸟、潜游水中的鱼儿，有不怕被父母呵斥衣服玩脏了，不用赶着去弹钢琴、学美术的质朴孩童……到了乡下，你的心会因为天地的广阔而快乐地无拘束地舞蹈，会因为天蓝水清泥土芬芳而变得润朗、有灵性，会因为人纯情真花美而越发宁静豁达……

在乡下出生成长的我，一直对那片黑土地充满眷恋。为什么都市的繁华拴不住我的心，却总是对乡下的一草一木情有独钟呢？因为乡村给了我一个快乐的童年，我懂得那片土地上蕴含着怎样的快乐。所以当依依出生后，我想，孩子的童年里不能没有乡村的记忆。

所以，平日里，我会尽量争取挤时间带依依回乡下爷爷奶奶家。每次依依刚进家门，匆忙向爷爷奶奶问好后，就迫不及待地奔出去，因为有好多伙伴在等她，有好多游戏在召唤她。一次夏天回老家，我带上依依和小侄子去野外小河摸鱼，战绩倒是卓著，可是中途下起了雨，直浇得每个人浑身湿透，冻得瑟瑟发抖。依依光着脚丫，穿着小哥哥的衣服，脸上满是泥浆，怎么看都像难民营里的孩子。可是，和难民营里的孩子不同的是，尽管依依冻得佝偻成一团，但是她一直在笑，眼睛里充满了兴奋。她不时冲着远处喊："下雨啦，下雨啦……"以此来表达她喜悦的心情。

三、鼓励孩子户外玩耍

属于孩子的户外玩耍可谓包罗万象，无所不在。堆沙包、放风筝、溜旱冰、打陀螺、滑雪爬犁……户外玩耍相对于孩子而言益处更大，不仅对开发智力有好处，而且对孩子的身体健康，视野开阔都有积极的影响。

依依就是在户外玩耍中渐渐长大的。这些年，我经常带依依到公园或广场放风筝。每次风筝刚拿到手，依依就迫不及待地展开扯着跑起来，可是试了几次都没有成功，最初都是我过来帮她放飞了，而后她再扯着风筝在广场上转圈跑。

后来她可以独自放飞了，甚至把风筝放到了天安门。

东北的冬天，雪花总是慷慨地洒满大地的角角落落，将整个城市装扮得分外妖娆。一连下上几场大雪后，孩子们可以玩的户外游戏就多了：堆雪人、打雪仗、滚雪球、坐雪爬犁……

雪爬犁的外形看起来像个大板凳，"大板凳"的"脚"是两根长木条，紧贴着地面；身子是一块大木板，人可以坐在上面；上面的大木板和下面的长木条由四根木棍连在一起。首先人要坐到雪爬犁上，两根棍子头部插着尖尖的铁条，看上去很像长矛。一只手握一根"长矛"，把尖头使劲往地上一扎，再用力往后一推，像划船那样，雪爬犁就向前冲了。

刚开始我带依依滑，孩子掌握一些要领后就开始自己滑。由于动作不熟练，她多次摔到了冰面上。可她不甘心，于是又重新爬上雪爬犁，努力地滑起来。直至能够熟练地操作，当她能把雪爬犁滑得飞快时，溢在脸上的满是欢乐。

孩子在感受放风筝和滑雪爬犁的快乐中，接受艰苦环境的磨砺，勇敢地向困难挑战。这样不仅愉悦了身心、锻炼了身体，还培养了孩子的乐观精神。一举多得，何乐而不为呢？

所以，要鼓励孩子户外玩耍。但是，请爸爸们注意：户外玩耍一要根据孩子的年龄特点和身体状况，且不可拔苗助长；二要保证孩子的安全；三要尊重孩子的喜好。

四、带孩子走进大自然

大自然是那样的神奇和美丽，它蕴含了无穷无尽的知识，可以说世界上再没有比大自然更好的老师了。我们不该让孩子远离它。周末，带上孩子去尽情地亲近自然、拥抱自然。在孩子投身自然中，感受大自然的奇妙的过程中，孩子的观察力会越来越敏锐，想象力会越来越丰富，对大自然的认识、对各种生物的了解也会越来越细致，而且对美的欣赏能力也会越来越高的。

同时，会给孩子的人生留下许多美好的记忆，这可是一笔难以衡量的财富。

所以，每到周末，只要天气不错，我就带上依依去近郊游玩。或者步行，或者骑上自行车（电动车），或者开着汽车，在鲜花盛开的季节，和她一块上山采野花，编织美丽的花环。和她一起高吟着"儿童放学归来早，忙趁东风放

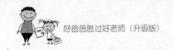

纸鸢"到广场，迎着春风放风筝；在烈日炎炎的夏季，我带她去海边，听海鸥高歌，套上救生圈到海里畅游，或者赤着脚丫在沙滩上徜徉，捡拾贝壳、抓小螃蟹……我还带她到河里摸鱼虾，尽情在溪水里嬉戏；在秋高气爽的季节，和她一起到丰收的果园里欣赏枝头累累硕果，和当地农民一起收割庄稼，感受丰收的喜悦；而雪花飞舞时，我带她去开阔地带堆雪人，在雪地上打滚、奔跑……一年四季都有玩不完的游戏，都有无尽的快乐。

外面的世界很精彩，外面的世界对孩子具有无穷的吸引力，所以，爸爸们无论怎么忙，都要挤出一定的时间，带孩子去走一走、看一看。哪怕一年一两次，你牺牲了几天时间，只是少收入了点钱，可给孩子带来的收获远远大于你的物质损失，这是一次亲子共融的最佳时间，也是自我放松身心的机会，真可谓一举多得。

我一直信奉"读万卷书，行万里路"，为了让依依知道外面的世界有多广阔，有多奇妙，在别的孩子为上补习班奔忙的时候，我却带着她去北京瞻仰毛主席遗容，去大连游览老虎滩，去西安看兵马俑，去青岛、杭州、哈尔滨、长春、济南……或者去乡下奶奶家、姥姥家，到农村的辽阔天地里尽情玩耍。

十几年来，我带依依游历了吉林、黑龙江、辽宁、山东、江苏、浙江、湖南、广东、陕西、北京、天津、贵州等十余省市的 80 多个城镇、乡村，在快乐的游玩中，孩子学到了太多课本无法给予的知识。因为"见多识广"，依依在和别人聊天的时候谈资丰富，在写作文的时候内容充实，而且更重要的是，看问题的思路也越来越开阔了。

我们应该知道，除了课堂除了课本，孩子需要学习的东西还有太多太多，它们在大自然中，在外面的世界里，尽在开心的玩耍中……

扑克游戏玩法多

通过玩牌，孩子的推理能力、判断能力、决策能力、记忆力，包括抗挫折能力等无不得到锻炼。

打扑克是人们日常生活中最常见的游戏活动，大人是之，孩子亦如此。

扑克牌起源于东方，它是由中国纸牌的启发影响而发展的，由商人、士兵传入欧洲。早期的扑克牌是手工制作的，只有王公贵族才能玩。随着印刷术的发展，扑克牌的制作日渐广泛，以致玩扑克在广大群众中流传开来。

打扑克不仅是一种消遣活动和娱乐方式，而且它和各种游戏活动一样，能起到增进友谊、活跃大脑、陶冶情趣等作用。扑克牌价廉物美，携带方便，牌面易认，不限人数，不挑场地，玩法多样，老少皆宜。因此，它是最受广大群众喜爱的一种娱乐工具。

之所以说打扑克可以很好地开发孩子的智力，因为要根据"时局"的不断变化调整自己的策略、招式，如何利用好手中的每一张牌，又如何变劣势为优势……每出一张牌都要进行复杂的思考和推算。

我一向认为，玩扑克牌是一项复杂的脑力劳动，和下象棋一样，要取胜需要运筹帷幄、慎思谨虑。通过玩牌，孩子的推理能力、判断能力、决策能力、记忆力，包括抗挫折能力等无不得到锻炼。除此之外，我们还可以赋予扑克牌"数学教具"的功能。通过游戏，孩子从认识数字到进行简单的加减运算，轻松快乐中就完成了数学的启蒙教育。

东子给爸爸们的建议

一、要正确认识孩子玩扑克牌

说起打扑克，我们脑子里首先会想到怎样的场面？夏日闷热的夜里，昏黄的路灯下，一群老爷们光着膀子、摇着蒲扇、叼着烟卷，围坐成一圈，吆三喝

四地甩着纸牌，边上是一群"观牌纷语"的围观者……

如果换作一群孩子如此围坐在一起，会立刻引来一片喝止声。在父母的眼里，打扑克要么和赌博联系在一起，要么和无所事事、消磨时间联系在一起，而孩子第一不能和赌博沾边，第二不应该无所事事，所以打牌就和孩子没有一点关系了。甚至有的家长认为，让孩子玩扑克等于"不学好"。所以，让孩子远离扑克。

可是我想说，第一，玩扑克和赌博是不是有联系，要看扑克是不是用来做赌具，玩的过程中是不是带赌注。若说赌博，任何事物都可以用来做赌具。拿两支铅笔，猜哪只手里的铅笔长，猜对赢钱，猜错掏钱，那铅笔就是赌具，是不是从此就不让孩子用铅笔了？所以不能单对扑克抱有偏见。第二，孩子怎么就不可以无所事事呢？成人工作累了还要消遣，打麻将、下象棋，或者跳舞听歌郊游，孩子学习累了就不可以"无所事事"一会，孩子就不需要有消遣？

扑克也是双刃剑，如果一味地沉迷于扑克游戏，或者参与赌博，那它就有害；如果利用它消遣娱乐，适当地玩玩，它就是有益的。就如菜刀，在厨房它为我所用的厨房用具，如果用它砍人，那它就是凶器了。

而且扑克牌里还含有丰富的数学、天文、历法等知识，如：扑克牌每组有13个，减去A，就是一年的月份，加上A，就是闰月。有红桃、黑桃、方块和梅花四组，其与标志分别代表春夏秋冬四个季节。52个牌（不包括大王小王）代表一年有52个星期，多出2天，正好是大王小王。所以，爸爸要正确认识孩子玩扑克牌。

二、要教会孩子玩扑克牌

认识到玩扑克牌的很多益处后，就要教会孩子玩。从幼年、少年、青年到中年、老年，扑克牌可以陪伴我们一生。

依依学习计算，就是从玩扑克牌开始的。最初我们数扑克牌上的图案，女儿懂得了数字的概念；接着比谁出的扑克牌大，女儿明晰了数字的大小；再玩追20点，女儿学会了加法；再玩凑24，女儿精通了加减乘除……

关于扑克牌的游戏，现在依依会升级、三打一、拱猪、斗地主、小猫钓鱼、憋王八、四幺四、五十K、七王五二三等几十种玩法。即便没有人陪她玩，她自己也能创造出不需要对手的扑克牌游戏，自得其乐地玩上半天。

我还和依依一起创设了扑克牌的新玩法。黄宏在小品中，用名片当扑克牌玩。而我和依依用扑克牌编故事，一个人先拿出一张牌，然后编一个故事情节，另一个人随即也拿出一张牌，也要说出一个情节，但是要求必须是前一个人说的故事情节的延续。如此往复接龙，一个长长的故事就诞生了。依依玩得不亦乐乎，编出来的故事情节越来越精彩和充满悬念。多年来，我俩用这种方式编出来的故事，足可以编成一本书了。

孩子幼儿期，可以玩"识颜色"或"记位置"之类的扑克游戏。两种牌的玩法分别是：

识颜色：家长可把手中的牌分成平均的两份后，把其中的一份拿给孩子，并告诉他说："孩子，你看这牌上的数字共有两种颜色，一种是红色，一种是黑色，现在咱们把黑色、红色分别挑出来放在一起，谁最先分好，谁就赢了。"而后各自动手。为了增加趣味性，还可设计五局三胜的比赛规则，谁赢了，就可以得到奖品（事先准备好）。家长可故意让他赢几次，以提高孩子的信心和对游戏的持久力。

记位置：找三张牌，其中一张是大王，把大王放在两只扑克牌的中间，然后告诉孩子，他现在是孙悟空，然后这只大王就是个大妖怪，它会有许多变化，让孩子认真看准了，可不要把它认错，让它出来做坏事。先让孩子记住大王的位置，然后开始把牌的位置不断地变化，最后让孩子说出大王所在的位置。这样的扑克牌游戏可以锻炼孩子集中注意力和快速反应的能力。

游戏可以开发儿童智力。玩是儿童的天性。中心就是要让孩子在玩中成长，在玩中增长智慧。对当前中国教育来讲，让孩子玩和教会孩子玩同等重要。

人毕竟都要走上社会，不会玩的人可能在人际交往上会大打折扣，不会玩的人也是不会享受生活的人。在玩中活跃气氛，在玩中放松自己，在玩中积蓄力量。

愿丰富多彩的扑克牌游戏伴随孩子们健康成长。

棋类玩出新花样

下棋时首先要坐得住，要有足够的耐心、细心和自信心，还要善于把握时机，时机不成熟时要沉得住气。

棋文化是中华传统文化的重要组成部分，博大精深。流传于我国民间的棋类游戏丰富多彩，是古今广大棋类爱好者共同智慧的结晶，是一份珍贵的文化遗产。

棋是思维的游戏，雅俗共赏，老少皆宜。下棋不仅能提高智商，还能提高情商。在现代社会里后者比前者更重要。下棋时首先要坐得住，要有足够的耐心、细心和自信心，还要善于把握时机，时机不成熟时要沉得住气。这些正是现代人才应具备的一些基本素质。有了足够的情商才能使智商正常发挥，才能使观察力、想象力、记忆力、分析力等能力得到提高。

棋类游戏是成年人喜闻乐见的休闲游戏，也是孩子喜欢的游乐项目。

东子给爸爸们的建议

一、棋类游戏益智敏思

所有的棋类游戏除了消遣，还具有益智功能。

下棋是一种集娱乐性、体育性、智力性于一体的文体活动，首先，对孩子智力的开发、促进和提高起着重要作用。古人云："炼智宜弹棋"，无论是五子棋、跳棋、象棋、围棋，还是军旗，面对棋盘、棋子，都要为如何布局，如何动子开动脑筋。如何走棋没有危险，才能制胜，需要一定的判断力和决策力。长此用脑，自然思维活跃，推理判断等能力也会不断提高。其次，对弈需要注意力高度集中，观棋谋棋需要精心无噪，有益于提高孩子克制浮躁性情的能力，增强自律性，以及培养专心做事的习惯。再次，为孩子提供抗挫折能力的训练机会。对弈如两军对垒，对阵总有输赢，接受失败可以增强抗挫折能力，从而生出"身经百战"不惧失败的豪气。最后，下棋需要有统观全局的意识，不能只局限于眼前的几个棋子或要走的几步棋，所以对于锻炼孩子的大局意识很有帮助。

比如大家都熟悉的"五子棋"。五子连珠游戏包含着一个极为深刻的数学问题。为什么不是四子连珠，或者是六子连珠？你可能会说，四子连珠，那就太容易啦，下几步就胜了。而六子连珠呢，则太难了，谁也别想连成。这就说明，五子连珠极可能是一个最佳攻守平衡值，一个达成连珠的最大值。增一子、减一子都会打破这个平衡。

四子连珠太易，攻方处于绝对优势；而六子连珠太难，守方处于绝对优势。而游戏规则必须是让游戏双方处于平等的位置才可能进行，否则游戏就不成其为游戏。要想黑白棋连珠成为一种符合游戏规则的智力游戏，五子连珠无疑是一个最佳方案。我们的祖先在发明五子连珠的过程中，猜想肯定也不是一蹴而就，而是极可能经历了四子连珠、六子连珠的尝试过程，最后才确定为五子连珠，并流行开来。

棋类游戏有如此多的好处，我自然不会让它们远离女儿的世界。孩子一岁多的时候，我和她妈妈玩象棋，她就在旁边"捣乱"，我们在棋盘上平面布阵，她则坐在桌子上做立体排阵，把一个个棋子摆起来，或"直冲云天"或堆出"大桥""堡垒"。

此后随着年龄的增长，她渐渐认识了棋子，学会了摆棋盘，然后开始学着下棋，品味着"纸上谈兵"的乐趣。除了象棋，我还教会她玩五子棋、跳棋、军棋、动物棋、飞行棋等。家里的抽屉里放满了装各种棋子的盒子，只要我有时间，依依就会把各种棋子摆到茶几或床上，逐一向我挑战，我成了她不折不扣的"棋友"。

二、教会孩子玩棋类游戏

既然下棋对孩子的成长有这样多的好处，那我们做家长的就要帮助孩子学会下棋，当然首先是要自己会下棋。对于小一点的孩子可以教他玩些跳棋、五子棋之类的游戏。大一些的孩子可以教他下象棋和军旗等难度稍大一些的游戏。

下面我就给各位介绍这几种棋的玩法。

1.跳棋。跳棋在我国是一项老少皆宜、流传广泛的益智型棋类游戏。由于其规则简单，一玩就懂，一辈子都不会忘，所以几乎每个人从小到大都下过跳棋。

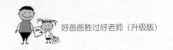

跳棋分"相邻跳"和"等距跳"两种玩法。

"相邻跳"：棋子的移动可以一步步在有直线连接的相邻六个方向进行，如果相邻位置上有任何方的一个棋子，该位置直线方向下一个位置是空的，则可以直接跳到该空位上，跳的过程中，只要相同条件满足就可以连续进行。

"等距跳"：棋子的移动可以一步步在有直线连接的相邻六个方向进行，如果在和同一直线上的任意一个空位所构成的线段中，只有一个并且位于该线段中间的任何方的棋子，则可以直接跳到那个空位上，跳的过程中，只要相同条件满足就可以连续进行。

两种玩法都是以先完全占领对角阵地为胜。

2. 五子棋。五子棋是一种两人对弈的纯策略型棋类游戏，是起源于中国古代的传统黑白棋种之一。发展于日本，流行于欧美。五子棋容易上手，老少皆宜，而且趣味横生，引人入胜；不仅能增强思维能力，提高智力，而且富含哲理，有助于修身养性。

传统五子棋：传统五子棋的棋子分为黑白两色，采用围棋棋盘，棋子放置于棋盘线交叉点上。两人对局，各执一色，轮流下一子，先将横、竖或斜线的5个或5个以上同色棋子连成不间断的一排者为胜。

这是我和依依最常玩的游戏，孩子的进步很快。从刚开始时的我胜她败为多，到过一段时间的持平，再到这几年的她胜我败为多，足以看出孩子棋艺的进步。同时，孩子的相关能力也得到了明显的提高。

3. 军棋。军棋游戏是我国青少年最受欢迎的棋类游戏之一。军棋规则简单，容易上手，有着锻炼思维，启发智力的智力竞技特色。你在游戏中将感觉两军对垒、斗智斗勇、驰骋疆场、克敌制胜带来的无穷乐趣。军棋有"明棋"和"暗棋"之分。

"明棋"是字朝下扣着，游戏开始时，双方依次进行翻棋，首先翻出工兵者使用该工兵颜色的棋子，双方进行厮杀。杀光对方所有能移动的棋子则获得胜利；或者一方用工兵挖掉对方三颗地雷后，再用最小的棋子扛走对方的军旗，也能获得胜利；如果有一方被逼得无棋可走了，也判定该方输棋。

"暗棋"是字朝向自己的方向，以山界为界，在除了行营以外的格子里布阵。玩法同上，只是炸弹不能放在第一行，地雷只能放在最后两行，军旗只能放在司令部，任何子撞地雷自己消失；军旗被扛、无棋可走都会被判负。另外，玩暗棋须有三人才能完成，吃了对弈的两个人，还要一个裁判。

所以，这种游戏最好是一家三口一起来玩。在我家就是，大家轮流上场交替着做裁判。如果只有你和孩子在家，那就来盘明棋。依依刚开始玩此游戏时，由于一时分不清棋子的大小（职位的高低），经常出现师长吃司令、连长吃团长的以小吃大现象。后来孩子知道大小后，偶尔再遇到以小吃大，她就嚷嚷着"造反"了，惹得大家哈哈大笑。

除此之外，我还和依依赋予这些棋一些新玩法，比如用棋子做类似于弹溜溜的游戏，用军棋和象棋玩以大吃小的游戏。就是每人选一色棋子，全部扣在地下，然后随意在自己的棋子中翻出一个比大小。谁大谁赢，棋子归赢方，最后数各自的棋子总数，谁的总数多谁就赢得了这场比赛。

这种游戏玩法虽然智慧含量不多，但是既取材简单（现成的棋子），又具有随机性，而且变幻莫测。有时自己翻到一个小排长，会认为自己死定了，可是没想到对方竟然翻出了一个最小的——工兵，结果自己又赢了，这样的变化令计孩子狂欢不已。同样，如果自己翻出一个军长，满怀胜利的期待时，可对方竟然翻出了最大的官——司令，孩子又会感到懊丧不已。

通过这样的游戏，告诉孩子要胜不骄败不馁，始终要有平和的心态。这样，游戏之外的收获，对于孩子就是一笔无法计算的宝贵财富。

为孩子搭桥找玩伴

与伙伴们一起玩耍的童趣，对于现在的孩子来说，变得越来越陌生和奢侈了。所以，爸爸要为孩子搭桥找伙伴。

您的孩子有同龄的玩伴吗？孩子从幼儿园、学校回到家里会感到孤独吗？也许您并没有意识到，"伙伴危机"正"逼近"越来越多的孩子。

孩子在童年时缺少玩伴，失去与同伴玩耍的快乐，不仅会造成孤僻、冷漠等不良性格特点，严重的还会影响到孩子的心理和身体健康。因为儿童时期孩子主要靠同伴的玩耍、游戏来学习人际交往、锻炼与人沟通的能力，如果缺失，会有许多的隐患潜伏在孩子成长的路上，比如自闭症、多动症等。但是，我们也不得不承认，随着钢筋水泥都市化生活带来的居住空间和心理空间距离越来越大，随着成人世界的激烈竞争向儿童世界的逐渐蔓延，与伙伴们一起玩耍的童趣，对于现在的孩子来说，变得越来越陌生和奢侈了。所以，爸爸要为孩子搭桥找伙伴。

为了让女儿拥有更多的朋友，2004年春，我出差去沈阳，认识一个读小学三年级、比依依大两岁的小姑娘，由我牵线搭桥，使她们成为未见面的朋友——笔友。后来，在去沈阳签名售书活动中，我和依依还专程去看望了那个小姑娘，两个小伙伴相见，拥抱到一起激动地哭了……

我的女儿我了解，她的生活离不开小伙伴的陪伴，我即便天天陪着她，也替代不了同龄伙伴。在确定离婚后，我还没有到烟台接依依来大连时，就向邻居打探，谁家有10岁左右的小姑娘，几经问询，终知在我们单元一楼，也就是我家楼下对门的那家，有一个比依依大三岁的小姑娘，开学上初中二年级。

得知这一消息，我很高兴，我相信女儿的交际和适应能力，她会很快和这个小姐姐成为好玩伴的。有一个可以带他外出游玩的爸爸，还有学校的同学相伴，再加上这个邻居小姐姐陪玩，孩子离开妈妈的孤独感就会降低很多。依依后来在她的日记中这样写道：

在大连上初一的时候，我认识了住在我家楼下的小姐姐，她比我大三岁，在读初二。瘦高的她有着一头乌黑的长发，小巧的脸上长满了青春美丽痘，这并不妨碍她的阳光，细细的声音注定了她是温柔的女孩。

我们一起玩的时候，我们的行为形成了鲜明的对比：我蹦蹦跳跳，她沉稳成熟。我们虽然不在一个学校，但是在放学时我们经常会遇到，然后一起回家，她到一楼后回家，我独自再上二楼。有时放学后，我们都写完了作业，就会一起下楼，在小区里的小广场玩耍。

我们一起打羽毛球，一起追逐嬉戏。开始的时候，她不太会打羽毛球，于是我教她怎么发球，怎么回打，怎么控制球的距离，怎么把球发到正中间……——详细地说明后，她开始了"实战演习"，虽然打得比较笨拙，经常把我调地东跑西颠，可以说她打的球几乎没有规律，忽上忽下忽左忽右，我真是没办法了，但是我们玩得很快乐……

依依来大连上学没几天，就和班里的小姐妹混熟了。开学刚一个周，放学回来就和我商量："爸爸，我们学校要举办艺术节，我想报名参加，同学尹岩想和我合作，我们商量她独唱一首歌，我来给她用电子琴伴奏，所以我想把她带到咱家里来练习。"我高兴地答应了孩子，第二天放学，依依牵着一个比她高一头胖乎乎的小姑娘对我说："爸爸，她就是尹岩。"

我连声说："欢迎，欢迎。"

小姐妹俩在一起练了一个多小时，由此她们成了好朋友。后来依依10岁生日时，除尹岩外来了七八个好伙伴，她们借机又狂玩了一把，孟子乔唱的英文歌和她们跳的兔子舞让我至今难忘。

依依刚离开妈妈后，为了让孩子尽快走出心理断乳期的困惑，除了同龄伙伴和我的陪伴，我还经常带她参加我的社会活动。当年教师节那天下午，我带她到沙河口区教师进修学校，为家长做"东子快乐教育"讲座，晚上参加太平洋学校（我与该校合作办班）举办的教师节晚宴，一些家长和教师都很喜欢依依，依依和这些"大人"也聊得很开心。

一年后，我和依依来到沈阳居住。依依转到新学校，很快就和四个要好的

小姐妹成立了一个姐妹会，按年龄排大小，她自然是老幺，那个多才多艺、比她大两岁个子和她差不多高的老四——郑　，和她关系最好，她们经常在一起玩耍。

后来我又给她介绍了一个大玩伴，说她大一个是年龄相对大，她比依依大八岁，再一个是人长得大，个子1.75米。她叫柳丹，是一个性格温和的女孩，当时是沈阳的一所职业大学服装设计专业大一学生。柳丹自小酷爱写作，经过好友介绍，跟着我学写作，帮我整理一些文稿，这样她就成了依依的一个好玩伴。

依依这样写过她的丹丹姐：

因为她常到家里来接受爸爸辅导，就这样，我们渐渐地熟了。她是一个长得很漂亮的大姐姐，我叫她丹丹姐。她高高的个子，性格比较内向，我们相差7岁，年龄没有阻止我们做好朋友。每周的周末，我们就会相约一起出去玩，唱歌、滑旱冰、逛街、游公……

到达KTV，找一个迷你包，尽情地嚎上几个小时，嘿嘿，感觉不错哟！滑旱冰是我推荐她去的，我以前经常滑旱冰，而她没有滑过，所以她有些不同意，说是怕摔倒，我使劲地鼓励她，希望她能让我教她。

到了旱冰场，她又开始打退堂鼓了，激将法不知用了多少次，可还是不管用，眼看我们的计划就要泡汤了，看来只能生米煮成熟饭。我急忙去买了两个人的票，然后拿着票对她说："你看，票都买了，不玩不是可惜么？"她无语了……

进入了旱冰场，她紧紧地拉着我，我能感觉到她手心里的汗，她还真紧张，为了帮她增加勇气，我突然松开手，她尖叫了一会发现自己并没有摔倒后，哀求我扶着她，我不但没有伸手来住她，反而在后面推了她一把，这时候她的高个子反而成了累赘，她因为个子高而重心不稳地摔倒了。我这才过去扶她，我问道："疼么？"

她说："好像不怎么疼！"

"这就对了"我说"你看，不疼吧，现在敢滑了吧？"

她点了点头，接下来我们玩得很开心……

东子给爸爸们的建议

一、要认识玩伴对孩子成长的重要性

孩子的玩耍一般有三种需求形式：一是与父母在一起玩，二是与同龄小伙伴在一起玩，三是独自玩耍。在孩子的成长过程中，三种形式缺一不可。

孩子的独自玩耍，对孩子成长有很多好处，除了可以培养孩子的自主能力，还有很多现实意义。比如家长有时不能陪孩子玩，或者由于这样那样的原因而没有小伙伴在一起玩，这就需要孩子独自玩耍，这本身也是对孩子独立能力的一种培养。

人是一种感情动物，尤其对于孩子来说，更需要来自父母的情感呵护和温暖。作为独生子女，现在的孩子本就孤独，在封闭的高楼大厦里，偶尔想玩了连个伙伴都找不到，如果父母再不陪孩子玩，那孩子就更可怜了。父母做孩子的游戏伙伴，不仅可以满足孩子情感上的需求，而且在和孩子玩耍的过程中能够更好地促进孩子的心理发展。同时，能够及时发现孩子的兴趣和潜能，从而在共同玩耍中有针对性地加以引导。

所以，这一章我重点谈了爸爸陪孩子玩耍。但孩子的成长需要群体生活，需要爸爸无法替代的小伙伴，否则孤独会让孩子形成不健康的心理，以致影响孩子将来的社会适应能力和人格发展。

二、为孩子找玩伴，做个有心人

有些爸爸知道自己的孩子孤单，也想让孩子和小伙伴更开心地玩耍，但是总是担心影响学习，还怕遇到"坏"孩子，再就是不知道该怎样帮孩子找玩伴。

让东子归结起来，就是爸爸不是一个有心人，考虑问题不够全面。第一点担心的大多数家长是从众心理，其实我们应该知道，孩子只有玩得开心，才能学得尽兴，玩是为了更好的学，所以这个顾虑完全是多余的；第二点完全是爸爸"以小人之心度君子之腹"，家长总爱以成人看社会的复杂心态来看孩子，对于孩子尤其是低幼年龄的孩子而言，他们之间没有好坏之分，只有玩得开不开心之别。

最后，我说说第三点，即便一些家长知道孩子应该多玩，应该有伙伴陪伴，

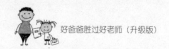

但是除了同学外，上哪找去啊？现在很多都市家庭住对门都老死不相往来，这样淡漠的邻里关系是影响孩子伙伴缺失最直接的原因。

怎么办？

据东子了解，邻里关系生疏很大程度是彼此自我封闭所在，在这方面我有切身体验。大家都不愿意迈出第一步，我的很多邻里都是我主动打招呼，后来大家才熟悉起来，家长有了往来孩子自然就会在一起玩了。所以，做爸爸的要主动出击，才能给孩子找到好玩伴。

"好爸爸" 是孩子的好榜样

第四章

家庭教育对孩子，特别是对幼儿而言，主要不是靠"言教"而是靠"身教"。东子在家教咨询中常听家长说："我真没少说他，道理讲了一大堆，嘴皮子都磨破了，就是不听！"这部分家长以为教育孩子就是靠"说"。其实，教育孩子的实质在于教育自己。只有这样，才是合格的家长。

"好爸爸"要做孩子的偶像

有句话说："一日为师，终身为父。"我们更要说："一日为父，终身为师。"

说起偶像，人们会想到屏幕前那神采奕奕的影视明星、歌星。其实对于孩子而言，家长就是他的偶像，人生的第一偶像都是自己的爸爸妈妈。

所以，无论你豪放得粗枝大叶，还是细致得绵里藏针，作为爸爸，你都是孩子心目中的第一任偶像。而偶像的作用向来是与带领、引导有关的，当孩子已经开始像模像样地模仿你的一些举动的时候，作为偶像你该怎么做？

从前，有一个宰相夫人非常重视儿子的教育，她每天不辞劳苦地劝告儿子要努力读书，要有礼貌，要讲信用，要忠于君王等。而宰相却是早上离开家去上朝，晚上回来就看书。爱儿心切的夫人终于忍不住说："你别只管你的公事和看书本，也该好好地管教你的儿子啊。"宰相眼不离书地说："我时时刻刻都在教育儿子啊。"这位宰相父亲说的是身教，他是要给孩子做出榜样，成为孩子的偶像。

有句话说："一日为师，终身为父。"我们更要说："一日为父，终身为师。"爸爸是孩子最亲近最敬重的人，爸爸对孩子的影响是巨大的，所以当你成为父亲，就要用行动、用心做孩子一生的领路人……

这个故事告诉我们，潜移默化的家庭教育及影响，将会直接关系到子女的道德品质、法纪观念、人生观等的形成。

这样的场景，或许你也见过：公共汽车上，中年男人一边悠闲地抽着烟，一边饶有兴趣地给孩子讲故事。同座的女士不停地用手驱散弥漫过来的青烟，中年男人置若罔闻。女士忍不住了，很有礼貌地劝同座把烟灭掉，中年男人却说："我抽自己的烟，与你何干？"他的儿子也附和："与你何干？"打了胜仗的中年男人，得意地摸摸儿子的小脑袋，却不料招来众人纷纷指责："你就这样给孩子做榜样？"

东子给爸爸们的建议

一、注意"耳濡目染"

我们身边总有一些这样的家长：一方面告诉孩子要好好读书，而自己却在麻将桌上酣战；一方面在教育子女要孝敬长辈，而自己却对父母不闻不问；一方面让孩子谦让有礼貌，而自己却粗俗不堪……现在连那些幼儿园的孩子，都学会编造谎话来讨大人们的欢心了。世故与城府延伸到了几岁的娃娃，是不是让人感到悲凉？其实，孩子所学的这一套，正是从父母那儿耳濡目染而来的。

也许我们家长从不会公开、正面地对小孩进行这样的教育，但是，他们的言行举止却在潜移默化地影响着孩子的成长。家长自己的行为其实在告诉子女应该成为怎样的人，家长就是孩子成长的活教材。

爸爸与孩子朝夕相处，是孩子的抚养者和监护者。很显然，爸爸的言行举止对孩子有着最为直接的影响。爸爸行为不端、举止不雅、讲话粗鲁、不务正业、违法乱纪，这样耳濡目染的家庭熏陶，就给孩子直接树起了坏榜样。

孩子最早的学习是从模仿开始的。他们从小就会将看到、听到、感觉到的东西融入正在发育的大脑里。并在以后的生活中不知不觉地加以效仿，爸爸的每句话，每个举动，每个眼神，甚至看不见的精神世界，都会给孩子潜移默化的影响。

在孩子面前，爸爸要以身作则，比如见面打招呼、分手道再见等。平时在家里，家人之间也要注意使用文明语言，如"谢谢""对不起""没关系"等。

幼儿并不理解"礼貌"的重要性，不知道为什么要"叫"人。这个陌生人也许对父母来说很重要，但是跟孩子自身却毫无关联。幼儿天性只对跟自己有关的事物发生兴趣，而不会对一个不知是谁的陌生人展示笑脸。因此在他人面前，要把孩子当作一名与成年人平等的人，介绍给对方，比如："这位是某某阿姨，她是爸爸的同事；这位是我的儿子某某。"这样既能让他人尊重孩子、平等地对待孩子，也能帮助孩子熟悉、接纳对方，有助于孩子放松下来，自然地流露出礼貌。女儿依依从出生到现在，我就是这样用点滴影响孩子，一直忠于对做一个好榜样的执着追求。

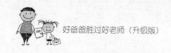

二、教会孩子明辨是非

《成长的烦恼》里面有一个片段，让我至今印象深刻：

3岁的本不小心撞在桌角上跌倒了，他痛得大哭起来，用脚去踹桌子。他的爸爸杰生只是在一边默默地注视着本，既没有上去抱他抚摸他，也没有言语的安慰。本哭了一会厌了，不再哭泣，杰生这才把他搂在怀里问："还疼吗？"

本说："不疼了。"

"那你走几步给我看看。"

本走了几步又跳了几下。

"你再动动胳膊看。"杰生又说。

本转转胳膊，看上去一切都还好，这下杰生发话了："本，你来看，你是个人，你有手有脚，你能走能跑，而桌子根本不会动，明明是你撞到了它，它有什么错，你要踹它呢。你说是吗？"

本说："是。"

于是杰生责令本向桌子道歉，为他刚才发脾气踹桌子的行为道歉，本接受了爸爸的批评向桌子道了歉。

如果这件事发生在中国，我们的家长定然是先一把把孩子拉到怀里嘘寒问暖又揉又哄，一边为逗孩子破涕为笑而拍打桌子责问它："为什么要欺负我们宝宝？！"但愿我们的父母们能在此刻摆出正确而公允的态度，让孩子明白自己做错的事不能推给别人。

举这个例子是为了说明孩子还没到足以分辨是非和对错的阶段，爸爸起着关键作用。如何做人自然也是父母的身则大任，尤其对爸爸而言，肩膀的担子更要沉一些。做人是生命之本，父母只有在点点滴滴的小事上不断地给孩子正确的引导，孩子才会在生命的历程中吸纳正能量、走正道、做正事。

还有这样一个故事：

杰杰是个幼儿园中班的孩子，每天下午爸爸在接他放学的路上，孩子都会讲许多幼儿园里发生的故事。这天，他告诉爸爸："元元今天滑梯时不肯排队，一次次插在我前面！"

爸爸问："那么你怎么做了呢？"

杰杰很委屈地说："我能怎么办啊，元元长得比我高多了，我又打不过他。"

爸爸笑了，摸摸儿子的头说："嗯，我们杰杰知道好汉不吃眼前亏了！"

孩子之间的纠纷有很多确实不要大人的参与，比如你推我搡这于成人而言是打架斗殴，于孩子而言却是游戏，孩子很难控制自己的行为尺度，他们要在类似的游戏中学习，这的确不需要大人在一边指指点点。然而有些却不是如此。

像上文所说的玩滑梯要不要排队，这首先是一个秩序问题，当爸爸的应该让孩子明白每个人都应该遵守一定的行为规范、社会秩序，插队的行为是错误的。其次这还是一个正义感的问题，不能因为一个人长得高大，他就可以为所欲为，你便只能忍气吞声，而以后在比你弱小的人面前，你也没有欺负人的权利，要告诉孩子真正的好汉绝对不是欺软怕硬的人。

爸爸是孩子的第一偶像，要做好这个偶像首要条件是富有正义感，要教育孩子不是用暴力解决一切，不能蛮不讲理也不要屈从于强力，始终坚持自己的是非观与道义感，这才是为父之道。如果杰杰的父亲能在一笑之后，告诉儿子："以后再碰到这样的事，不管他是插在你前面还是别人前面，你都应该把插队的小朋友拉到后面去，让他排队，告诉他滑梯是大家玩的，要遵守秩序。"那么，这样的爸爸就做得到位了。

偶像和榜样是靠行为做出来的，而不是靠言语说出来的。家庭是孩子成长的摇篮，而爸爸理应是孩子的偶像和榜样。

"好爸爸"要养成良好习惯

好习惯仿佛是人们存在银行里的钱，利息不断地增长，你就可以不停地享用。

所谓习惯，是指不断重复或练习而形成的固定化的行为方式。习惯对人极为重要，它伴随着人的一生，影响人的生活方式和个人的成长。习惯有好习惯和坏习惯之分，好习惯仿佛是人们存在银行里的钱，利息不断地增长，你就可以不停地享用。而坏习惯好似无法偿清的高利贷，债务层层高筑，使人最终到达破产的地步。

有人说家庭教育是"不教而教"。这一说法不见得准确，但有一定道理。孩子正是在对家长行为的观察和仿效过程中长大的。家长的行为举止合乎道德规范，孩子就学好；反之对孩子的影响就不好。

父母行为不端，孩子就容易沾染不良习性。有些父母自私自利，见利忘义，过分注重物质利益的追求，一切向钱看，孩子就会有利己主义思想；有些父母独断专行，心胸狭窄，为获取利益不择手段，孩子从小狭隘自私、以自我为中心；有些父母不思进取，饱食终日，致使孩子从小缺乏生活目标和奋斗精神，受不了挫折和磨难……

所以，为了孩子，请爸爸修炼自己的品行，养成良好的习惯。因为你的表率作用对孩子成长有着特殊的意义。爸爸期望孩子成为什么样的人，自己首先应该是什么样的人。

东子给爸爸们的建议

一、养成良好的生活习惯

说起习惯，人们最先想到的是生活习惯，因为它日夜与我们相伴。我们当家长的都知道这样一个浅显的道理：有好习惯，孩子才有好的未来。所以说，良好的习惯，将使人终身受益。

但习惯的养成绝非三两日之功，而需要日积月累。千里之行，始于足下，开始很关键，基础很重要，俗话说打下什么底子造就什么样的未来。习惯一旦养成，就不会轻易改变，好坏都是如此。所以，好习惯的养成一定要从小开始。

家庭要形成比较固定的生活作息时间，包括休息、吃饭、娱乐、工作、学习等，每个家庭成员都要自觉遵守，长此以往会促使时间观念的形成，为孩子今后走进幼儿园、学校、社会，自觉遵守集体纪律，维护社会秩序，讲究社会公德的良好品行打下基础。

有的家庭虽为孩子制定了作息时间表，家长却把自己作为局外人。有的家长甚至通宵达旦地搓麻将，喝酒划拳，有的看电视、上网成瘾，忘了正常作息，有的沉醉在舞厅的乐曲声中乐而忘返等，这样的家长是很难制约孩子严格执行时间表的。

"没有规矩，不成方圆。"儿童阶段是养成良好习惯的重要时期，一个人如果在儿童阶段养成良好的饮食、睡眠、学习、卫生等习惯，将会终身受益。反之，如果养成一些坏习惯，以后要改正，就很困难。

家长要养成良好的睡眠习惯。有的家长没有定时的睡眠时间，可又要求孩子按时睡觉，这让孩子产生了一些好奇的想法，想知道自己在睡觉的时候家人在做什么，而自己没有参与进去。所以就迟迟不睡，打赖。因此，家长最好与孩子同一时间睡觉，早上要按时叫醒孩子，让孩子有良好的睡眠作息习惯。家长要日复一日地培养孩子，才能更好地使孩子独立、快速地入睡。

家长要养成良好的饮食习惯。家长在饮食方面的习惯和语言对孩子有很大的影响。如果家长挑剔食物或在孩子面前说这些菜没有味道，那么孩子见到家长都不喜欢了，那自己也不会喜欢吃的。孩子挑食，家长百依百顺，这样就造成了孩子偏食的毛病了。所以，家长无论如何也不能在孩子面前，展露出对食物的不喜爱，这样就会更加造成孩子对食物的厌恶感。

家长要养成良好的个人卫生习惯。一个人的个人卫生好不好，就能看得出那个家庭的卫生习惯。家长是培养孩子良好的个人卫生习惯的关键，家长对自己的卫生习惯严格要求，那么他就会督促孩子的卫生。所以，家长要时刻注意自己的个人卫生习惯。从每天必要的洗脸、洗脚、刷牙的习惯到饭前便后要洗手，保持服装的整洁和环境整洁的习惯，都要加以注意。

二、养成良好的学习习惯

孩子（学生）的学习习惯，是很多家长和老师都为之头疼的事情。

国内外教学研究统计资料表明，对于绝大多数学生来说，学习的好坏20%与智力因素相关，80%与非智力因素相关。而在信心、意志、习惯、兴趣、性格等主要非智力因素中，习惯又占有重要位置。古今中外在学术上有所建树者，无一不具有良好的学习习惯。

正衣先正冠，正人先正己。

要想使孩子养成良好的学习习惯，就要管好自己，以自己的行为去影响孩子。要使孩子养成良好的学习习惯，父母就要有个好的学习习惯。不要以为家也有了，工作也有了，就可以松口气了，就不用再努力了。也有的家长看到提拔没了希望，就开始吊儿郎当，不求上进，这都会无形中对孩子造成影响。

作为爸爸要树立终身学习的观念。这是时代发展的要求，也是教育孩子之必需。爸爸的学习与求知，必然在孩子心目中打下深深的烙印。这样，通过行为，再适当配以言辞，慢慢地耳濡目染，长时熏习。孩子一定会慢慢养成良好的学习习惯。

如今已经进入了信息化时代，互联网已走入了千家万户。时代的发展和社会的进步是必然的，家庭教育的理念和方法必须与之相适应，爸爸们一定要与时俱进。网络时代带来了教育观念的现代化，教育内容的信息化，学习方式的自主化和亲子关系的平等化。面临网络时代的挑战，有些家长感到茫然。家长对信息技术既不要盲目崇拜，也不要盲目排斥，而是不断整合新的角色以重构自己的角色定位，跟得上时代发展的步伐。

爸爸的"与时俱进"，可以具体化为三点要求：一是努力跟上时代潮流，二是和孩子一起成长，三是挤时间读几本书。始终坚持在亲子互动中施教，和孩子一起接受新生事物，尽量争取不使代沟过宽过深。

三、养成良好行为习惯

孩子最善于模仿，父母则是他们模仿的首要对象。做爸爸的，应当注意自己日常的一言一行。父母勤劳俭朴，家务事安排得井井有条，孩子也会勤于家务，一丝不苟；父母整天沉迷于麻将桌或者网络游戏的话，孩子的心也会倾向于这些娱乐活动。您想想，当您的孩子拿着作业本请您签字的时候，你一手摸麻将，一手拿笔在他的作业上胡乱画一下，孩子能从中学到什么呢？

要求孩子做到的，家长自己做不到，不注意给孩子做出好榜样，使孩子心目中家长的形象大打折扣，其身不正，上行下效。

我曾读过这样两则新闻：一则是在武汉一家商业银行工作的李女士在武汉江滩游玩时，不小心丢失了钱包和其他贵重物品。一位素未谋面的的哥拾得后，为了教育孩子，带着女儿主动送还了失物。的哥反复强调："我今天还这个包，我女儿会一辈子记得。"

另一则是，某日在北京站前街，一对父子打着"免费指路"的牌子，为游客义务指路。这位父亲是北京某语言文化中心的董事长，平时很忙，"五一"期间特意挤出时间带着儿子做公益事业。而父子俩的行动也带动其他热心人一同加入了这个行列。

上述两位爸爸的举动其实都很平凡，也不难做到。家长让孩子骄傲，许多时候并不一定来自于惊天动地的壮举。看似平凡的一句话，一个细小的举动，也常常能给孩子们以启发，也同样能够孕育他们博爱的心灵。

儿童期是人的一生身心发展，尤其大脑结构和机能发展最为旺盛的时期，更是良好生活习惯形成的关键期。良好的生活习惯并不是天生就有的，而是在长期的生活里逐渐形成的，它贯穿一个人生活的各个方面。家长应该严格要求自己，处处以身作则，给孩子做个榜样，使孩子从小养成良好的习惯，让孩子将来有一个美好的未来。

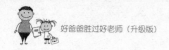

"好爸爸"要有善良之德

一个人可以没有让旁人惊羡的姿态，也可以忍受"缺金少银"的日子，但离开了善良，却足以让人生搁浅和褪色。

曾经在路上听到这样的话："别人打你，你也打他，打不过就咬。""咱们宁可赔钱，也不能吃亏。"这是现在很多家长在教育小孩子时经常说的话。我们不难看到，我们很多家长在孩子受了一点委屈之后，立即气势汹汹地带着孩子向别人讨说法，而且往往是听了自己孩子的一面之词之后。

这让我想起了我的童年。

年幼时，我是一个非常调皮、爱打架的孩子。打架的结果不是胜就是负，如果遇到比我小的，自然被我打败，当我兴高采烈回到家时，被打败的孩子在家长的带领下，哭哭啼啼地找上家门讨说法，母亲只好当着他们把我打一顿，让对方寻得平衡而归；如果遇到比我大的，自然是我被打败，当我哭哭啼啼回到家时，也期望母亲带着我，去那个大孩子家讨说法，可母亲非但没去，还把我打了一顿。

我困惑不解，打了别人回来挨打，被别人打了怎么也要挨打呀？母亲一边给我擦眼泪一边说："孩子，妈就是要告诉你，不要和别人打架，要对人和气……"

母亲说了很多，综合起来就是：人要善良，要与人为善。此后，我就是秉承母亲的教导，无论在部队在地方，无论在家乡在异乡，我都与人为善，由此赢得了一大帮子朋友。

可生活中，很多家长却往往会给孩子灌输"社会如何尔虞我诈""人与人之间如何钩心斗角"等。家长的本意是"让孩子学会保护自己，别上当"。可是，这种教育把握不好尺度，在家长偏颇甚至错误的引导下，孩子心中善良的成分会越来越少。

在家长看来，"从小不吃亏"才能更好地保护自己。"人善被人欺"的思想，让他们不愿意对孩子进行"善良教育"。他们给了孩子漂亮的衣裳、美味的食物，但是却忘了给孩子善良。善良似乎是一个早就过了时的字眼。在生存竞争中，在各种各样的人际关系中，利益原则似乎早已代替了道德原则。

然而人们还是喜欢善良、欢迎善良、向往善良。有善良才有幸福，有善良才能和平愉快地彼此相处。有这么一句话："因为慈悲，所以懂得。"其实对于现代社会的人来说，拥有一颗平和而善良的心，并以此善待社会、善待他人并不是一件多么复杂和困难的事。给迷途者指条路，向落难者伸出一只手，用会心的笑祝贺友人的成功，用真诚的话鼓励失落的同事，等等，这种看似轻而易举的行动，其实并不仅仅是一种朴素的善良，而是用善良浸润后的灵魂，折射出来的人格的光辉，是一种经过善良沐浴后，而散发出来的平和心态。送人玫瑰，手留余香。

一句无心的话也许会引发纠纷，一句残酷的话也许会毁掉生命，一句及时的话也许会消释紧张，一句知心的话也许会愈合伤口、挽救他人。善言、善行绝非高不可攀之举，不经意间我们力所能及就足以温暖他人。我们都很普通，但我们应该善良，善良和真诚可以使一个普通的人成就不平凡。

在一切道德品质中，善良的本性在世界上是最需要的，关爱他人，才会从别人的欢笑、感激中，发现自己生命的价值。人之初，性本善。中国传统文化历来追求一个"善"字：待人处事，强调心存善良、向善之美；与人交往，讲究与人为善、乐善好施；对己要求，主张独善其身、善心常驻。

我的善良源于我有一对善良的父母，像接力一样我又把善良的种子根植在女儿的心里。所以，有善良的家长才有善良的孩子。

东子给爸爸们的建议

一、善心要常有

我继承了父母的善良，善良的血液也从我身上流淌到了女儿依依的身上。孩子自小就善良，遇到流浪猫流浪狗，就要收养。由于我从卫生和安全等方面考虑，从来不养宠物，她的收养要求也就没有被采纳。于是我建议给这些流浪"儿"

在小区的楼下建个家，依依不时地去给它们送水送饭。有时，女儿还把特别脏的猫狗抱上楼，为其洗个澡理理"发"，梳洗打扮一番后，再放回去。

女儿 11 岁的一天傍晚下楼买咸菜回来，在楼下摁响了门铃，我问她怎么不上来（她下楼时自己带了钥匙），她吞吞吐吐地说，捡到一只流浪小猫想带回家。她知道我不允许家里养猫狗之类的宠物，所以要征求我的意见。我让她上来回到家我再给她讲，可她说她怀里正抱着那只小猫。于是，我告诉她：流浪猫狗有很多，我们收养不过来，你可以把它放在楼下，上楼拿些好吃的给它吃。可依依说，这么晚了怕它在外面过夜会被冻死，或被别的大猫欺负死。孩子说到此，竟哭了起来："爸爸，让它在我们家住一宿吧。"我也只好先妥协："那你先带小猫上来吧。"

一会儿，依依一手拿着咸菜一手抱着那只脏兮兮的流浪小猫推开了家门，依依妈妈见状赶紧把依依和小猫带到了卫生间，开始为小猫洗澡。洗完澡的小猫虽然干净了，但是却冻得瑟瑟发抖，于是全家总动员为小猫取暖：她妈妈用吹头发的热风机吹、我用手焐、依依心急竟然点燃蜡烛来烤，险些把小猫给烧了。经过大家的共同努力，小猫像焕发了青春一样，我们又从冰箱里给它找了些吃的喝的。水足饭饱之后，我和依依商量还是把小猫放回楼下，依依同意了。于是，我们一起带着纸板、废弃的小毯子、米饭和带着菜汤的盘子，在家门口的那棵大树下给这个流浪猫安了个家。这样，孩子才放心地与我上楼睡觉。

很多父母知道不能忽视孩子的爱心教育，但是不知他们是否意识到，很多时候我们的爱却是"占有"和"索取"的代名词：因为爱花，才把花养在自家阳台上，独占了花的美丽和芬芳；因为爱鸟，才把鸟关在笼子里，剥夺了鸟的自由和快乐……于是，孩子也在表达爱心，只是爱被打上了"占有"的标签。

真爱，就放手，就给它自由，这既是爱，也是一种善良的体现。

为了孩子的爱心和善良得以延伸，依依 5 岁半的时候，我和她妈妈给她买了两只小鸡崽让她饲养。养了三个月后，由于家里的空间有限，小鸡日渐萎靡，为了小鸡的健康，我和孩子商议后，把小鸡放生，让它回到本该属于它的大自然……

很庆幸，我给女儿及时上了这一课。女儿由此懂得：对生命本身的尊重，是为大爱。从此，在她心里也根植了"善良"这颗种子。善良的人首先要有爱心，依依就是这样一个充满爱心的善良孩子。

二、善举不能丢

有这样一则小故事。一场暴风雨过后，成千上万条鱼被卷到一个海滩上，一个小男孩每捡到一条便送到大海里，他不厌其烦地捡着。一位恰好路过的老人对他说："你一天也捡不了几条。"小男孩一边捡着一边说道："起码我捡到的鱼，它们得到了新的生命。"一时间，老人为之语塞。

雨果说："善良的心就是太阳。"没有一颗善良的心怎么会有美丽的太阳，没有这太阳，又拿什么照亮生活的蓝图？

我的母亲就是善良的人，有好多细节让我终生难忘。比如，在那个贫苦的年代，每有乞讨上家，母亲总是把自己都舍不得吃的米饭端给他们。没当看到夜宿路边的野孩子，都要领回家中与我们同眠，而且还要为那些脏孩子"抓虱子"……

受母亲的影响，自小我就愿意帮人助人，感觉帮助了需要帮助的人自己很幸福。看见拾荒人拉着车艰难地爬坡，跑过去推一把，看到推着婴儿车上扶梯，搭把手抬一下车；遇到没有回家路费的人，给他买张车票……这样的小事，在我的 40 多年人生中不胜枚举。

自己长大有了经济能力，帮助一些贫困之人，是我一生不变的追求。到北京为来自全国各地的农家子女讲课，我捐出来所有酬劳，让这些农家孩子学技术；到河北保定讲学，我为革命老区阜平县城南庄镇贫困家庭儿童购买书包、文具等学习用品并送到家中；在山东潍坊讲学，我到安丘市柘山镇看望贫困家庭儿童，为他们送去学习用品并捐赠了钱款；在安徽长丰讲学，偶遇耄耋之年的老人推着自己 100 多岁的父亲，我为两位父子留下了钱款……

每到国家遭受灾害，无论是"九八洪水"还是"汶川地震"，我都尽我所能地解囊相助。有亲友和我说："我们有单位的，单位组织所以必须捐，而你已经多年不上班，捐不捐也没谁知道。"我告诉他们，别人知不知道无所谓，但是我自己知道，因为这是我自己的一份心意，不捐我心不安。

现在每年我都拿出几千块钱做公益和慈善活动，帮助需要帮助的人。2013年家乡吉林省松原市连续发生三次 5.0 级以上地震，造成大面积的房屋倒塌，

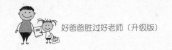

临近春节我购买了几袋大米、白面送到受灾户家里……

女儿受我的影响，自小就时有善举。她不满10岁时，用稿费资助一个失学儿童两年，帮助那个女孩完成了学业；每当国家有什么灾难，她都和我一样，用她的稿费和积攒的零花钱积极捐助；她还帮助很多班里的贫困家庭孩子，让他们与自己一样快乐成长。当听说我独自到震区捐米捐面，还埋怨我没有告诉她，不然她要和我同行表达爱心……

我多次对女儿依依讲："古人所倡导的'日行一善'我们很难做到，但偶行一善却随时可为，尤其是一些看着不起眼的小善。"生活中"善小"之事太多了，比如公交车上给需要帮助的人让座，见面主动打招呼、微笑问好，随手关闭长明灯、长流水，扶起倾倒的物品，遇事礼让等。这些举手之劳的好事，看你是否能用心发现，主动去做。

"不积小流，无以成江海。"好事善举虽小，久积则成大爱。我们就是在生活中一些微不足道的小事上，感染着孩子那颗稚嫩的心。从小把"爱"和"美"的种子播撒在孩子心中，让她开花、结果。

孩子的未来成功与否，往往就决定在小时候那些并不起眼的生活细节上。从细节上教育孩子，让孩子从小"善"做起，一步步达到人生的完美；从细节上教育孩子，让孩子能做到"勿以善小而不为"；从细节上教育孩子，让孩子读懂人生的真谛，时时由爱而出发。

播种善良，才能收获希望。一个人可以没有让旁人惊羡的姿态，也可以忍受"缺金少银"的日子，但离开了善良，却足以让人生搁浅和褪色。多一些善良，就多一些美好。

爸爸如有善良之德，就等于为孩子的心田播下了善良的种子，孩子的善良会使他们赢得未来。

"好爸爸"要有节俭之能

孩子的衣食住行，不要高档化，只要吃饱穿暖，整洁大方就可以，不必过分讲究。

"谁知盘中餐，粒粒皆辛苦。"很多人或许并不真正懂得这两句诗的含义。浪费一粒米饭，有什么可小题大做的呢？然而，这个细小的看法，却有可能演变成花钱大手大脚、浪费随意的习惯。一粒米不珍贵，那么一碗米饭又有什么珍贵的呢？浪费一顿晚餐又有什么关系呢？

事实上，节俭尤其体现在细微处。我们必须认识到，一粒米、一滴水、一度电来之不易，都是人们辛勤劳动换来的。只有真正懂得劳动的艰辛，才会真正理解节俭的含义。这才是"谁知盘中餐，粒粒皆辛苦"的真正含义。只有理解了这一点，我们才能真正做到勤俭节约。

2013 年 1 月初，新任国家领导人习主席提出了"光盘行动"。这一行动倡导厉行节约，反对铺张浪费，带动大家珍惜粮食、吃光盘子中的食物。光盘行动的宗旨：餐厅不多点、食堂不多打、厨房不多做。由此，"吃饭打包"蔚然成风。

然而依然有很多的家长认为如今生活条件已经大大改善了，社会的经济环境也越来越好，就没有必要再让孩子学会节俭了，让孩子吃好、穿好，做家长的脸上也有光彩。

其实这种想法是错误的。因为，勤俭有助于磨炼人的意志，能锻炼人吃苦耐劳、坚韧不拔的品格。古人曾说过"俭能养志"，"苦其心志""劳其筋骨"是成就事业的重要条件。没有勤奋劳动、艰苦奋斗的精神和不畏艰险、努力拼搏的意志，就很难适应竞争日益激烈的社会需要。俭朴的生活可以培养优良的品质，提高人的精神境界，如果让孩子自小养成好逸恶劳，追求吃喝玩乐，花钱大手大脚的习惯，那是很危险的。

我国有个考察团访问日本，参观了日本屈指可数的大财团之一——丰田公司。细心的参观者发现卫生间里，每个抽水马桶的水箱中都放有几块砖，感到

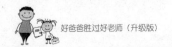
十分惊奇。日方人员见到客人面带惊异的神色，便笑着解释：放砖是为了缓解水流速度，节约冲水量。节俭是丰田公司事业成功，且历久不衰的一大因素。

在水箱中放砖头，按某些中国人的说法算是十足的"小家子气"。然而，日本丰田公司在某种意义上正是靠这"小家子气"发"家"致富、走向成功的，这种致富不忘节俭的精神，是多么难能可贵！

德国前总理科尔有次宴请朋友，快吃完时，发现盘子里还有些汤子，便用面包在盘子里擦了一下。他吃完面包后，发现盘子里还有点汤水，就毫不犹豫地拿起盘子，用舌头舐了起来。德国之所以能从"二战"后极其困难的条件下，一跃而成为经济强国，正是由于千千万万个德国人，都有科尔总理这种节俭的精神。德国现在富了，但他们没有忘记过去。

与日本、德国相比，中国相对较穷。虽说新中国成立后，经过改革开放，综合国力有所提高，但人均收入仍是世界上较低的国家之一，还有相当一部分人仍处于温饱线以下，有数百万的学龄儿童因交不起学费而辍学。因此，我们更需要勤俭节约。

东子给爸爸们的建议

一、家长要端正认识

当前人们生活水平不断提高，对子女一般都是尽量满足其需要，这在情理之中。但在孩子的吃、穿、用等方面盲目攀比，就容易使孩子形成追求享受、虚荣等不良心理。

爸爸要经常给孩子讲勤劳节俭的道理，使其懂得一粥一饭都来之不易，一滴水、一度电都是经过工人的辛勤劳动得来的，父母供他们衣食住行所需费用，也不是不费力气就挣来的。

我的爸爸虽是一介布衣田农，也不乏一些科学的教育理念，对我们讲的好多道理，是当时很多父亲讲不出来的。还记得爸爸最常跟我们说的一句话：能干的，不如会算的。吃不穷，穿不穷，算计不到受了穷。他用这句话教育我们在勤劳的同时，要懂得筹划和计划。

家长还有一句话，我一直都记得，那就是"勤打扫院子少赶集"，意为勤快、清洁是提倡的，而没事赶集乱花钱买不当用的东西，是他所看不惯的。这种类似警示语的话，爸爸说过很多很多，给我们兄弟几个的影响很大。

前几年，我曾应《老年世界》杂志之邀写了一篇报道，报道的主人公是我的忘年交——阎洪臣。阎洪臣是我的没有讲台关系的老师，交往十多年来，我一直很敬重这位老人。其一是他通过自己的不懈努力所取得的成功，这些成功给他带来了一个又一个耀眼的头衔：农工民主党中央副主席、全国政协常委、吉林省政协副主席、吉林中医学院终身教授、世界级医药权威专家……

从交往中，我得知阎洪臣的成功，很大程度上源于只是乡村医生的父亲对他的身教。其二是他的节俭。尽管身居高位，名誉中外，但是每次在饭店吃完饭后，他都让服务员将桌上能吃好带的剩菜剩饭打包，声称带回下一餐食用。我就遇到好几次，他把剩的饺子带回去给他的老伴吃。在他的影响下，儿女个个生活节俭，从不讲排场、大吃大喝，都过着布衣百姓的普通生活，并且没有什么怨言。正是由于阎洪臣的节俭行为，所以他的子女们都是品行良好、自食其力、为人称颂的人。

二、家长要以身作则

家长是孩子的老师，孩子最初的行为表现主要是从父母身上模仿的。家长要有正确的劳动观点，热爱劳动，尊重劳动人民，珍惜劳动成果，严格要求自己，生活要俭朴、精打细算，如珍惜粮食，节俭用水、用电等，在孩子面前起到表率作用。

要让孩子从小事着手，养成节俭习惯。首先在使用玩具和学习用品上要讲节约，不要因为玩具不好用了就丢掉，而是想办法看看能不能修好；不要因为写错一个字就撕掉一大张纸，不要老是碰断铅笔芯，书包、笔盒能用就接着用，不要轻易换新的，做到物尽其用。同时要在生活上讲节约，如人走灯灭，一水多用，爱护衣物等。孩子的衣食住行，不要高档化，只要吃饱穿暖，整洁大方就可以，不必过分讲究。

写到这里想起一件让我脸红的事。

那是 2009 年初春的一天，我一不留神将桌子上的石英钟碰到了地上。被重重地摔了一下后，它就罢起工来了，任凭我怎么鼓捣，它就是不走，最后我把它判了死刑：又摔在了床上。没承想，这一摔它竟奇迹般地活过来了：嘀嗒嘀嗒地走上了。

三天后的晚上，我要把家里能走的钟表，包括电脑、手机等统一时间，以中央电视台 7 点开始的新闻联播为准，这一对点发现，有的快 10 分钟，还有的慢 8 分钟，都调准了钟点后，突然想起前几天被摔过的那个石英钟。石英钟像往常一样嘀嗒嘀嗒地工作着，可当我一看点，气就不打一处来，它竟然才走到 4 点多，一天慢一小时，要它还有何用。于是，我把它从客厅"轱辘"到卧室（此钟是一个直径 20 多公分的汽车轮胎造型）。

12 岁的女儿依依迅速到卧室捡回来，一脸严肃地质问我："爸爸，你干吗这样对待它？"

"这个破表坏了，还留它干吗。"

"不会修修啊！"

"不值得一修。"

"咋不值得一修了，25 块钱买的，花两三块钱就能修好的。"

我一时无语，心想：孩子的话也在理，这事就让她去办。

半个小时后，女儿拿着已经修好的石英钟（至今还在安全正点地运行着），像家长对孩子一样地对我说："我已经把它修好了，告诉你，以后不许这样了。"我想犯了错误的孩子一样连连点头。我既羞愧又欣喜，羞于自己作为家长的所为，喜于女儿的知道节俭和乖巧懂事。

三、家长给孩子零花钱要适当

一般来说，孩子的零花钱是指在孩子手，由孩子自己支配的非生活和学习必需的，也没有特别计划的零散用钱。眼下，大部分孩子手里都有着为数可观的零花钱。有些富裕的家庭认为，钱是身份的标志，孩子有了钱就会在孩子们中间有威信。最终大把的零花钱使孩子奢靡攀比，不思进取。

虽然我也认为，只要是该花的钱，无论多少坚决要花。但是，在给女儿买小零食方面，我总是较为吝啬地控制花销。虽然根据我的家庭收入情况，即便女儿顿顿吃零食，天天去超市也承担得起。可是，依依从出生到现在，在小食品和饮料方面的消费要比一般家庭的孩子少得多。这不单是节省了一笔开支，最主要的是使孩子养成了良好的饮食习惯和科学的消费观念。

让我欣慰的是，自小女儿就很明是理。尤其在吃零食的事情上，无论她多想吃某一种食品，只要我说不给买，只要我把道理讲明了，她都不会耍赖。每次去超市，她拿到手里的东西，只要我摇头表示不买，她尽管不情愿，最终还是会放回到货架上。所以，每当看到有小孩在超市的门口蹲着不走，或者干脆躺在地上打滚，我总免不了感叹：依依是个明事理的孩子。

不同年龄的孩子对金钱、数字概念的认知不同，所以给孩子零用钱时，应先考虑孩子个别的成熟度及需要。通常零用钱的需求与年龄是成正比的，年龄愈小的孩子，给的金额愈少，间隔时间愈短，也就是说，5岁以下的孩子，可以不给或少给小额零用钱，而学龄的孩子，则可以一次给他多一点的零用钱，且每个星期或每两个星期给他一次。

对5岁以下的孩子而言，可考虑让他学习金钱的运用及了解金钱的价值，但在使用上，要教孩子懂得节制，面对这个阶段的孩子，家长应着重灌输他正确的金钱观念。

给孩子零用钱，不是在打发孩子，也不是补偿孩子，应该在给孩子零用钱的同时，指导他零用钱的使用、保管方法，如此才能充分发挥零用钱的教育功效。

还可采取以家长作为银行的方式发给零用钱，孩子想要买东西时，向家长申请，由家长陪同孩子一起购买、选择商品，这时家长可以指导他简要地记录零用钱的去向，协助他有计划地支配零用钱。

让孩子支配、使用零用钱，不仅可以培养孩子的数字概念，还可以培养其独立自主的能力，并从使用零用钱的过程中，建立价值观。

没有支配金钱经验的孩子，会有缺乏自制、惯于依赖的情况发生。家长有求必应，孩子易有挥霍无度的习性；严格约束孩子用钱的家长，则可能教育出一个性情拘谨、行为保守、缺乏独立能力的孩子。因此，无论孩子年龄是大是小，无论零用钱是多是少，家长要记住一个大原则：从小培养孩子节约开支、明智消费、随时储蓄的概念。这样对孩子将来有计划地使用金钱、有效地管理金钱，才会有帮助。

　　我们提倡教育孩子勤俭节约，要孩子做力所能及的家务，不乱花一分钱，目的不是通过孩子的劳动为家里创造财富，让孩子少花钱而多存一点钱，而是要孩子从小就习惯于劳动，习惯于节俭，通过磨炼，形成良好的品质，使孩子更有出息。

　　勤俭节约是中华民族的光荣传统。尽管时代变了，教育孩子应该顺应经济时代的发展和需要。但是，无论经济怎样发展，合理支配财力物力，合理规划生活，合理控制人的私欲泛滥都是必要的。当今社会，家长适当控制孩子的零花钱会控制孩子很多坏毛病的滋生，是对孩子的成长负责。

"好爸爸"要有责任之心

一个人的态度决定了他在事业上有多大的成就，一个家长的责任心决定了他的孩子的未来。

美国西点军校成立 200 年来，培养了麦克阿瑟、巴顿和史迪威等 4000 多名将领，艾森豪威尔、格兰特、鲍威尔等近千名政界高官，为世界 500 强企业贡献了 8000 多位董事长和总经理……

是这个军校的军规成就了以上这些人，其中第三条军规就是：绝不推卸责任！

记得以前看过一部《背起爸爸上学》的电影，影片讲述的是一个真实的故事：石娃是一个山区农村孩子，从小失去了母亲，家境贫寒。爸爸用一把铜勺决定了石娃上学的命运，而姐姐则退了学，早早嫁了出去，用收到的彩礼钱为石娃付学费。石娃的老师很欣赏这个聪明刻苦的孩子，多次为石娃垫付学费，这一切都促使石娃克服种种困难，刻苦学习。当他以优异的成绩考上省师范学校时，父亲却因中风而瘫卧于床上。坚强的石娃谢绝了乡亲们的帮助，做出了惊人的抉择：背起父亲，走出马莲河，进省城上学……

影片的情节很简单，很多人看后都不禁潸然泪下，我也是受感动者之一。我想我是被片中的父子情深所感动的，是被少年的坚韧执着所感动的，更是被少年那颗厚重闪亮的"责任心"所感动的。感动之余，我禁不住扪心自问：我们这些成年人是否具备了足够的责任心呢？

一个人如果没有责任心，在很多方面会出问题，比如工作不会取得应有的业绩，经营会损人利己，家庭不会幸福，还会常常惹人厌、讨人嫌。没有责任心，甚至能使人发生异化，人的个性片面甚至畸形发展，为自己赖以生存的社会所不容，最后走向沉沦、颓废或者成为社会的异己力量。

无论是前些年到大学为莘莘学子做演讲，还是近些年为家长做教子讲座，我都会讲到，作为一个人要拥有"社会责任感、历史使命感、民族自豪感"，我希望用我的声音唤醒国人，让中华民族复兴，吾辈责无旁贷。

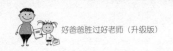

责任是分内应做的事情，责任心是每个公民必须具备的基本素质。无数实践证明，一个人有了强烈的责任心，就会认真严谨地对待每一项工作，尽心竭力。一个家长有了强烈的责任心，就会充满爱心，全心全意地担负起教育孩子的职责。一个人的态度决定了他在事业上有多大的成就，一个家长的责任心决定了他的孩子的未来。

我们常常会读一些名人名言，时时感叹名人说得是那样好，但是我们要知道，任何人的成功，都是建立在他的坚定信念和永恒的责任心的基础上的。即便是普通人，要想工作有成果，赢得他人的信赖，责任心也必不可少。

所以，爸爸一定要让自己的孩子负起责任，做个尽职尽责有担当的人。想要培养孩子的责任心，就做有责任心的爸爸。在日常生活中，言谈处事里，不能推脱和逃避责任。要把个人荣辱和民族兴衰都作为己任，在有意与无意中于孩子心里打下烙印，这对于把孩子培养成为一个有责任心的人，将起着不可估量的作用。

东子给爸爸们的建议

一、明确责任的重要性

美国著名心理学家弗洛姆说过："责任并不是一种由外部强加在人身上的义务，而是我需要对我所关心的事件做出反应。"如果一个人处处以自我为中心，对周围的人和事漠不关心，那么他就缺乏基本的责任心。而一个道德情感贫乏、责任心不强的人是得不到别人的关心，也是无法与他人真诚合作，更无法适应未来社会的。只有当你主观上真正意识到"责任"二字的重要时，你才会努力去培养自己的"责任心"。

我们作为家长同时担负着家庭角色和社会角色，也就是说，既要具备工作责任心，也要有家庭责任感。如今，有些人对工作不负责任，抱着"混"的思想，只要把一个月的工作"混"过去，工资拿到手就算了事。这些人觉得自己很聪明，其实，他们是在欺骗自己。他们以为欺骗了老板和经理，自己占了多大的便宜，其实，他们欺骗的是自己的青春和生命，最后才发现自己是最大的受骗者。也有一些人对家庭不负责任，整天喝酒、赌博，上不赡养老人，下不养育儿女，自以为活得潇洒，其实是纯粹的没有灵魂的行尸走肉而已。

责任心又可以体现在与他人的交往中，对自己行为的后果负责；犯了错误能够主动承担自己该负的责任，并能够主动弥补自己的过失……

很多爸爸要求孩子要全面发展，要立志当科学家、艺术家或企业家，却忽略了培养他们做人的基本准则。而能够成为"家"的毕竟有限，一旦成"家"无望，家长、孩子都会觉得理想破灭，没有了成就感。孩子们在这样一种急功近利的环境中长大，他们往往胸无大志，缺乏理想，计较得失，甚至心怀仇恨，很难与他人友好相处。

二、告诉孩子自己的路自己走

从做父亲的那一天起，我就告诉我的女儿，自己的路自己走，自己的事自己做，因为这是她的责任所在。总赖着家长的孩子是不会有出息的。

我的一个事业很成功的哥们儿，给我讲述过他小时候的故事：

虽然我是个男孩，但是从小我就依赖性很强，我的几个姐姐对我总是嗤之以鼻，说我是耍赖、没出息。我总是嘿嘿一笑，不理会。

12岁小学毕业后，我到外地去读书，要住校，由于我胆子特别小，所以当我爸爸跟我说这个决定的时候，我是死活不愿意啊，可是胳膊拧不过大腿。

开学那天，我妈和我爸送我去学校，给我把行李整理好了，又跟老师打了招呼，就准备回家了。我紧紧地追在妈妈身后，希望事情能有所转机。爸爸看到我这个样子，不乐意了："浑蛋小子，你现在是个男孩，以后你会是个男人，你这叽叽歪歪的，像什么样子？你老子我当年没爹没妈不照样活过来了吗？咱家里，除了咱爷俩剩下的净是一帮娘儿们，咱不能让她们这帮娘们儿看笑话，是不是？男人，就要有责任感，就要有所担当。记得，你是个男人，哭哭啼啼的，那是娘们儿做的事，不是男人。"

爸爸说的话很俗，但是我却一直都很喜欢这个调调。我当时委屈地说："可我现在也不是男人，才是男孩，男人做的事我现在做不来，我就想回家，不想

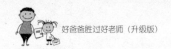

住校。"这时，宿舍主管老师过来了，我赶紧抹了眼泪，我虽然胆小，但是要强，即使哭也不在别人面前哭。宿舍老师过来和爸爸说了两句话，就带我回去了。进学校的时候，想想爸爸刚才说的话，我不再那么害怕了，浑身也有了劲头……

这位爸爸的话听着有些粗俗，但是话糙理不糙：男人，就要有责任感，就要有所担当。正是这位有担当的男人才支撑起这样一大家子，才给予胆小软弱的儿子承担责任的勇气与力量，才使儿子成为一个坚强的男子汉，成就了一番事业。

三、责任感要从点滴培养

责任孕育于生活中的点点滴滴。整理书包、床铺，遵守作息时间，吃好三餐是对自己负责；主动为家里做事，节约用水、用电，及时发现安全隐患是对家里负责；爱护公共财产、保护公共环境、维护公共安全是对社会负责。我们每时每刻，所到之处，只要有责任心在，就会做个有责任感的人。

孩子小的时候责任意识不强是正常的。家长有责任关注孩子生活中的每一件小事，从小事培养孩子的责任感。

孩子小时候喜欢逃避责任，如果家长不及时引导，长大后就有可能成为一个不负责的人。轰动全国的药家鑫事件，虽然已尘埃落定，却给人留下深刻的反思，一个大学生，驾车撞伤人，怕担责任，又把人杀死，这是何等的残忍。虽然人们为他的年轻生命而惋惜，更多的却是对他灭绝人性的不负责任而痛恨。逝者逝矣，生者要痛定思痛，引以为戒。

如果遇到孩子做了不负责任的事情，父母一定不能纵容孩子，要让孩子肩负起自己的责任，告诉他，无论是大人还是孩子，都有自己应负的责任，逃避是懦弱的表现。

四、培养责任心要善于借鉴

在这个世界上，最渺小的人与最伟大的人同样有一种责任，这是永远不变的真理。做人就要做一个有责任心的人，这是我们做人的基本准则。

接下来，让我们再看看下面的故事：

一次海难事件中，幸存者8人挤在一只救生艇上，在海上漂荡了8天，仅有的淡水是半瓶矿泉水。每个人都恶狠狠地盯着那小半瓶矿泉水，都想立刻把它喝下去。船长不得不拿一杆长枪看着这半瓶水。坐在船长对面的是一名 50 岁的秃顶男人，他死死盯着那半瓶水，随时准备扑上去喝掉那仅剩的救命水。

当船长打盹的一瞬间，秃顶男人猛然扑上去，拿起水就要喝，被惊醒的船长拿起长枪，用枪管抵着秃顶的脑门命令道："放下，否则我开枪了！"秃顶只好把水放下。船长把枪管搭在矿泉水的瓶盖上，盯着坐在对面的秃顶，而秃顶仍眼睛不离那瓶决定众人命运的半瓶水。双方就这样对峙着。后来船长实在顶不住了，昏了过去。可就在他昏过去的一瞬间，他把枪扔到了秃顶的手里，并且说了一句："你看着吧！"

原来一心想要自己喝掉那半瓶水的秃顶，枪一到他手里，他突然感到自己变得伟大了。接下来的 4 天，他尽心尽力地看着那剩下的半瓶水，每隔两个小时，往每个人嘴里滴两滴水。到第四天他们获救时，那瓶救命的水还剩下瓶底部分一点水。他们 8 人把这剩下的水起名为"圣水"。

这是《培养真正的人》一书中引用的一个故事，一个非常好的有关责任心的故事。它说明了当一个人被委以重任时，他的心灵就会发生奇妙的变化，就会有自我价值感，就会感到责任的重要，就会变得自律，就会变得主动和积极！所以，如果你是一个明智的父母，现在就让你的孩子开始负起责任吧！

比如，在家里，让孩子承担必要的家务劳动，自己的事情自己做；在学校里，除了完成学校规定的相关事宜，还能主动为同学和老师分忧，有集体荣誉感；在社会上，履行一个公民应尽的职责，能够助人为乐。

责任就是力量，爸爸尽责，孩子定会有担当。

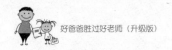

"好爸爸"应不断进取

对于孩子而言，没有进取精神就无法拥有幸福的未来，而没有一个进取精神的爸爸，也难以培养进取的孩子。

"天行健，君子以自强不息。"自立自强历来是国人推崇的修身美德，也是国家和民族发展的思想根基。一个自立的人必定会发奋图强，有所作为；一个自强的民族必定会不断发展壮大，最终引领人类前行的脚步。可以说，时代需要这种"生无所息"的精神，个人也需要这种向上的力量。

物质的富足，让很多青少年怕苦怕累，不思进取。"太多的温暖，让我养成了严重的依赖心理，工作后也不能脚踏实地，总是贪图享受不思进取。"一个刚刚走上工作岗位的大学毕业生如是说。

的确，常言道：穷人的孩子早当家。一个人小时候，生活在祖辈创造的优越环境之中，难免会产生贪图享乐不思进取的消极心态，最终一事无成；而生活在条件相对艰难的家庭中，就会亲身去搏击残酷无情的风暴，体味生活的艰辛，虽历经挫折和打击，但却会因此而历练出无坚不摧的力量。

古人云"生于忧患，死于安乐"。为什么优越的外界条件总是会令人走向衰亡呢？因为安逸环境对人的意志有不易觉察的瓦解作用，我们成年人可能也有这样的感觉，就是太过安逸的生活，有时让人觉得莫名的空虚，人也会变得敏感而脆弱。

生命中有不能承受之轻，我们的孩子也是一样，太轻松优越的生活，太多的宠惯会让他们患上"软骨病"。自古英雄多磨难，他们需要社会的历练，需要风雨的吹打，让他们变得更坚强、更勇敢。

人应该有理想、有抱负，积极进取，勇于搏击，理想和抱负是个体对未来美好前景的一种憧憬，是一个人前进的方向、奋斗的目标，也是一个人追求上进的不竭动力。古今中外，但凡对人类做出过重大贡献的人，都是有远大抱负，勤勉奋进，富有进取心的人。

如果把成功比作大厦，那么顽强的意志、坚韧不拔的毅力，就是大厦的柱石。

意志对人来讲，比天资聪颖更重要。因为，一切事业的成功，绝不是一帆风顺的，而要经历千辛万苦，克服重重困难才能实现。如古人所言的"宝剑锋从磨砺出，梅花香自苦寒来"就是这个道理。而对于孩子而言，没有进取精神就无法拥有幸福的未来，而没有一个进取精神的爸爸，也难以培养进取的孩子。

东子给爸爸们的建议

一、爸爸要有不惧失败的精神

人人期待成功，而成功不能没有失败。所以，爸爸要有一种不惧失败的精神。这包括了两方面的内容，一是激励孩子不惧失败，二是自己不惧失败。在追求成功的过程中，要做好失败的准备。人生不可能次次成功，但要从失败中走出来，逃避失败就意味着放弃成功的可能。做任何事情，只要努力去做，不怕失败，就会有成功的希望。

有这样一个故事：人们正要填一口枯井的时候，一头毛驴掉到了井里。井很深，那头驴子又很老，人们想尽办法，也没能把驴子拉出来，尽管驴子哀怜地求救叫喊。无奈之下，人们还是决定埋了它。当第一铲泥土落在枯井中时，驴子叫得更响了，它显然明白了人们的意图。可是，当第二铲泥土落到它背上的时候，驴子却出乎意料地安静了。人们发现，此后每一铲泥土落到它背上的时候，驴子都在做一件惊人的事情：它努力抖搂背上的泥土，把它们踩在脚下，让自己登高一点。人们不断地把泥土往枯井里铲，驴子也就不停地抖落并把它们踩在脚下。就这样，驴子随着泥土的抖搂不断登高，最后竟在人们惊奇的目光中潇潇洒洒地走出了枯井。

假如你现在也身处"枯井"，求救的哀鸣也许换来的只是埋葬你的泥土，可驴子教会了我们，走出绝境的秘诀是拼命抖搂掉在身上的泥土，使之成为自己的台阶。

以上故事，教会了我们如何面对挫折而不气馁，保持积极进取的不惧失败的精神。家长不惧失败、愈挫愈勇，孩子方能好学上进、百折不挠。

爸爸是家庭中的力量与权威人物，不惧失败，全家都要向爸爸看齐。危险

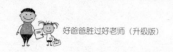

来了，爸爸要冲在前面；重活来了，爸爸要干在前面；困难来了，爸爸要想在前面……尤其是家庭中的大型任务，爸爸的首当其冲给孩子的感召力是无法用语言形容的。爸爸的汗水，爸爸的苦累，爸爸的反复尝试等，孩子看在眼里，记在心里。

除却自身的积极影响，家长还要激励孩子积极进取，鼓励孩子不怕困难，要教育孩子在追求进取的过程中，做好失败的准备。越野赛要给孩子打气，同时告诉孩子，即使跑在最后也要坚持到底，坚持就是胜利。每一次大考小考失败了，除了安慰孩子，还要激励孩子勇敢地爬起来，准备下一次冲刺。孩子一生中不可能总与成功相伴，逃避失败就意味着放弃成功。做任何事情，只要努力去做，不怕失败，就有成功的希望。

二、勇于冒险的胆识

对许多事情，成功与失败仅一步之遥，关键在于你是否敢于跨越这一步。逃避失败是获取成功的天敌，对新事物的探索就要甘愿冒犯错误的风险。

德国物理学家普朗克首次提出了"能量子假说"，这是一个革命性的发现，但是，由于胆怯，他没有进一步发展量子理论，反而长时间对自己的理论抱怀疑态度，并力图调和"能量子假说"与古典物理学的矛盾。他曾对儿子说："我曾觉得要么我做出一个头等重要的发现，可以同牛顿的发现相媲美，要么可能会证明我大错特错。"然而，面对这种选择，他后退了，他对自己的心态进行剖析时说："我所做的事情可以简单地叫作孤注一掷的行动。我生性喜欢平和，不愿进行任何吉凶未卜的冒险。"

普朗克这一人格弱点，使其放弃了更卓越的成功。马克思曾精辟地指出："在科学的入口处，正像在地狱的入口处一样，必须根绝一切犹豫，任何怯懦都无济于事。"所以，在追求成就的过程中，勇于冒险的胆识是必不可少的。

作为家长，应该鼓励孩子的冒险精神，教导孩子不要怕困难，只要有成功的可能性就不要放弃努力。但是，在目前的教育中，许多家长强调"无错教育"，这种教育观念就是不允许孩子出错，过于强调正确性。使孩子在片面追求正确性的同时，也丧失了探索的欲望。因为许多探索都是没有把握的，"不做无把握的事"使孩子不敢去冒险，也就断送了创新。

例如，在孩子解一道题时，他可以搬用教师讲课时的解题程序，正确无误地回答问题。孩子可能会发现还有一种与老师不同的解题方法，但孩子对此种解题方法的正确与否一时无法确定。一旦解题方法是错误的，他就有可能受到父母的指责。作为家长不要用100分来衡量孩子的学习好坏，要看孩子是否有勇于探索的勇气。其实，很大程度上，成功之人与平庸之人的差异，就在于是否敢于冒险。

三、爸爸要有进取精神

做家长的应该明白，当我们教育孩子时，要先看看自己是否正在身体力行地实践着这些道理。孩子也在察言观色，他们会从我们身上学习。有的时候，孩子做作业累了，抬起头来看到我们在玩牌、在喝酒、在闲聊，他的学习意志也会减弱；如果他看到的是父母仍在忙于工作上的事情，或为家庭而劳作，孩子也会珍惜自己的学习时间。

在我的家里就是这样，我和妻子都是不断进取的人。我们从农村出来，一路打拼并在城里立足，从不敢懈怠。每天忙于工作，在家里除了陪孩子玩耍，大部分时间是手里有书报在读。我们不抽烟不喝酒，更不在平日里聚集朋友打麻将，电视也是很有针对性地看，所以家里大部分时间是安静的。每天晚上我们和依依一起读书，然后一起讨论。受我们的影响，孩子自小就喜欢阅读，勤于思考爱学习。

可有些家长为了孩子，却丢掉了自己。为了更好地督促孩子学习，他们辞去了工作看护着孩子，结果，孩子反而更加消极、懒惰。抛开其他因素不谈，家长丢掉了自己的工作，就是给孩子树立了一个没有进取心的另类榜样。

作为社会角色，进取心可以从每天的工作中体现。心怀一颗进取之心，你才会积极认真地对待工作，工作态度往往会比工作本身更重要，因为态度决定成败。

有其父必有其子。爸爸积极进取，孩子自会勤勉上进。

"好爸爸"要慎言承诺

对于老师和父母的承诺，孩子一定从说出承诺的那一刻起，就一直在期盼着什么时候能兑现。兑现承诺是对孩子最好尊重。

春秋战国时，秦国的商鞅在秦孝公的支持下主持变法。当时正处于战争频繁、人心惶惶之际，为了树立威信，推进改革，商鞅下令在都城南门外立一根三丈长的木头，并当众许下诺言：谁能把这根木头搬到北门，赏金十两。围观的人不相信如此轻而易举的事能得到如此高的赏赐，结果没人肯出手一试。于是，商鞅将赏金提高到50金。重赏之下必有勇夫，终于有人站起将木头扛到了北门。商鞅立即赏了他50金。商鞅这一举动，在百姓心中树立起了威信，而商鞅接下来的变法就很快在秦国推广开了。新法使秦国日渐强盛，最终统一了中国。

而同样在商鞅"立木为信"的地方，在早它400年以前，却曾发生过一场令人啼笑皆非的"烽火戏诸侯"的闹剧。周幽王有个宠妃叫褒姒，为博取她的一笑，周幽王下令在都城附近20多座烽火台上点起烽火——烽火是边关报警的信号，只有在外敌入侵需召诸侯来救援的时候才能点燃。结果诸侯们见到烽火，率领兵将们匆匆赶到，知道这是君王为博妻一笑的花招后又愤然离去。褒姒看到平日威仪赫赫的诸侯们手足无措的样子，终于开心一笑。五年后，外寇大举攻周，幽王烽火再燃而诸侯未到——谁也不愿再上第二次当了。结果幽王被逼自刎而褒姒也被俘虏。

一个"立木取信"，一诺千金；一个"烽火博笑"，戏玩失信。结果前者变法成功，国强势壮；后者自取其辱，身死国亡。可见，"信"对一个国家的兴衰存亡起着非常重要的作用。然而，"诺"对于一个孩子的成长与发展也不容忽视。

你一定有过这样的经历：一个月前，老板说要给你加薪，为此你兴奋、期待，并以二十倍的热情努力工作着，但是至今，你的工资分文未涨。你也一定做过这样的事：孩子想要买一架遥控飞机，你当时答应了，可是最终这个承诺你没有兑现。作为前者，你郁闷、生气，甚至可能丧失工作热情；可是，作为后者，你是否想过孩子在想什么？

不要以为孩子受到的伤害比你要小，也不要以为孩子面对失信时的承受力比你要大，更不要忘记孩子有样学样，将来他所做的事有可能就是你的翻版。因此，虽然承诺是每个人都常做的事，可是对孩子，如果自问不能"言必信，行必果"，就不要轻易承诺。

子曰："古者言之不出，耻躬之不逮也。"这句话的意思是说："古代人不轻易把话说出口，因为他们以自己做不到为可耻啊。"我们也应该像古人一样，做出的承诺就要做到。如果不能做到，就别轻易地乱说话。

东子给爸爸们的建议

一、兑现承诺是对孩子的尊重

孩子虽小，但他却是一个独立的、完整的个体，他有自己的思想，能明辨基本是非。对父母承诺过自己的事情，常是个有心的"收藏家"。父母答应孩子的事就要做到，如果兑现不了，应及时给孩子解释，向孩子道歉，让孩子有一种被人尊重的感觉，使他幼小的心灵不受伤害。

女儿依依5岁的一天傍晚，我正忙着写作，孩子来到我身边说想去动物园，我随口答应道："好啊，等周日爸爸带你去。"听到我的肯定答复，依依蹦蹦跳跳地回房间玩去了。周日那天早上，女儿早早就起了床，饭后，见我依然忙碌着，就问我："爸爸，我们什么时候走啊？"

"啊，干啥去？"

"去动物园啊！"听了这话，我猛然想起上周对女儿许下的诺言，我像做错了事的孩子一样，向她道了歉，然后推掉了上午的工作，带孩子去了动物园。

其实，原本我并没有想带女儿去动物园，说周日带她去只是一个托词和缓兵之计，心想小孩子记不住事，很快就会忘掉这个承诺。由此将其打发了事。没想到女儿竟牢牢记住了我的话，一直都在等待我兑现诺言。孩子给我上了一课：成人间的交往注重言而有信，对孩子也要一言九鼎，不能食言。

说话算话是孩子都知道的事情，家长怎么会言而无信？答应了孩子的事情，一定要做到，做不到就一定要有说得过去、能让孩子理解接受的理由，千万不能敷衍搪塞，甚至用说谎欺骗去蒙混孩子。兑现承诺是对孩子的最好尊重。

二、践行诺言是一种力量

有一个幼儿园教师，讲述了一个关于承诺的故事：

"老师老师，你看我和妈妈一起做的，是美丽的春天。"早晨，思雯兴高采烈地拿着一幅画跑到我面前说道。我一看，露出了赞赏的表情："这么美丽的春天，是你和妈妈一起做的吗？真是太漂亮了，等会儿老师帮你贴到外面去！"她笑眯眯地说："是啊，我和妈妈做了好长时间呢，老师，等会儿你也会给我五角星的，对吧？"对于完成这次制作任务的小朋友我都奖了五角星。我微笑着摸摸她的头说："会的，你和妈妈制作了这么好的作品，老师肯定会奖给你五角星的！"

本想抽空把五角星奖给她，谁知因为一些琐事，我便忘记了这件事情。放学时，她显得闷闷不乐，眼睛还时不时地看看我。当她奶奶来接她时，她没有像往常一样跟着奶奶就走，不时地在我面前晃悠，我因忙于回答一个家长的问题而没有去询问她原因。后来，她在奶奶的多次催促下才不情愿地离开了幼儿园。

第二天又是来园时间，思雯没有像昨天一样很开心地自己进来，而是由妈妈陪着进来的，我想一定有什么事，于是我说道："思雯很棒的，有事说了老师才可以帮你解决呀。"听了我的话，她思考了半天终于低着头小声地说："老师，昨天你说过要奖给我一颗五角星的，可你没有给我，上次你也忘记过的。"

她妈妈在旁边有些难为情地说道："我告诉过她了，没有拿到就算了，可她偏不肯。"顿时，我心头一热，感到十分惭愧，马上说道："思雯，真对不起，是老师的错，现在我就把五角星奖给你。"说着，我立刻从篮子里拿出一颗红红的五角星贴在了她的胸前，几乎是立刻的，我发现她脸上绽放出了笑容，放开妈妈的手，到教室里和小朋友一起开心地玩了起来。

老师和家长对于孩子而言，是无所不能的，也是最信赖的。对于他们的承诺，孩子一定从说出承诺的那一刻起，就一直在期盼着什么时候能兑现。像这件事也许在大人眼里并不算什么，但对孩子而言却非同一般，因为那是他信赖的人对他的肯定，这对他而言是一种力量。

有一个孩子在他的一篇作文中写道：期中考试他的数学考了 100 分，爸爸答应送给他一辆自行车，结果因资金紧张而"流产"。还有一次期末考试，一个孩子语文考了 95 分，妈妈答应带他去吃肯德基，结果又没有兑现。"爸爸、妈妈，你们总教育我别说谎，可你们为什么总不兑现自己的诺言呢？"这是孩子的心声。

仔细想想孩子的话是有一定的道理的。现在很多家长为了让孩子好好学习，经常给孩子一些承诺。这在一定程度上确实奏效，但家长往往在达到目的的时候，常把自己的承诺忘得一干二净。家长也许只是顺嘴说说，但孩子是认真的，不兑现诺言的结果是教会了孩子不诚信，使孩子学会了答应别人的事情可以不去做。

只有履行自己的诺言，爸爸的威信才能树立起来。然而，在现实生活中，有些爸爸对孩子的许诺很大程度上带有盲目性、应付性，甚至欺骗性，这往往对孩子的成长造成极大的伤害，也会导致其在孩子心中的威信下降。还会使孩子错误地认为，对谁都可以随便说话和承诺，反正说了无须负责。

事实上，爸爸是爱孩子的，爸爸的承诺是真心诚恳的。答应孩子周末去海边戏水或看场电影，爸爸是真心要陪孩子娱乐放松的，但到了时候却因事碍难成行。此时的爸爸，不能以事由为借口，对承诺的事不管不顾，以为孩子会理解自己有事，就该做什么做什么。小孩子很较真，爸爸临时有事应该有个交代，也应该给孩子一个延时期待，时间允许的话尽快将此补上。

如果当初承诺时是随口说说，而后又随意违背承诺，孩子今后便不会听信我们的话，因为他们会觉得我们在欺骗他们。长此以往，爸爸说的任何话都会在孩子的心中自然大打折扣，严重影响爸爸的教育效果和力度。

三、要牢记对孩子许诺的原则

许诺得当能引发孩子的积极性，许诺不得当会给孩子带来伤害或养成坏毛病。所以，在对孩子许诺之前，一定要认真考虑该不该许诺，如何许诺。东子根据十多年做爸爸的体会，总结出以下几点，供大家参考。

孩子该做的事情不许诺：家长对孩子的许诺要把握分寸，不该答应的事，

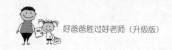

一定要坚持原则。比如，孩子从事吃饭、穿衣等自我服务性的劳动，或帮家里做些力所能及的家务活，这是孩子应该承担的义务。有的家长不太了解劳动的目的，认为只要孩子做了就应该奖励，这样做的后果是滋长了孩子斤斤计较的毛病。

做不到的事情不许诺：家长在向孩子许诺之前一定要三思，不能言而无信，答应孩子的事情就一定要做到。有的孩子提出了一些家长办不到的事情，比如说要给孩子买与自己家庭消费相差极大的物件，父母暂时做不到，就要明确告诉孩子这是不可能的。不可为了暂时缓和与孩子的矛盾而答应孩子，又做不到，孩子会认为父母在哄骗自己。

孩子的不合理要求不许诺：家长由于一时性起，往往喜欢说："你要什么，爸爸妈妈都答应你。"这时孩子往往会随心所欲，提出一些不合理的要求。有的孩子在大庭广众之下，也喜欢撒泼来要挟父母，在这样的情况下一旦答应，孩子以后就会得寸进尺。

"不要轻率做承诺，记住，当诺言没有兑现时，我会非常失望。"这是孩子们的心声。因此，在做承诺之初，父母应首先想清楚，自己能不能做得到？做不到的，不要轻易答应孩子，答应的则要尽力信守诺言。

一诺千金。

做一个信守承诺的爸爸，因为孩子从承诺中，会获得安全、信赖和目标，日后也必能成为一个重信诺、负责任、有追求的人。

以诚信立世

诚信是立人之本，它关系到孩子的性格塑造、交际局面、发展机会，甚至影响着孩子对未来的适应和发展，是人生的重要通行证。

何谓诚信？诚信就是诚实守信，诚实即说老实话，办老实事；守信即遵守诺言，实现诺言。"言必信，行必果""一言既出，驷马难追"这些流传了千百年的古语，都形象地表达了中华民族诚实守信的品质。

"民无信不立，家无信不睦，国无信不兴。"诚信作为人类文化的道德范畴，它是为人最重要的品德，是一个社会生存和发展的基础，是和谐社会的桥梁。诚信是完美人格不可或缺的重要组成部分。

近日，我国某市对6所小学的14个班级、600余名学生进行问卷调查。调查结果显示：85%的小学生承认自己说过谎话，80%的小学生曾抄过别人的作业；75%的父母有过不诚信行为。

此外，该市还对500名中学生的调查表明：75%的人不能按时按地点赴约；65%的人厌烦公益劳动，要借故缺席；60%的人承认说过谎；45%的人曾经编造借口，不做课间操和上体育课。

诚信是处理个人与社会，个人与个人之间相互关系的基础。千百年来，这一切在中国传统的道德教育中都是突出了再突出的，但到今天，这一向被奉为经典的传统道德，正面临着前所未有的冲击和考验，并且有不断滋生蔓延的趋势。用一句"诚信危机"来概括当今社会并不为过。

在这场"诚信危机"中，许多孩子也不能幸免。由于受各种不良因素的影响，不少孩子的诚信观念比较淡薄，他们不懂装懂、抄袭作业、考试作弊、撒谎、欺骗老师和家长，说了不做，以种种理由逃避学习。违纪犯错时，隐瞒事实真相，编造谎言；在父母、老师面前频频许诺，但又屡不兑现等不诚信行为时有发生。

现在的家长只关心孩子的学习成绩却忽视诚信教育，是许多家庭教育子女中普遍存在的问题，有相当普遍的家长在应试教育思想的影响下，为了能使孩子进入重点中学，考上理想大学，只重智育，却忽视了对孩子的诚信教育。孩子不好好学习，是家长最棘手的问题；孩子的功课分数，是家长最关心、最敏

感的话题。于是，"学习至上，成绩至上"也就成了孩子的唯一目标，诚信不诚信倒无所谓。甚至有些学生为了满足家长的意愿，考试时抄袭，考差了回家撒谎或涂改成绩单。

孩子的心灵是一张白纸，画上什么就是什么。所以，父母手里的笔最好别沾染上污色。为了让孩子成为一个诚信有责的人，为了孩子的心灵不蒙上灰尘，请父母努力做一个诚信有责、言而有信的人……

作为爸爸，无论你是一介草民，还是一职高官；无论你是商界精英，还是贫民小贩，你对孩子同等重要。爸爸的诚信在某种程度上是男人的价值，孩子也以此评价爸爸的人品或者社会角色。尽管你是一个成功人士，一旦让孩子发现你不诚信，你也不是个好爸爸；尽管你平凡得不能再平凡，孩子也会因为你的诚信而骄傲，有的孩子终生以爸爸这份美德为榜样。

诚信是立人之本，它关系到孩子的性格塑造、交际局面、发展机会，甚至影响着孩子对未来的适应和发展，是人生的重要通行证。

东子给爸爸们的建议

一、家长身教要起到榜样的作用

有其父必有其子，家长的不良身教会给孩子带来直接的影响。试想一个言而无信的爸爸又怎会教出一个诚信待人的孩子呢？

影响孩子诚信观的因素是多方面的，但其中家庭是重要的方面。家庭教育不仅是孩子诚信教育的基础，而且是主导，其他都是辅助，都是补充。学校特别是社会都有不够完善之处，往往有一些消极因素影响。

如果把教育比作洗礼年轻一代的战争，那么社会就似战场，学校就如训练基地，家庭好比根据地。如果年轻一代在根据地有很好的储备——家庭教育好，则对争夺战的胜利起到保障和促进作用。所以，加强中小学生的诚信教育必须从家庭着手，从家长自身做起。

有的爸爸教孩子要勤奋学习，不要贪玩，自己却夜夜扑在麻将桌上玩；有的家长教孩子要文明，不要吵架、斗殴，而他们夫妻之间却打骂不断；有的家长教孩子要诚实、不要弄虚作假，而他们自己却常常当着孩子的面，做一些弄虚作假的丑事……如此的家教之下的孩子能讲诚信吗？从深层次上来说这是家长教育理念的缺失。

曾看过这样一个故事：迈克带着他三个兴高采烈的孩子来到剧院的售票处。"嘿！我要买4张票，1张大人票，3张儿童票。"他对售票的小伙子说道。"先生，6岁以上的孩子要半票，6岁以下的孩子可以免费入场。""那就买两张票，我最大的孩子杰尔斯今天刚好6岁，其余的两个是4岁的双胞胎。"售票的小伙子将戏票递给迈克，忽然笑着说道："其实，你如果不说，我根本看不出你的孩子是否超过6岁。"

"可是，我的孩子们知道。"迈克正色说。

东子也有类似的经历。依依6岁时，我们全家去逛商场。乘车时用的是公交卡，上车时我只刷了"嘟、嘟"两下便往里走，女儿当着众人面高喊："爸爸，你还没给我刷卡呢！"

"你还小。"我轻声解释。

"我都超过1.10米了。"

当时我和司机都没在意，女儿却很执着。于是，我们一量孩子果然超过1.10米了，我反身又回去刷了一遍卡。事后，我拍拍女儿的肩膀说："宝宝长大了，是个诚实的好孩子。"

二、不可忽视诚信教育

有一位女同学，把在校园里捡到的一块手表藏在书包里打算带回家，老师发现了就给她讲道理，她却理直气壮地说："我爸爸说了，捡到的东西就是自己的。"于是，老师找来了她的家长，提醒他们要注意自己的一言一行，培养孩子诚实守信的品德。没想到老师的话没有激起这对夫妇什么反应，可说到他们的孩子最近学习不太好时，父亲的情绪顿时激动起来，"孩子小偷小摸不算什么，长大了会改的，学习不好可不行。"这种"以分为本"的观念如今似乎很普遍，无论是家长还是一些教师，长期以来强调的是智育，即获得高的分数，

进入好的学校。而忽视孩子的德育，认为此类东西对于我们培养的孩子来讲可以缓行。殊不知，孩子得是先做人，后成才的。

人是社会的人，孩子亦是社会群体的一员，同样受社会各种思潮和现象的影响。社会的不诚信之事，久而久之自然会影响到大家，未成年的孩子更是难逃其害。如果家长再忽略诚信教育，孩子就会在这条路上越走越远。

三、信用是联结人与人的纽带

所有人际关系都是以信用为基础来开始和维持的。信用消失，人际关系也会崩塌；没有信用，你就会在所有场合受到别人的排斥。

法国作家巴尔扎克曾说："如果你要成为一个有出息的人，你必须把诺言视为第二宗教，遵守诺言就像保卫你的荣誉一样。"由此可见，诚信具有很大的潜在价值。

德国的教育心理学家普遍认为，在青少年教育体系里，家庭是道德教育的重要场所，父母则是孩子的道德教育的启蒙者。德国家长也非常注重为孩子营造一个真诚的氛围。家长们普遍遵守这样一个原则：教育孩子诚实守信，家长必须做出榜样。

同样是"二战"战败国的日本，诚信教育几乎贯穿人的一生。在家庭中父母经常教育孩子"不许撒谎"，到学校里耳濡目染的是"诚实"二字，在公司里"诚信"几乎是普遍的经营理念，很多学校的校训都有"诚信"二字。

日本学校有一种伦理课，诚实、善良、向上、奉献、谦让、名誉、正义是该课程的主要内容。日本中小学生每人都有一本道德手册，名为"心的笔记"。这本道德手册用通俗易懂的语言，记载着各种道德规范，其中诚实是重要内容之一。

家庭是培养孩子人格的摇篮，父母是孩子最近的老师，父母的一言一行都会对孩子产生极大的影响。由此可见，要培养诚实的孩子，首先父母要言行一致，不说谎，不欺骗，信守诺言。

诚信立世，幸福久远。

身教无言力千钧

身教之所以影响重大，因为身教能够使学习者直接在行为上有了模仿的范例。

何谓身教？身教即是通过教育者行为和态度的自然表征对他人产生的影响，它是相对于言教而言的。言教是教育的一种最主要最普遍的教育形式和手段，是单向的"教"的过程，是启发孩子主动地体验、感悟世界，是孩子作为被动者接受，并获得的间接经验。

而身教的根本是以身作则，注重用自己的实际行动影响教育孩子，身教的教育效果要高于言教，其道理在于身教作为一种行为示范作用于孩子，是孩子作为一个主体主动体验、模仿、感悟而获得的直接经验。言传可以让孩子认识几千个单词，几百首古诗词，掌握计算技能等；但对一个人健康成长影响最大的行为规范、道德情操、意志品质、人生观、价值观和世界观，是无法通过言传来"速成"的，它们只有通过父母、家人及师长的以身作则、潜移默化，才能深深地植根于孩子的心灵之中。所以，我们说"身教重于言教"。

在人的一生的成长过程中，教授过自己知识的老师有很多，但是他的启蒙老师只有他的父母。无论是孩子的咿呀学语，还是孩子的蹒跚学步，无一不渗透着父母的心血。因此，父母的言行举止在孩子幼小的心灵中，最能打下深刻的烙印。我们常说家长是孩子的第一任老师，这话不假，但我要说的是，家长不仅是孩子的第一任老师，而且是孩子的终身老师。

家庭是孩子成长的第一个小型社会团体，在家庭中孩子学习、发展他的认知及行为。父母的言谈举止自然而然成为孩子模仿的对象，对孩子来说，榜样是最好的激励。大家都很熟悉这样一则公益广告：

一位年轻妈妈不顾一天的疲劳，下班后给自己年迈的母亲洗脚，被自己的儿子看见。不一会儿，这个年龄幼小的孩子，踩着板凳接了一盆水，也端来请妈妈洗脚。

虽然情节简单，但蕴含了一个深刻的道理——身教重于言教！

东子给爸爸们的建议

一、身教无言力千钧

高喊一千遍口号，不如以身作则的一个具体的行动。我曾见过两则这样的报道：

其一，200年前，美国有一个叫加纳塞的人，此人博学多才，十分注重自身修养，对子女教育也十分重视。200年来这个家族已传8代，其中13人担任过大学校长，100人担任过大学教授，18人成为文学家，1人当上副总统，2人出任大使，20多人担任议员，18人成为报纸杂志总编辑。在长达两个世纪中，竟没有一人被关押、逮捕、判刑。

其二，也是在200多年前的纽约州，有个叫朱克的人，是一个不务正业的酒鬼、赌徒，对子女不教不管。这个家庭繁衍至今也是8代，其中200多人成为乞丐和流浪者，有些人由于生活无着落客死他乡。子孙中有7人因杀人被判死刑，而因狂欢夭亡或成为残废者多达300人。

由此可见，父母的言行是无字的教科书，家长的日常生活修养、言行举止、行为习惯，对孩子都能起到润物细无声的作用。

俗话说：近朱者赤，近墨者黑。父母和孩子在同一个屋檐下生活，其近自不必说，那么父母是"朱"还是"墨"呢？俗话又讲：孩子是父母的影子，父母是孩子的镜子；有其父必有其子。可见父母对孩子的重要。所以不管父母是"朱"还是"墨"，他们的榜样力量都是无穷的。试想，那些整天沉湎于打麻将、喝酒、交际应酬的父母，其在孩子眼中的威望会有多高？其对孩子的说服力能有多大？其结果必然是上行下效，孩子不爱学习，迷恋于玩乐。

最近，媒体上报道了不少调查研究成果，向世人发出警示：据统计，不少家庭尽管生活条件颇为丰裕，高档家用电器琳琅满目，却闻不到"书"香，更谈不上"书卷气"。有一半家庭没有书橱，甚至有四分之一的家庭连个书架也没有。有的父母只要求子女"好好学习"，却不要求自己"天天向上"，这怎么能行呢？在这样缺乏文化的家庭环境里，孩子怎能有大的长进呢？其实，一个人的成长规律中，其素质养成、人格培养与良好的家庭氛围有着直接的关系。

如果家长在家自由自在地看武打、言情录像片，叫孩子闭门读书，孩子能读下去吗？如果家长沉醉于打麻将、玩游戏，而叫孩子去好好学习，孩子又怎能学得进去呢？不良的家庭氛围，对孩子的成长也起着不可忽视的负面作用。

正所谓：正衣先正冠，正人先正己。要教育孩子，就要管好自己，以自己的行动去影响孩子。

二、喊破嗓子不如做出样子

马路上，一个年轻的爸爸领着一个四五岁大的儿子。儿子买了一根冰棒，顺手将冰棒纸扔在了车水马龙的大街上。年轻的爸爸马上停下脚步，弯下身子，拾起了冰棒纸，儿子回头看了看爸爸，没作声。爸爸手拿着冰棒纸一直往前走，"爸爸，你捡冰棒纸做什么？"儿子不解地问。爸爸不作声，继续往前走，走了好一段路，终于看到了个果皮箱，爸爸从容地将冰棒纸塞了进去，然后他看着幼小的儿子，儿子忽闪着大眼睛说："爸爸，我知道了，下次我要把冰棒纸扔到果皮箱里。"

"对了，不但是冰棒纸，还有废纸、果皮等垃圾都不能随地乱扔，不但污染环境，还容易被人不心踩到了摔倒。"爸爸语重心长地说。儿子信服地点了点头。

社会公德，人人遵守。作为家长，我们该如何教育影响下一代呢？孩子就像一卷洁白的锦缎，就看我们是要"锦上添花"还是"听之任之"，如果"听之任之"，那这块白锦就可能"胡乱涂鸦"而"污浊不堪"；如果想"锦上添花"，那父母就要以身作则。所以，父母要注意自己的言行，要培养"知荣明耻"的下一代，就要从我做起，不断提高自身的素质，做孩子的榜样。"不积跬步，无以至千里；不积小流，无以成江海。"，试想连最起码的社会公德都没有的人，又何以担负起教育培养我们下一代的重任呢？一屋不扫又何以扫天下呢？

喊破嗓子不如做出样子，孩子在注视着我们，我们做什么比我们说什么更有力量。我们做出了率直的榜样，孩子就会诚实；我们用爱环绕着他们，他们就会去爱世界；我们善于谅解，他们就会宽容；我们用微笑对待生活，他们就会懂得乐观；我们感谢他人的祝福，他们就会对生活满怀欣喜；我们表示友好，他们就会更加和善；我们的言辞中充满进取，他们就会奋发有为；我们勇敢地面对挫折和失败，他们就能学会顽强地生活；我们的行为像个英雄，他们就会成为勇士……

身教之所以影响重大，是因为身教能够使学习者直接在行为上有了模仿的范例。学习者在遇到同样事务时，会很自然地按照身教者的行为习惯去做。

三、上行下效做孩子引路人

在孩子的成长过程中，家长的一言一行都被孩子看在眼里，记在心里。家长给孩子灌输什么样的思想，给孩子做出什么样的示范，孩子都会无条件地全盘吸收。正所谓"上行下效"，我们对父母关心体贴，孩子也会对我们关心体贴。

东子自言孝子唯恐不妥，但是我经常携妻带子回老家看望父母，这是所有乡邻尽知的事，当然每次都要买些老人喜欢吃的用的，临行还要给老人留点钱。我在外生活 30 余载，回老家的次数有 100 多次，即便是我在海口、重庆、西安和杭州工作时，每年也至少回家一次。在长春工作期间，几乎隔一个月我就跑回去看看二老。有时我忙不过来，就让妻子带孩子回乡下看望父母。所以，依依对爷爷奶奶、对乡亲一直有着深厚的感情。同时，孩子也把我们对父母的爱，回馈给我们，让我们体验到来自女儿的爱。

事实证明，家长对父母是否孝顺将直接影响到孩子的态度。有一对中年夫妇对年迈的父母很不孝顺，他们把老人赶到一间破旧的小房间里居住，每顿饭用小木碗盛一些残渣剩饭给老人。一天，他们看到自己的儿子在雕刻一块木头，就问孩子刻的什么，孩子说："刻木碗，等你们年纪大时好用。"这时，这对中年夫妇猛然醒悟，立即把自己的父母请回正屋同自己一起居住，扔掉了那只小木碗，拿出家里最好吃的东西给老人吃。受此影响孩子也改变了对他们的态度，从此一家三代和睦生活。

要让孩子在生活中体验亲情带给自己的愉悦体验，从而强化良好的行为，逐渐养成好习惯。我时常告诉依依，要注意一些具体细致的小事。如关心别人，站在别人的角度换位思考，体会别人的感受；帮大人做事，替大人分担家务；经常打电话问候爷爷奶奶；父母下班回家，给父母倒杯茶、捶捶背……

除了要做好榜样和示范之外，教育子女的态度，也是一种身教。有些做爸爸的，他们的言行和为人都很好；但对其孩子小时候的错误，未能及时予以纠正，纵容其不当行为，以致长大后，缺乏规矩，任性顽劣。其实，纵容不当行为的本身，就是错误的身教。

因轮奸犯罪的少年李天一的成长就是这样。老来得子的李双江对孩子一贯是娇惯溺爱，为了满足儿子对车的兴趣，他常把车开到院子的空场上，把才几岁的儿子放在自己的怀里，一起坐在驾驶的位置上，当起了汽车教练。随着他的口令，儿子一边握着方向盘，一边挂挡、加油、倒车……以至于后来就有了一个没有驾照的孩童驾车上路并行凶伤人的事。

据李双江的邻居说，自小李天一在院子里就是有名的霸王，经常欺负比他小的孩子。经常晚上开宝马去酒吧玩，总是半夜两点多才回来。冰冻三尺，非一日之寒，李氏夫妇的溺爱也非一两天之事，正是他们的包庇纵容的教养态度，才把孩子推进了罪恶的深渊。

父母和家人的喜怒哀乐、价值判断，以及对事物的态度，都在行动中表露无遗，孩子就直接从中学习过来。它的特质是拷贝，而不仅是模仿而已。孩子很容易认同父母，认同的心路历程是全盘接受，毫不自觉地把它拷贝过来；至于模仿则是经过有意识的学习才获得的。父母的身教，透过认同和模仿来进行，但前者显然要比后者占的分量还多。

"你想怎么获得，就先怎么栽。"这是一代哲学大师胡适先生说的。对于农民出身的东子，对此深信不疑，因为它很符合因果观念。大人如果缺乏公义、好逸恶劳、贪图利益、不肯学习，那么下一代会是如何，显然可以预见。因此，要想有好的教育结果，就得先具备好的身教。

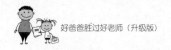

其身正不令而行

父母的真正权威来自他们的人格魅力，得益于他们的人格影响力。

子曰："其身正，不令而行；其身不正，虽令不从。"孔子的意思是，本身品行端正，就是不发命令，人民也会照着去做；本身品行不正，即使发布命令，人民也不会听从。结论是身教非常重要，它比言教更容易被人接受。

儒家学说在治理国家、管理军队时强调德治、礼治。儒家认为只有贤人、君子和圣人，才能充当国家和军队的管理者或领导者。真正的贤人君子是德才兼备者，在"德"中人格最为重要。

一个人威信的产生和影响力的获得，是多种因素的综合体现，其中最重要的是道德品质、工作作风以及由此而表现出来的人格力量。东子认为这个道理同样也可用于现代家庭教育中。

父母的真正权威来自于他的人格魅力，得益于他的人格影响力。要想成为合格的爸爸，仅仅具有先天所具备的神圣的"父亲""母亲"称号是不够的，还必须具有合格家长应该具备的个人品德和才能，应受到孩子的尊敬和佩服。人格影响力是指爸爸的优良的道德品质、工作作风、勤俭持家、尊老爱幼、诚实守信、大公无私等要素所形成的影响力。实践证明，爸爸的人格影响力是子女品格形成的原动力。

"学高为师，身正为范"，这是所有教师所遵循的，教师的"为人师表"是对学生身教的直接表现。同理，作为家庭教育工作者的家长，也必须遵循这一点，尤其是后者。也就是说家长的思想和行为，应该对子女起表率作用。俗话说：上梁不正下梁歪。要使你的孩子"正"，必须要从"正己"开始，起好表率的作用。

东子给爸爸们的建议

一、前有车才后有辙

前文我已经不止一次地提到"父母不仅仅是孩子的第一任老师，而且是终身的老师。"父母的一言一行、一举一动，都要给孩子做出榜样。据对成功人士的调查表明：对其一生发展影响最大的当属父母。同样，对犯人的调查也表明：对其一生犯罪影响最大的也是父母。家庭是每个人走向社会的窗口，家庭环境和父母对子女的教育方式，是影响个体发展的重要因素。

有一个年轻人讲述了，因为父母品行不端，缺乏正直的作为，而迫使自己身受其害的故事：

看完 2014 年"3·15 晚会"国美那段特有感触，看的时候父母骂声连连，我知道因为作为消费者关系到他们自己的利益。但是轮到自己，就拿我上学期间打工做促销来说，碰到许多类似的问题，跟父母交流过，他们的态度很明确，以下是原话："咱不管别人，只要自己拿得多才好，谁拿得多谁聪明，不拿就是傻子，给他们（指消费者）更傻！"

还有比如学校的补助，实话说我家经济状况真还没到那种程度，他们就让我挤着名额往上报，还说平时尽量装得低调点，花钱别让人看见，最终能拿到钱最重要，能拿到才是真本事。说实话我刚开始脸红会硬撑，但是当拿到钱后，就觉得心里很不是滋味，因为我得到的钱应该是属于那些贫困生的，可爸爸妈妈则会大肆表扬，夸赞我"有本事"。

小时候一直受着这样的教育，每次照着他们所说的去做"那些事"，成功后都会被表扬，但如果"正直"而不去做，则会被他们骂是傻是笨。所以从小我就觉得做那些事都是应该的，而且自己能做到说明自己聪明，能得到更多的称赞。

但是现在长大了，在为人处世上，碰壁后才开始有了反思。比如，我不能取得朋友的长期信任，擅长快速谋取短期利益，但是并不能维持长期利益。我知道由于我不正直的"人格"失去了很多原有的信任，潜意识里也知道什么是所谓的不道德，但是那种"观念"好像根深蒂固一样，我觉得自己是那么肮脏、丑陋，以不正当手段获取利益的想法总是不断涌出，甚至成为我谋生的本能，

我很害怕我的将来。

现在，父母还是一如既往地"支持"我的做法，有时我甚至也认为这样做没什么不可以，可又知道这样是走不长的，早晚有一天会带我陷入绝境。但是这么多年都这样，真不知道如何能改。我真的很佩服那种能正直地站出来维持正义的人，而我在事情发生的时候就绝对没那个底气，现在的我觉得自己是残缺的，所以有些恨我的父母……

这个纠结着的青年，如果他的父母能够正直做人，并以此引领孩子健康成长，长大了就不会面临如此困惑。正是父母当初的不当身教，才把孩子引向了泥潭。所以，为人父母首先应当具备正直的品格，以此给孩子传递正能量，使孩子树立正确的道德观。以德正身，路正久远。

从以上故事中我们不难看出，家长自身形象对孩子的直接影响。所以，我们正人要先正己，不准孩子做的，自己一定不要做。认识到自己的一言一行对孩子都有示范作用，一定要以身作则，别成为孩子走上弯路的领路人。

如果您的孩子一直被您当作问题孩子，每天对其打骂斥责，那么请您将不满的目光转向自己，先审视自己身上存在的问题；如果您的孩子不在问题孩子之列，您每天都在担心孩子不学好，神经绷得紧紧得，把孩子盯得紧紧得，那么请更多地关注自己的言行，给孩子一个好的表率，前有榜样，孩子自然会朝着正路走。

二、父教子效

我父亲没上过几天学，没有什么文化，自然不懂得什么科学教子。但是他明白一个道理，那就是管教孩子靠行动，不靠嘴巴。所以父亲一辈子，要求我们几兄弟做到的，他一定先做到。而若不允许我们做的事情，也从不见他做。

就拿抽烟来说吧，我们兄弟七个都不会抽烟，而且对烟没有一点感情。不是因为父亲如何禁止我们抽烟，他从没对我们说过不能抽烟，抽烟对身体有多不好的话。而是因为父亲不抽烟，他用他的行动告诉我们，男人不抽烟照样是男子汉！

因为父亲严格要求自己，家风严明，所以我们几兄弟从小就懂得做人的准则。现在我们几兄弟也都做了父亲，我们的孩子也都传承了祖上的家风。我们做家长的，就是该让孩子看到自己规范的言行，看到自己积极的一面，让孩子懂得，做人就应该如父母那样！

同样作为父亲的东子也是这样，牢记父亲的言传和身教，要求女儿做到的事，首先自己做到，不让孩子做的事，自己不去沾染。但是现实生活中，我们是活生生的人，时有"出轨"也在所难免，这要看我们做家长的如何对待这样的"出轨"。

比如2007年暑假的一天，午饭时我与依依商定好，饭后我们各自忙自己的事，我写下一章书稿，她完成一篇作文，3点半我们一起看中国女排与俄罗斯女排的比赛。饭后我们各自回了自己的书房。过了一会我鬼使神差地打开了电视，偏巧是一部久违了的抗战片《三进山城》，于是我津津有味地看了起来。正看得起劲，伴着炮火声响起了敲门声，还没等说"请进"，依依已推门而至。她见我没有履行诺言，十分不满地说："让我去写作文，你自己在看电视，说话不算数……"

我像犯错的孩子一样，乖乖地听她的批评，而后迅速改正错误。并不是每个家长都能正确对待自己在孩子面前所犯下的错误，其实只有及时改正自己的不足，才能赢得孩子的信赖，你的形象才能更加高大。

三、身教无言

身教是无言的教育，正如此处无声胜有声一样。

几天前，女儿做完作业，我叫她吃饭，她磨磨蹭蹭地收拾东西，我大声催她快点，谁知她也大声回答我，我问她干吗那么大声音，她却来一句"你不也那么大声吗？"我这才意识到自己无形中已经起到了身教的作用，看来有时长篇大论还不及自己的一言一行。通过这件事我深有体会，身教重于言传，以后自己得多注意自己的言行了。要注意生活细节呀！当我们觉得孩子没有关注我们的时候，也许他正静静地观察着我们。

作为父母，我们的言行会对子女起到榜样的作用。不要只是站着用手比画你期望孩子征服的高山，而是要一马当先去攀越，他自然会跟上来。父母的言谈举止自然而然成为孩子模仿的对象，然而现在的爸爸都很喜欢用说教的方式来教育子女，甚至有"照我所说的去做，不要照我所做的去做"说法，真是一

个莫大的讽刺。而孩子则认为"与其热心地叫我做，倒不如他们自己做一次，然后我便会照着做"。很多爸爸过于注重"教育结果"，一味地觉得只是在尽义务，而使整个教育过程索然无趣，因此，使孩子也感到没有兴趣，导致教育结果的失败。

例如有的家长带孩子到天文馆去，但爸爸却对孩子说："我对那些东西没兴趣，你自己看吧。"而后，他到一旁溜达去了。想想看，大人都觉得没有意义，孩子怎么会对科学知识产生兴趣，结果往往适得其反。

家庭教育的垂范者是家长，如果家长的修养程度不高，家庭教育的示范性原则就贯彻不了。特别是德育教育，培养孩子健康的思想和行为习惯，这是讲以德育德，用家长之德去培养子女之德，用家长好的品德带动孩子，潜移默化地影响孩子，使孩子有良好品质。教育者要身体力行，家长的示范作用好，对孩子将产生极大的推动作用。

"好爸爸"是孩子力量的源泉

第五章

如果孩子能从爸爸那里获得自信、乐观、坚强、勇敢、宽容、自强等优秀品格，那么这些品格将为他们的人生增添向前飞奔的车轮、展翅高飞的双翼，成为他们终身用之不竭的力量。

让自信助孩子成才

总是拿自己孩子的短处或不足，比别的孩子的长处或优点，甭说建立自信了，孩子不自卑就不错了。

比尔·盖茨是全球家喻户晓的人物，他在短短的 20 年时间里，就创造了惊人的财富，成为世界首富，取得了举世瞩目的巨大成就。

比尔·盖茨在创办微软公司后，给他的父母写了一封信。其中有一段话是这样说的："亲爱的爸爸妈妈，谢谢你们！你们从不说我比别的孩子差，尽管我在某些方面确实不如别的孩子，可你们总是会对我说：孩子，你不比任何一个孩子差，相信自己，你是最棒的！正是你们阳光般的鼓励，使我拥有了强胜的自信心做动力，让自己一步步地走向成功，走向人生的辉煌！"

一个人的自信心不是天生就有的。有责任的家长应该抓住时机激发孩子的自信心。一次比赛、一次聚会、一次考试，甚至一次游戏，都可以在孩子成功或者失败的时候激发孩子的自信心。就像比尔·盖茨的父母，或许无数次在孩子成功或者失败的时候激发孩子的自信心，以至于孩子靠着自信前行，达到人生的巅峰。

而我们有些家长本意是想激发孩子的自信心，却不自觉地犯了低级错误。

我想起了邻居的孩子爸爸。他的教育孩子的方法，与比尔·盖茨的爸爸恰恰相反，常常会拿自己孩子的不足之处，和别的孩子的优秀之处相比，以为这样能使自己的孩子努力地去赶超。他经常训斥儿子说："你们班上的 ×× 同学每次考试都比你好，所有的功课都很优异，成绩一直在全班是名列前茅。而你的成绩从未赶上过他，你知道为什么吗？人家放了学后回家就写作业，写完作业就看书。而你放了学先钻进网吧，去玩游戏。回家后刚摊开作业本还没写上几个字呢，一听到 ×× 的声音出现在电视上，马上把笔往桌子上一扔，跑到电视机前又是唱又是跳，将作业和书抛到脑后。就你目前的成绩和学习态度跟人家是差得远呢。"

这就是中国式的家庭教育，这就是中国式的对比法。总是拿自己孩子的短处或是不足，比别的孩子的长处或优点，甭说建立自信了，孩子不自卑就不错了。

这样的对比教育方法是不妥的，长此以往，不但不会激发孩子奋起直追，反而会使孩子产生自卑心理。孩子就会觉得自己比别人差，没有自信心。

每个孩子都有优缺点，不要拿两者做比较，更不要让孩子有自卑的心理。要善于去发现孩子身上的闪光点，并加以赞扬和鼓励，让孩子拥有阳光般的自信，成就自己的人生。并且要告诉孩子："你是很棒的！"

自信其实就是一种积极的心态，是面对人生不同阶段挑战的勇气。只有相信自己、尊重自己，才会积极进取，才会勇往直前。在生活中，一个自信的人清楚自己的优势所在，也知道自己的不足，所以有信心发挥优势，扬长避短。一个拥有知识的人，不一定能够走远，而一个拥有自信的人，却能走遍天涯海角。

在我们的生活中，不难发现，那些自信心强的人，能抓住机遇，充满自信心地去迎接挑战，想方设法获得成功。而那些自信心弱的人，往往是退却顺从，成为生活中的弱者。

由此可见，培养孩子的自信心，对他们一生都起着重要的作用。也就是说，自信是孩子成才的必备心理素质。要使孩子拥有较强的心理素质，首先孩子要有自信心。

东子给爸爸们的建议

一、别让自卑侵蚀孩子的心灵

自信的天敌是自卑。有些爸爸会认为，小孩子没心没肺，过一段时间，就会把让自己感到自卑的事忘了。其实，有些自卑如不及时疏导，就会像种子一样，在他幼小的心里扎根，侵蚀肌体和心灵。

当下孩子的自卑主要有以下几种因素：长相不好看、学习不理想、家庭条件差和大人的打击。长相不美是孩子自卑的最主要因素，一些孩子说，平时很少有人夸过自己的相貌，就连家长也很少肯定过自己的长相。

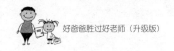

一位男孩来信说："自从上中学以后，大家都瞧不起我，说我太矮，我听了心里非常难过。"于是他每天围着家附近的小区跑3圈，跑了一年，也没长高多少。同学们听说了这件事情后，哄堂大笑。妈妈知道了他的心事，给他买了"吃了会长高的药"，他吃了一个月，也没长高。因此他心里常常感到难过。

长相有缺憾，使孩子有自卑感。这种自卑感，压抑了孩子的自尊心、自信心和上进心，甚至会影响孩子的一辈子。孩子一旦自卑了，他们眼中的世界似乎就是一片黑暗，他们的生活感受就是一种煎熬。

来自大人的打击是另一主要因素，特别是来自父母和老师的打击。很多家长不顾及孩子的感受，对孩子的批评太多，使孩子感到自己一无是处。有的父母批评孩子说话太"绝"，如："你一辈子也改不了这个缺点。""你长大了肯定没出息！""再没有比你更差的了！"

这些一时生气说出的话，孩子听了可是当真的，他们会感到自己真的没希望了，自卑便会产生。调查发现：在别人给中小学生的负面评价中，有80.2%来自家长。有些孩子就是因为别人总说他这也不行，那也不行，他也就渐渐觉得"我真的不行"了。这是暗示产生的结果。

所以，爸爸不要过多地指责孩子，特别是不要在大庭广众之下当面数落孩子的缺点。教育孩子时，不要重提孩子过去的错误。苏联教育家马卡连柯指出："教育只要擦掉孩子心灵上的灰尘即可，不要给他留下痛苦的回忆。"

二、告诉孩子"你很棒"

父母对孩子的态度很重要，父母眼里肯定、和善的神情，会让孩子感到信心十足。试想，如果连父母都不认为自己的孩子行，孩子又到哪里去找信心呢？

自女儿依依能够独立做事那天起，我对她说的最多的话就是："宝宝真棒！"而且我常常对孩子说："爸爸相信你能行！"

所以，依依从很小的时候就喜欢说："放心吧，我能行！"或者当别人要帮她的时候，很干脆地拒绝："我自己可以的！"脸上是很坚定的自信表情。

很少听她说"我不行""我不敢""我不会"等消极的话语。

在教育学和心理学上有一个著名的实验，这个实验是由美国著名的心理学家罗森塔尔教授设计完成的。

他把一群小白鼠随机地分成两组：A组和B组，并且告诉A组的饲养员说，这一组的老鼠非常聪明；同时又告诉B组的饲养员说，他这一组的老鼠智力一般。

几个月后，教授对这两组的老鼠进行穿越迷宫的测试，发现A组的老鼠竟然真的比B组的老鼠聪明，它们能够先走出迷宫并找到食物。

于是罗森塔尔教授得到了启发，他想这种效应能不能也发生在人的身上呢？他又来到了一所普通中学，在一个班里随便地走了一趟，然后就在学生名单上圈了几个名字，告诉他们的老师说，这几个学生智商很高，很聪明。

过了一段时间，教授又来到这所中学，奇迹又发生了，那几个被他选出的学生现在真的成了班上的佼佼者。罗森塔尔教授这时才对他们的老师说，自己对这几个学生一点也不了解，这让老师们很是意外。

为什么会出现这种现象呢？

是"期望"这一神奇的魔力在发挥作用。罗森塔尔教授是著名的心理学家，在人们心中有很高的权威，老师们对他的话都深信不疑，因此对他指出的那几个学生产生了积极的期望，像对待聪明孩子那样对待他们；而这几个学生也感受到了这种期望，也认为自己是聪明的，从而提高了自信心，提高了对自己的要求标准，最终他们真的成了优秀的学生。

这就是著名的"罗森塔尔效应"：鼓励你的孩子，培养他们的自信，你的期望将在很大程度上决定孩子的未来。

三、及时给予孩子鼓励和信心

自信源于积极的心理暗示，自卑源于消极的心理暗示。积极的心理暗示一旦形成，就如同风帆会助你成功；相反，消极的心理暗示一旦形成，若不能及时消除，就会影响一生的成功。

当孩子做事失败了，我们要告诉他，失败是正常的，不要气馁，要充满信心重新开始。孩子会在我们的鼓励中很快树立信心，会记住：失败一次，不等于永远失败。

依依初跳级的时候，期中考试英语只考了47分。孩子哭着回家，心情沮丧到了极点。我没有半句批评的话，相反我拍着依依的肩膀"表扬"她："宝宝，

你考了47分已经很不错了。这说明这47分的知识你全掌握了！想一想，和你们班同学相比，你比他们小两三岁，而且少读了一年书，他们考80分、90分，你考47分，你一点也不比他们差啊。再说了，爸爸像你这么大的时候，连26个字母都不认识呢，你可比我小时候优秀多了！"依依终于破涕为笑。在三个月后的期末考试中，孩子的英语一举考了97分。

说到这里，让我想起前几年在南京做节目的事。应江苏教育电视台的邀请，我们全家来到该台参加录制《玩过小学》这期节目，根据台里的安排，节目在晚上录制，当日下午该节目的制片人兼编导陈琼和依依妈妈两人，一遍遍不厌其烦地轮番嘱咐依依，一定要说好，不然还要重录……依依很认真又显得很无奈地频繁点头。我见状委婉地制止了她们善意的"教导"，我说这些事你们不用管了，我来和依依谈。

过后我问依依："刚才陈阿姨和妈妈的话你记住了吗？"

"记是记住了，可我怕出错。"依依脸上写着担忧。我告诉她，不要听她们的，到时你想怎么说就怎么说好了。

"那万一我说错了呢？"

"没事，你是小孩子，说错了也没人怪你的。"

"那我就放心了！"她高兴地喊了一声"耶"，并和我击一掌。

结果毫无心理负担的依依第一次接受电视访谈，表现得出奇的棒，甚至超长发挥了她的才智。节目播出后，反响也很好。

生活中我们对孩子的干涉简直无处不在，其实放手让孩子自己去做，给予适当的鼓励，孩子会做得更好，如果人为地给孩子增加压力，往往适得其反。

从小树立起自信心的孩子，长大后必然也会有一番作为。拥有了自信，今后就算遇到什么难题也会迎刃而解。因为小时候的他，也犯过错误，走过弯路，但是靠自己的力量，他弥补了自己的过失，所以长大后，他会觉得，自己也一样可以成功。

四、自信是无穷的力量

古往今来的成功者，都具有一个共同的特点——自信。

是自信激励他们走向了成功。自信可以帮助我们发现自己的长处，从而产生一种积极进取的成就动机，激励自己去发挥特长，以达到自我实现的目标。

有自信心的人，既不自卑，也不自负，能正确认识自己。在恰当地评价自己的知识、能力、品德、性格等内在因素的前提下，相信自己各方面都有可取之处，相信自己能弥补各方面存在的不足，能够看到自己各方面还有很大的潜力可挖和发挥。

要想让孩子自信，作为爸爸首先要自信。很难想象一个不自信的爸爸，会培养出自信的孩子。

有一次，我和妻子带依依到沈阳的五里河公园玩耍，这时女儿看到几个小朋友在几种大型体育攀爬器械上玩得高兴，女儿看到别人玩，自己也要上去，可是妻子不放心，劝说女儿玩一些简单的、安全系数高的器材。女儿向我求援，我劝说妻子答应了女儿的要求。

为了安慰妻子并鼓励女儿，我也身先士卒，同女儿一起攀爬起来。我迅速爬了上去，完成了动作又下来了，然而女儿上去以后却害怕了，不敢往前爬，说："爸爸，快抱我下去。"

我考察了一下周边情况，确定安全没问题就回答："下来干什么？没事儿，往前爬！"在我的鼓励下，女儿最终战胜了困难。

我经常给女儿依依讲，我这个小学毕业的爸爸是如何走到今天的，孩子通过我的艰辛成长历程，感受到了一种来自爸爸的力量，所以她做事如我一样，充满自信，从不轻言放弃。

一个男人不自信，就不是一个真正意义的男子汉，一个爸爸不自信，就不是一个合格的爸爸，也不可能成为孩子效仿的榜样，只能使孩子更加不自信，而一个没有信心的人将一事无成。

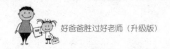

给孩子乐观性格

乐观者在每次危难中都看到了机会，而悲观的人在每个机会中都看到了危难。

乐观是一种积极的人生态度。

沙海连天的大漠中，两个人在艰难的跋涉中，见到剩下的半瓶水，悲观者说："唉，只剩半瓶水了"；而乐观者则说："嘀，还有半瓶水呢！"最后，悲观者永远留在了沙漠，而乐观者却走出了沙漠。

我曾两次率队穿越沙漠，对此有真切的体验。

面对同一种现象，不同的心态会产生不同的结果：悲观者永远只能看到失望，而乐观者则能看到希望。悲观和乐观都是一种人生态度，持有乐观生活态度的人会把挫折当成历练，会在绝处逢生。而悲观的人，却有如陷入乱泥潭，越陷越深。

人与人之间只有很小的差异，但是这种很小的差异却造成了巨大的差异！很小的差异就是所具备的心态是积极的还是消极的，巨大的差异就是成功和失败。

一个人如果一直保持积极的心态，那么他一定会得到幸福。也就是说，心态决定成功。乐观者在每次危难中都看到了机会，而悲观的人在每个机会中都看到了危难。

有一位爸爸欲对一对孪生兄弟做"性格改造"，因为其中一个过分乐观，而另一个则过分悲观。一天，他买了许多色泽鲜艳的新玩具给悲观孩子，又把乐观孩子送进了一间堆满马粪的车房里。第二天清晨，爸爸看到悲观孩子正泣不成声，便问："为什么不玩那些玩具呢？""玩了就会坏的。"孩子仍在哭泣。爸爸叹了口气，走进车房，却发现那乐观孩子正兴高采烈地在马粪里掏着什么。"告诉你，爸爸。"那孩子得意扬扬地向他宣称，"我想马粪堆里一定还藏着一匹小马呢！"

一个孩子能否健康、快乐，心智是一个很重要的因素。对于大多数孩子来说，乐观的性格，决定孩子的人生成败。

东子给爸爸们的建议

一、要有乐观的思维方式

生活中经常发现，有的孩子虽然只有五六岁，但神情很忧郁，怕生人、怕说话、怕做错事。在学校或幼儿园，热闹的地方找不到他的身影；在家里，很少与父母说话，喜欢缩在自己的小房间里。

有的孩子缺乏自信，总以为自己各方面不够优秀，别的孩子拥有的种种长处是不属于他们的，以为生活中的一切快乐，都是留给那些受老师、家长喜欢的孩子来享受的。

这类孩子，长大之后极有可能成为悲观主义者，甚至引发精神疾病。相反，乐观的孩子活泼可爱，思维活跃，他们将来可成为事业上的成功者，幸福家庭的组织者。

比如说，这会儿下雨了，就要引导孩子说"下雨了"，而不要说"该死的天，又下雨了"，因为这样说并不能改变下雨的事实。当然，就算说"太好了，又下雨了"，也不能使雨发生任何改变，可是如果把这种话说给孩子听，情况就大不一样！"瞧，太好了，又下雨了！小鸟在歌唱，小草也在歌唱，它们都得到了雨的滋润。"这样就会把快乐传递给孩子，让他无论面对何种环境，都保持一种愉悦的心情。

要培养孩子乐观的品质，爸爸首先要有乐观的思维方式。

爸爸在处理自身问题和家庭问题时的乐观态度，对孩子具有重要的示范作用，孩子通过观察和模仿逐渐养成乐观品质。当孩子遇到不利事情而悲观时，爸爸应带领孩子对问题进行多方面的思考和分析，并让孩子真正明白其中存在的错误。

孩子的乐观性格首先来源于父母，特别是爸爸的乐观自信、幽默豁达。爸爸不仅自身要乐观，而且能够切实地帮助孩子，正确对待并战胜他们面临的困难，将自己的乐观情绪感染给孩子。这样，即使在他们以后的生活中碰到困难挫折，他也能始终保持健康的心态。

二、乐观地看待孩子的成长

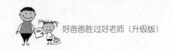

乐观和自信就像一对孪生兄弟，如影相随。面对困难，乐观就像一汪神水，会溶解所有的烦恼；面对困难，自信就像一把钥匙，打开心锁勇敢前进。

作为爸爸，应持有这样的认识——我的孩子是有巨大潜能的。对孩子的管理也应比较放手，让他去对各种事情进行尝试，而且要经常对孩子说："孩子，你行！""你去试试吧！"

儿童有一个特点，他对自己的评价是以别人的评价为准的。如果他经常听到家长说："你行！"他就自然会产生"我行"的感觉，就会对自己有信心。家长相信孩子，孩子就会相信自己。久而久之，孩子自然就变得乐观开朗。

某个孩子可能因为错过了他喜欢的动画节目，而整个晚上都不高兴；另一个孩子兴趣较广泛，看不成动画节目，他就会改为看书或玩游戏，也同样自得其乐。

乐观是孩子拥有的最大魅力，它远比聪明、漂亮更重要。身为爸爸的你要经常讲些快乐而幽默的事情给孩子听，让孩子知道乐观是一种积极的人生态度。慢慢地，他就会知道如何去制造和珍惜快乐。

一个乐观的孩子，会有一个快乐的人生。而要孩子做一个乐观的人，首先要有乐观的爸爸，也就是说我们自身要具备乐观的性格品质。

试想，孩子每天面对一个整天愁眉苦脸、唉声叹气、悲观失望的爸爸，他又怎么会乐观呢？

而且因为孩子和自己朝夕相处，我们的许多观念、行为会不知不觉影响孩子，我们的忧郁情绪自然也会传染给孩子。所以，要让孩子快乐、乐观，首先我们要做乐观自信的家长。

三、引导孩子调节排除不良情绪

乐观主义者认为，有利的、令人快乐的事情不仅总是永久的，而且是普遍的。他们能努力促使好事发生，而一旦不利的事件发生了，他们也能将其视为暂时的、不具普遍性的，对其发生原因也能采取乐观豁达的态度。而悲观主义者考虑的恰恰相反：认为好事总是暂时的，坏事才是永远的；好事只是靠碰运气、偶然发生的，坏事才是必然的。

爸爸应该仔细地观察孩子，如果发现孩子在对待事物的看法上，总是消极的，持有悲观的看法，那么一定要及时制止，不要任其发展，绝不能让孩子习惯悲观地看待事物，并且要随时注意指导孩子自我排除心理障碍，学会自我调节自己的情绪，使悲观情绪、不良情感或其心理障碍及时得到化解，也就不会导致悲观性格的形成。

比如孩子有了苦衷，要让他尽量诉说，发泄其情绪，不要让他的委屈长期压在心头，更不要不问青红皂白地批评、斥责；还可以回避孩子敏感、忌讳的话题；或者转移孩子的思路，减轻心理负担，如此等等。因为爸爸对待孩子的态度，往往是孩子乐观性格形成的重要因素。

曾经看过这样一个故事：

一位秀才进京去赶考，住在了一家客店里。

有一天晚上他做了三个梦：第一个是他梦到自己在墙上种白菜；第二个梦是下雨天，他戴了斗笠还打着伞；第三个是虽然梦到他跟心爱的人同床共枕，但却背对着背，谁也不理谁。

第二天醒来，秀才越想越觉得不对劲，感觉这三个梦似乎有什么寓意，于是赶紧去找算命先生解梦。算命先生一听，连拍大腿说："完了，完了，你这次还是回去吧，别考了！"

秀才不解，忙问为什么，算命先生说："你想想，高墙上种菜不是白费劲儿吗？戴斗笠还打伞不是多此一举吗？你看你第三个梦，和心爱的人躺在一张床上，却背靠背，不是没戏吗？"

秀才一听，心灰意冷，回店里收拾包袱准备回家。这时，店老板看到秀才要走非常奇怪，便问："不是明天就考试吗，今天你怎么就回去了？"

于是，秀才就把三个梦的事告诉了店老板，店老板听后笑着对秀才说："对于解梦，我也略知一二，我倒认为你应该留下。"秀才一脸疑惑，店老板接着说："你想想，墙上种白菜不是高中（种）吗？戴斗笠又打伞不正说明你这是官（冠）上加官（冠）吗？而跟心爱的人背靠背躺在床上，不正是翻身可得吗？"

秀才一听，觉得此解更有道理，于是精神振奋地去参加考试，结果金榜题名。

这就是乐观和悲观所带来的结果，不同的心态，迥异的结果。这则故事告诉我们，人生成败只是一种心态，有乐观的心态，就有积极的人生。

四、有快乐爸爸才有快乐孩子

基于这一点，多年来作为爸爸，我尽量不在孩子面前流露出不快。认识我女儿的人都说，这孩子很幽默。我想，除了得益于我的遗传，还有平日里我们快乐的家庭气氛对孩子的影响。无论生活中有怎样的烦心事，我都力求不在孩子面前流露出不快来。

我们经常听到有家长批评考试没考好的孩子："你怎么这么笨啊？简直是不可救药了！"孩子听了这样的话，怎么会有自信？又怎么会开心呢？

批评孩子要用积极的态度，指出孩子的错误所在之后，还要帮助孩子找到改正错误的方法，而且还要鼓励孩子以后做得更好。这样一来，孩子不仅认识到自己的错误所在，而且对以后充满自信。

保持乐观的情绪很重要，孩子的情绪状态会影响到各种活动。如某项活动与愉快的情绪体验联系在一起，孩子就感到十分有兴趣、很乐意参加，反之则会引起孩子的厌恶和拒绝。孩子是否快乐还影响到人际交往的方式，快乐的儿童总是喜欢和小朋友一起玩，情绪表现得平和、易忍让，而忧郁、愤怒的儿童，则经常独处并且具有攻击性。所以，保持愉快的情绪是儿童健康成长的必要条件之一。

我很看重女儿的快乐情绪体验，无论带她做什么，我都要问她："宝宝，你开心吗？"并常常把自己的快乐情绪体验告诉她，让孩子更真切地体味快乐情绪。

当孩子学会用乐观积极的心态对待生活时，他的未来就会都充满灿烂的阳光。乐观豁达也是孩子应具备的良好品质，作为爸爸，应当知道乐观的孩子，一定会比悲观的孩子更易成功。

乐观向上，过好每一天，我们的生活才会更幸福，我们的人生才会更美好，我们的生命才会更辉煌。给孩子乐观的性格，就等于为他买了一份终生的精神保险。

让孩子学会坚强

拥有毅力，如同手中又多了一件工具，可以助你逢山开路，遇水架桥。人生有时候就是一场马拉松赛跑，有坚不可摧的毅力的人，才能成功抵达终点。

现今的孩子大都是在"母教"的万千宠爱中长大的，他们中很多人养成了任性、脆弱、自私、依赖性强、独立性差等弱点。

随着社会的进步、经济的发展，孩子们的生活条件更加优越了。这些"蜜罐罐"里长大的孩子们，在享受优越生活条件的同时，如果不克服以上缺点，如果不对他们加紧进行"父教"，不及时对他们进行适当的挫折教育，培养他们坚强坚毅的品格，他们将来就难以在社会上立足。

坚强是孩子成长中不可缺少的意志品质。为了克服孩子脆弱、柔弱的缺点，作为爸爸应根据孩子身心发展和教育的需要，创设或利用某种情境，提出某种难题，让他们通过动脑、动手来克服困难，从而使他们逐步形成对困难的承受能力和对环境的适应能力，培养出一种迎难而上的坚强意志。

每个人都有一块心田，上面播撒着各种各样的"种子"，有的叫正直，有的叫懦弱，有的叫自信，有的叫勇敢……"坚强"也是这样一颗种子，需要播种、培育，精心养护。

很多没有干过农活的朋友，都会觉得，播种还不简单吗？不就是把种子撒到地里，埋在土里吗？其实不然，播种是种地的第一道程序，也是最关键的一道程序，是很讲究的。

首先要考察土质，根据土质选择种植品种；其次要看准节气，根据节气选择种植时间；把种子播进地里，还要浇适当的水，这样，才算是播种完成。种一枚实体的种子，尚是难事，想要把"坚强"这颗心灵的种子植入心田，又怎么能是件简单的事情呢？

可是就算困难，我们仍要为孩子播下"坚强"的种子，让它在孩子的心中，开花结果、枝繁叶茂，从而让其成为一个坚强的人。

东子给爸爸们的建议

一、爸爸要有坚强坚毅的品质

坚强是男人不可缺少的意志品质，可当下的一些已为人父的男人遇事怕这怕那，缺乏对困难的承受能力和对环境的适应能力，没有一种迎难而上的坚强意志。一些80后家长本就是蜜罐泡大的，他自己都不够坚强，又怎么可能使他的孩子坚强呢？人的成长环境影响未来。

东子自言坚强似有不妥，但是这是事实。通俗说，很多人没有吃的苦我吃过，很多人没有遭的罪我遭过。我的这些坚强故事在我的新作《没有什么不可以——东子行，你也行！》这部书中有详尽的描述。

我的坚强自然源于我的爸爸。在我的成长过程中，爸爸有很多坚强的行为，比如带领我们翻山越岭艰辛劳作，文化大革命受到错误批判而不气馁，爸爸有时的坚强是常人难以想象的。

2006年5月12日，爸爸查出患有肺癌，当时大夫说最多能活半年，少则三两个月，我急忙回到家，忙里偷闲，陪了父亲三天，爸爸就催我走，他说他没事，再说了都快80岁了，死了也是喜丧，而且还把他的后事问题逐一向我做了交代。爸爸的豁达和乐观，让我安心地返程。当年的"十一"，正逢中秋佳节，我们七兄弟齐聚爸爸身边，一是为爸爸过一个生日，二是安排老人的后事，爸爸又是做了很多嘱托。

揣着乐观和坚强的爸爸，闯过了"鬼门关"，但从2008年4月份开始，老人开始发喘，力气不够用，行走有些艰难，饭量日渐减少，每日都要靠挂吊瓶减轻疼痛。当年9月份以后，爸爸的脸和脚开始浮肿，很少吃东西了，疼痛也比以前厉害了。

这时我推掉一切工作，回老家陪伴在爸爸的身边，每天晚上就睡在他的身旁。一是担心爸爸的病痛，二是我睡眠比较轻，所以他发出任何微弱的声音我都知晓。由于已经处于肺癌晚期，癌细胞大量扩散，爸爸疼痛难忍就坐起来，垂着头咬着牙，用双手紧紧地挤压着胸部。一晚上有七八次这样的举动，每次我都随他一起坐起来，问他是不是很疼，需不需要打杜冷丁（即盐酸哌替啶，是一种合成镇痛药剂），他总是低声说"不用，不用，你好好睡觉吧"。而且还总是为自己的病痛影响我们睡觉而自责。

后来,我问过大夫,这种病晚期会疼到什么程度,大夫说:"这种疼是难以形容的,一般都是靠杜冷丁止痛,药效过后,病人再痛都会发出难以忍受的哼哼声,像你家老爷子这样坚强的人非常少见。"

人的个性品质不是一天形成的,父亲晚年的坚强毅力是多年锤炼的结果。没有少年、青年期的历练,就没有老年时的这种淡定、乐观与坚强。所以,培养孩子坚强的品质,一定要从小做起,从自身做起。

二、为孩子播撒坚强的"种子"

9岁的男孩小石是小学三年级学生,长得白白净净的,平时不怎么爱说话,常常有人把他当作女孩子,因为小石的某些举动,确实不怎么男孩子气。

这不,小石正在操场上抹眼泪呢。刚才,上体育课,老师带同学们做游戏,游戏的规则是一个人蒙上眼睛,抓人。轮到小石抓的时候,被蒙上眼睛的小石开始摸索着走,为了能快点抓到别的同学,他步子走得有些快,刚好被一个蹲着的同学绊倒了。

游戏由此被迫结束,因为被绊倒的小石膝盖被划破了,他把眼罩扔了,捂着伤口,哭泣不止。这时,同学们都关切地来询问,看伤口都没出血,大家觉得没什么事,也就散了,老师说让小石到学校的医务室消毒,可是小石死活不去,说是怕疼。

无奈,小石的班主任只得让小石的家长过来。小石见到爸爸仿佛看到了救星,哭得更凶了。爸爸看见小石的腿,也心疼得不得了。好像自己儿子受了多大的委屈似的,一个劲地在那安慰孩子,还不时地责怪其他孩子……

这让东子想到另一个9岁的男孩,他的名字叫林浩。这是很多人都熟悉的名字,提起他我们会想到汶川大地震。当时9岁的林浩,是四川省汶川县映秀镇中心小学二年级学生。地震发生时,小林浩同其他同学一起迅速向教学楼外转移,未来得及跑出,便被压在了废墟之下。在废墟下,他组织同学们唱歌来鼓舞士气,并安慰因惊吓过度而哭泣的女同学。经过两个小时的艰难挣扎,身材矮小而灵活的小林浩终于爬出了废墟。

但此时,小林浩班上还有数十名同学被埋在废墟之下。9岁半的小林浩没

有惊慌地逃离，而是再次钻到废墟里展开了救援，经过艰难的救援，小林浩将两名同学背出了废墟，在救援过程中，小林浩的头部和上身有多处受伤……

"林浩聪明，动手能力强，遇事冷静，意志坚强，这是他最大的优点！"在采访时，林浩的老师对他有着这样的评价。也正是这些平时的坚强，在关键时刻派上了用场。

同样是9岁的男孩差距怎么就这么大呢？这除却孩子主观因素外，家长的教育也很重要。

生活中，因为男孩子好动的性格，他们经常受到点小伤是再正常不过的事，孩子对这事的态度主要取决于家长的第一反应。如果家长的反应很平静，并告知孩子没有事情，不用担心，很快就会好的，孩子也会把受点小伤不当回事，有一点疼也会忍受。家长的态度，最能影响孩子对事物的判断。就如案例中的奶奶，看到孩子的腿破了一点小伤，就当成是一件大事情。孩子看在眼里，学在心里，就真的以为这是一件很大的事情，感到害怕也是自然的。孩子不可能了解，奶奶之所以有这个反应，是因为太疼爱小孙子，哪怕掉一根头发，也是要心疼的。

看这样的情形，小石在家里也是一样的状况，所以久而久之，坚强在小石的心里面，已经没有落脚之地，软弱的性格已经开始滋生。所以，家长要把"坚强"的种子尽早播进孩子的心田。就如同一颗种子，通过语言和心，传递到孩子心里去。让他变得坚强，坚强到可以通过自己的力量，克服困难。

久而久之，孩子不再需要父母在身边的鼓励，因为这颗叫作"坚强"的种子，一旦发芽，便会给孩子无穷的力量。

三、磨炼孩子坚不可摧的毅力

狄更斯说："顽强的毅力可以征服世界上的任何一座高峰。"拥有毅力，如同手中又多了一件工具，可以助你逢山开路，遇水架桥。人生有时候就是一场马拉松赛跑，有坚不可摧的毅力的人，才能成功抵达终点。

生活是最好的课堂，这种毅力就来自我们的生活。比如，冬季来临时，鼓励孩子早起晨跑、晨练，磨炼他们与严寒做斗争的意志和毅力；在家里，也可让他们做一些力所能及的小事；利用节假日带孩子徒步郊游、爬山、逛公园等，从而使幼儿体验到劳累、体验到艰辛，体会到生活中除了甜，还有苦和辣，使幼儿在各种环境下受到挫折和磨炼。

2013年暑假，女儿依依参加了学校组织的赴贵州山区支教活动，作为少年大学生，她是34位成员中年龄最小的。50多个小时的火车、汽车颠簸，孩子说到株洲下车时，小腿已经没有知觉了，肿得像水桶。35岁以上的人，大都有过这样的体验，火车硬座坐上10个小时以后，如果不是总活动，小腿肯定要肿胀，作为父亲我能不心疼我唯一的孩子吗？

以往依依长途旅行都是乘飞机，这次是支教坐飞机就失去了应有的意义，但是出于疼爱，最初我考虑给依依订购卧铺，孩子坚决不同意，理由是全团都坐硬座，就她一人卧铺影响不好，孩子坚定地说："爸爸，放心吧，别人能坚持我就一定能坚持！"鉴于孩子说得在理，终了，我满足了孩子的愿望。

到达支教地点，依依和伙伴们吃了自己做的第一顿饭：清水煮面条拌榨菜。晚饭后，队员们到山区的第一个考验是睡觉。

按照事先的规定，所有队员都要睡课桌，学校为此还购置了新桌椅，但是大家不忍心睡新的桌椅，就拼旧桌子，没有被褥和枕头，一个睡袋全包括，每张"床"位均由四五张桌子拼在一起，高低不一样，两个胳膊两个海拔，全身上下好几个高度，一翻身整个房间哐当一声，为了不影响别人休息，依依只能一个姿势睡到天亮。

临睡前，由于燥热，不盖睡袋，大家都直接躺在睡袋上，到后半夜被凉风冻醒，没办法再钻进睡袋里，三天过后依依和大多数队员因热伤风感冒。夜晚蚊虫很多，咬得队员满腿大包，还有虫子往他们的耳朵里飞。睡这硬板床硌得慌，早晨起床之后，因为一夜没翻身，个个浑身酸痛。

在一般的家庭里，拧开水龙头，就会涓涓水流，可这里没有自来水，无论是每日的饮用水、做饭用水，还是洗漱、洗澡、洗衣服，都要到外面去取。

距离学校几百米的地方有一口水井，附近的村民都饮用这里的水，本来这是山泉水，水质是不错的，但是由于是露天井，每次刮风下雨都会将一些杂物灌入井中，严重影响了水质，而且水井里还生活着鱼、蛇、蚂蟥、青蛙和一些小虫子。这口露天无名井，就是队员们这些天的生命之源。

井水不会自己流到学校，要吃水队员们就必须自己去取。由于学校没有储

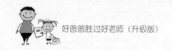
备水的水缸，只有两个较大的水桶，所以每天依依他们要去取四五次水。取水的主要工具是木棍、竹竿、铁桶、塑料盆，女孩子有的用盆端，有的是两个人用木棍或竹竿抬一桶水；而男孩子则是每人拎一桶水。

这里没有饭店、食堂，也没有家长给做饭，队员们要吃饭就必须自己动手，于是所有人都是大厨，轮流做饭。半个月时间里，孩子们清汤寡水，没有吃一口肉，睡的木板桌硌得后背很痛，包括依依在内的很多都得了湿疹，又疼又痒⋯⋯

当我在火车站看到凯旋的女儿时，最为直接的感觉就是孩子黑了、瘦了，但是比以前更结实、更健康、也更乐观、更坚强了⋯⋯

正如我的坚强源自我的爸爸，女儿的坚强很大程度上受我的影响，这就是身教的无声力量。

在我还没有做爸爸的时候就想：等将来我有了孩子，我要给孩子打下坚实的基础，让孩子不要像我一样受那么多苦难。我是经过了艰苦的努力和艰难的磨砺，才养成了坚韧的性格，才有了今天自立于社会的能力。

后来有了女儿依依，在对她的培养教育过程中，我知道"一帆风顺"只是存在于人们的美好祝愿之中。幼时的"完美生活"会使孩子脆弱不堪，没有抵抗能力，丧失坚强的意志品质，由此承受更多的痛苦。所以，我给孩子创造"吃苦"的历练机会，使她越来越坚强。

这样环境下成长起来的孩子，才会拥有坚不可摧的坚强意志，才能潇洒行走于世。

"好爸爸"要勇敢坚毅

据心理学研究表明，一个人做事不果断的性格形成，可以追溯到他的童年，很可能是受周围环境及周围人影响的结果。

在战场上，是优柔寡断还是果敢决断，是决定胜败的关键。因为战机稍纵即逝，抓住机遇方能取胜。人生也是如此，善于决断，把握机遇，易于成功；而犹豫不决，错过机遇，则注定失败。

果断不同于鲁莽，果断的人在处理事情时能很好地审时度势，理清整个事情脉络，能够清楚地判断事情发展的走向，在鱼和熊掌不能兼得时，能正确地做出取舍。

近些年，我们经常可以看到很多这样的报道：孩子要考大学了，不知道报什么志愿；上了大学，生活却不能自理；大学毕业了，还要年迈的父母陪同去找工作；进单位工作了，不会处理人际关系，不能应付突发事件，遇事总是犹豫不决。

据心理学研究表明，一个人做事不果断的性格形成，可以追溯到他的童年，很可能是受周围环境及周围人影响的结果。所以，爸爸在孩子面前必须果断，用自己的果断来影响孩子。孩子提出来的要求，该满足的满足，不该满足的，要态度坚决地拒绝，向孩子讲明原因。

从小培养孩子的自我决断意识，有益于孩子的性格发展，爸爸要善于在日常生活中鼓励和褒奖孩子的果断精神和行为，批评孩子的畏缩和疑虑行为。有些事情可以让孩子自己决定的就让他自己决定，以免孩子养成依赖心理。

有时，一个果断的决定可以拯救一个国家和民族的命运。

第二次世界大战的"三巨头"之一的丘吉尔，是一位备受人民爱戴的伟人。在丘吉尔还是海军大臣时，第一次世界大战爆发了，丘吉尔在首相迟迟不发出进攻指令的情况下，果断地对部下发出进攻的命令，结果把德国军队打得落花流水。

即便是在小事上，果断的决策也能显示一个人的领导才能。丘吉尔就是凭

借出色的领导才能，坐上了首相宝座，打败了德国法西斯。

在生活中我们同样需要果断。如果不果断，工厂将会停产，生意将会破产，军人将会失去疆场，病人将会死在手术台上……

我们不希望看到自己的孩子胆小怕事，遇事犹豫不决。那么，怎样才能培养出具有独立意识、勇敢果断的孩子呢？

东子给爸爸们的建议

一、首先自己要勇敢果断

很难想象一个优柔寡断爸爸会有一个勇敢果断的孩子。

我的女儿依依可不是一个婆婆妈妈的孩子，她虽年龄不大，但做事敢想更为，果敢坚定。她认准的事情，就会果断做出决策，在别的孩子犹豫不决时，她已经实施了。这一是源于我的大胆放手和给予孩子必要的自由与尊重；二是作为爸爸，我的果敢行为，给孩子带来的直接影响。

无论是在生活中，还是在事业发展上，我都是一个非常果断的人，这有我的性格因素，又得益于爸爸的影响。在《做父亲的幸福》一书中，我曾这样写道：

女儿的到来颇费了一番周折。

……

在我贫困潦倒时，一个消息传来：女友（当时尚未登记结婚）怀孕了！

当得知这个消息时，那种悲喜交集的复杂情感强烈撞击着我的心。理智告诉我，这个孩子不能要，一是物质条件不允许，二是女友的工作情况不允许。女友更是斩钉截铁地说："不仅是当下我们的经济条件和我的工作问题，更主要的是我们都未曾登记结婚，这孩子生出来算什么啊？所以必须打掉！"

可我还是果断地决定生下这个孩子，我答应女友尽快办结婚登记手续，一定要挣到钱来养这个孩子，我是一个七尺汉子，为了这个孩子，再苦再累我都能扛着。在我的千万般劝说下，女友总算勉强同意了。

那段时间，我的眼泪异常的多，常常因一点小小的感怀就会使我泪流满面。女友终于理解我，她顶着巨大的压力，做了最后的决定：再难也要生下我们的孩子!

是我的果断坚持，才"保"下了我的女儿依依……

当时很多亲友也不赞成要孩子，都认为我没有能力养活这个孩子，所以如果不是我的果断决定和一再坚持，不仅没有今天的范姜国一，而且我的人生也会改写，我很欣喜于当初我的果敢决定。

女儿的成长之路也是我果敢的例证，比如不上重点学校、不择校、不做家庭作业、不上课后班，让孩子多玩、多看电视、多看课外书……这些在很多家长看来的超常之举，都是我果敢行为的结果。

二、不要对孩子包办代替

对孩子包办代替的现象，在当今的家庭教育中较为普遍，这种教育方式所带来的社会效果，多半会造成孩子社会适应性差，独立生活能力弱。因此，父母要把眼光放远一些，要意识到孩子要长大、要独立闯荡社会的现实，从小给予孩子有节制、有理性的爱，这种爱是以严格要求为前提，它不是单纯的物质满足，更多的是精神抚爱。

父母要经常向孩子提供有益的信息，从完全保护到解除保护，让孩子走向自主。这样的孩子就不会凡事都依赖或犹豫不决了。

相对来讲，男人比女人要果断一些。比如采购衣服，女人总是喜欢转来转去，逛了好久也没有自己觉得特别可心的，而男人一般则会果断地买下。其实，这不是鲁莽之举，因为在去之前，男人在心里已经有数。女人在需要决策时，总是想还有更好的、更便宜的，总是过多地考虑事物的不定因素，导致不能果断地去做某件事。

由于在一般的家庭里，孩子多数都是由妈妈带，耳濡目染，孩子也就逐渐形成了这种优柔寡断的性格。通常问题在孩子，其实很多是大人问题的另一种表现形式而已。

妈妈的过多影响和爸爸的缺位，以及爸爸做事的优柔寡断，都会导致孩子缺乏果敢精神，这样优柔寡断的性格就不时与孩子相伴。

一位妈妈来信说：上小学四年级的儿子做事犹豫不决。给他5块钱让他去超市买零食，他会挑来挑去，拿不定主意。如果没人催促，可能要挑上十几分

钟。还记得有一回我们去买鞋，为了挑一个既便宜又好看的鞋，孩子东挑西拣，来回选了一个上午，这一点很像他爸。他爸爸一个1.8米多的大男人，做啥事总是犹豫不决，所以现在孩子也遇事没有主见。

一位6岁孩子的爸爸下岗了，朋友劝他到工商局去办个执照，做个小买卖。开始，他挺高兴，答应了。又一想，办了照就得纳税，好不容易赚几个钱都交税了，再说摊位费每月也得千儿八百的，一共能赚多少钱啊，交那么多摊位费，若入不敷出岂不亏了，还不如街头摆地摊。

但听人说，街头摆地摊就怕遇上工商、税务、市容、城管突击大检查，那真就是望风而逃，想起那情景够让人害怕的，还是再想想吧……

就这么着，已经想了七八个年头了，从青年到中年，还没出手呢。连老婆带孩子三口人，天天吃老爹老妈的，每当他端起饭碗就抬不起头，可是一直还不能决定干点什么赚钱的事。这就是优柔寡断所至。这样的爸爸，怎能培养出果断的孩子呢？

三、给孩子自主选择的机会

当孩子盲目模仿，追随别人时，父母应表示不满："我不喜欢没有主见的孩子。"要鼓励孩子自己提出几种方案，父母帮助他从中选择最佳方案。

我们要尊重孩子自己的决定。对孩子平等的尊重，体现在给予孩子发表意见的机会，并支持孩子合理的决定。这种做法并不仅仅意味着支持孩子的一个决定，同时还传达给孩子这样的信息：你有决定自己人生方向的权利，只要你的决定是经过深思熟虑并且是合理的。

父母应当给予孩子做决定的机会，以培养孩子的果断性，例如，让孩子决定今天买玩具的种类，是买变形金刚还是买小汽车？星期天活动的内容，是逛公园还是打电子游戏？暑假里学习的时间，是上午还是下午？兴趣班是报绘画还是舞蹈？

切忌对孩子的生活做出全方位的强制规定，无论这种规定是合理的还是不合理的，都会使孩子在成长的过程中，失去自主决定自己事务的能力，在长大后面对人生的选择时，很可能不是冲动鲁莽，就是优柔寡断。

平时总能听到有些家长抱怨孩子依赖性强，其实这在很大程度上与家庭教育有关。家长（尤其是母亲）爱子心切，常常替孩子安排了一切，从早到晚不给孩子留一点支配时间。既然家长已为他设定了所有的程序，孩子又怎会有自主的选择呢？

因此，孩子的独立自主能力是要家长有意培养的。有些事可以让他自己选择、安排，这样更有利于他学会运用自身的力量去接受新事物，面对新环境，从容地迎接飞速发展的未来。

比如，前文说过的女儿依依参加大连国际徒步大会的事。自从在报纸上看到这个消息后，依依就嚷着报名的事。这次徒步大会共分4个公里级：5公里、10公里、20公里、30公里。我建议她报个10公里的，她嫌太短不过瘾，坚持报20公里的，我勉强同意了。

第二天上学，老师说可以集体报名，全班有十多个同学报名参加这次徒步大会，而且基本都是报30公里的，从小不服输的依依自然不甘示弱，于是也报了30公里级的。我刚开始知道这个消息是坚决反对，后来她说服了我，我给了她这个自己选择的机会。

生活中，无论是学习还是购物什么的，凡是涉及她，我都会给她自主选择的机会。

果断性格品质所要求的是迅速地做出合理的决定，合理意味着深思熟虑的结果，迅速意味着当机立断的能力。未经深思熟虑就做出决定是鲁莽冲动，而深思熟虑后迟迟不能决断则是优柔寡断，这是与果断性相对立的两种品质。

爸爸性格特质中固有的勇敢果断，将深刻影响孩子的一生。

宽容令孩子更可爱

做人要宽容大度，学会原谅他人，原谅别人就是快乐自己。

说到大度，人们会自然而然地想到"宰相肚里能撑船"这句古语，这是一句教人如何为人处世的用语，它倡导人要豁达大度、宽厚仁慈。

人处世的智慧之一就是宽容他人。当你能够宽容他人过错的时候，回报你的是万分的感激和对你无限崇高的敬意，而对于你本人来讲，没有丝毫的损失，你会如释重负，心情也会变得轻松。宽容别人，你会赢得友情，别人会因为钦佩你的为人而向你聚拢。

海纳百川，有容乃大，大度是一种修为。反之，如果一个人心胸狭窄，他会因眼前的得失而斤斤计较，他会因别人的小过失而睚眦必报。这样的人，自己活得累，还会给别人带来麻烦。《三国演义》中诸葛亮三气周瑜的故事至今还为许多人所津津乐道，周瑜有雄才伟略，因指挥火烧赤壁而奠定了三分天下的基础。这样一位军事家却因气量小使之英年早逝，临终还发出了"既生瑜，何生亮"的慨叹。所以，凡做大事者必须有宽阔的胸襟。

大度是一种境界，它代表了一个人的素养。让孩子成为一个大度的人，是对其性格的一种完善，能够减少他成长过程中的许多烦恼。

我很喜欢这样一首《育儿歌》：挑剔中成长的孩子，学会苛责；敌意中成长的孩子，学会争斗；讥笑中成长的孩子，学会羞怯；羞辱中成长的孩子，学会自疚；宽容中成长的孩子，学会忍让；鼓励中成长的孩子，学会自信。

可是生活中，学会忍让的孩子越来越少，而不宽容的家长却越来越多。

不论是做什么的，我们都希望自己能够成功，都希望我们的孩子超过自己。那么想要成功，首先要明白做人要宽容大度的道理。只有懂得在生活中不断地提升自我，善于抓住契机教育孩子的爸爸，才是智慧的爸爸。从小培养孩子宽容大度的品质，就是在为孩子的人生积累一份最宝贵的财富。

东子给爸爸们的建议

一、要孩子学会体谅他人

孩子和小伙伴在一起玩耍，难免会发生一些口角，有些不愉快，甚至打起来。这不是因为他们之间有多大的事情，而是孩子之间的观点不一或看法各异。现在的孩子大多以自我为中心，总认为自己是对的，他人都应该按自己的意愿行事，甭说每个孩子都这样，就是这个群体有两三个这样的孩子，那就必然要打架了。

所以，爸爸一定要纠正自己孩子的这种偏颇观点，要让孩子想到自己的不足，而不是盯着他人的不足不放，即便是他人的错，也要体谅他人，应告诉孩子，每个人都有犯错的时候。要和孩子讨论，自己是不是也犯过错误，自己犯了错误，是不是也希望他人原谅自己，同样别人犯了错误也需要原谅，这样才公平。相信孩子一定可以明白这样的道理，学会原谅他人。

社会生活中，每一个"我"，在他人眼里都是"他人"；"我"和"我们"之间，是以他人做连接点的。关注自己的利益和感受并没有错，但底线是不能忽视他人的利益和感受，要时时想到自己的言行可能给他人带来的不利影响。这种"他人意识"其实就是公德意识。有时，是非对错并非泾渭分明，甚至原本就没有谁对谁错，只是各自的立场和角度不同而已。所以，我们应该体谅他人。

体谅他人的关键是要有宽阔的胸襟。做人要宽容大度，学会原谅他人，原谅别人就是快乐自己。"金无足赤，人无完人。"人各有不足之处，与人发生矛盾时，我们不要马上指责别人，要多想想自己的不足，就什么都解决了。

人与人之间常常因为一些无法释怀的坚持，而造成永远的伤害。如果我们都能从自己做起，开始宽容地看待他人，相信你一定能收到许多意想不到的结果。

女儿在她的一部书中这样写道：

在我刚上初一的时候，老师安排我和一个男孩子同桌。那个男孩很内向，坐在座位上一动不动，下课了也不和我说句话。性格开朗的我试着主动和他交流，但是大多时候是问一句答一句。因为性格内向，同桌上课很少举手发言。而我正好和他相反，平时就活泼外向，上课的时候更是喜欢举手回答问题或者发表自己的看法。我总觉得同桌这样的学习方式不好，所以就给他提建议（有一点"多管闲事"的感觉哦 O(∩ _ ∩)O）："上课要发言的，要和大家讨论问题的。"可是，说了很多次他也没有改变。

结果有一天，我又鼓励他举手发言的时候，他不耐烦地冲我吼了一句："我发不发言，关你屁事！"这句话让我很伤心，好心没得到好报，没想到这个同桌还这样没礼貌。受"伤"的我回家后委屈地跟老爹说："爸爸，我想换同桌。"老爹告诉我，把这样的同桌换给别的同学不也会像我一样吗，与其这样不如宽容点，慢慢试着交往，他肯定也有他的优点。

我调整了状态后，开始宽容地对待同桌，可能是感化的力量，我的努力终于没有白费，虽然同桌的性格无法改变，但是他慢慢消除了对我的敌意，并渐渐成了可以相互交流学习的好同学……

二、宽容可以拓宽自己的道路

常常一些所谓的厄运，只是因为对他人一时的狭隘、些许的刻薄，而在自己前进的路上自设的一块绊脚石罢了；而一时所谓的幸运，也是因为对他人的恩惠、些许的帮助，而拓宽了自己的道路。

刘伯温出山，凭其才学和神机妙算辅佐朱元璋平定天下，开创了大明王朝。朱元璋即位后，刘伯温上奏制定军卫法，整肃纲纪，因此人人畏惧刘伯温。中书省都事李彬因贪图私利，纵容手下而被治罪。丞相李善长一向私宠李彬，故请求从轻发落，刘伯温不听，在祈雨时，将李彬杀死，从此刘伯温和李善长开始有隙。

后来，太祖朱元璋因事要责罚丞相李善长，刘伯温劝说道："他虽有过，但功劳很大，威望颇高，能调和诸将。"太祖说："他三番五次想要加害于你，你还设身处地为他着想？我想改任你为丞相。"刘伯温叩首道："这怎么能行呢？更换丞相如同更换梁柱，必须用粗壮结实的大木，如用细木，房屋立即就会倒塌。"

刘伯温慷慨而有大节，赢得了太祖朱元璋和满朝文武。

要想成就一番事业，除了具备超人的才能、睿智的头脑，还要拥有宽容大度的为人处世的态度。

"宰相肚里能撑船"就说明了此道理。无论大事小事，如果都能如此，那此人不成大事都不行，起码是宽容大度的典范。"六尺巷"的故事就是经典的例子。

清朝宰相张廷玉与一位姓叶的侍郎都是安徽桐城人。两家比邻而居，都要起房造屋，为争地皮，发生了争执。张老夫人便修书北京，要张宰相出面干预。

没想到，这位宰相看罢来信，立即作诗劝导老夫人："千里家书只为墙，再让三尺又何妨？万里长城今犹在，不见当年秦始皇。"

张老夫人见书明理，立即主动把墙往后退了三尺。叶家见此情景，深感惭愧，也马上把墙让后三尺。这样，张叶两家的院墙之间，就形成了六尺宽的巷道，成了有名的"六尺巷"。

宽容别人并不是一种软弱的表现，也不会失去尊严，它是一种处理和完善不愉快事情的能力。谁都难免遇到情势所迫的无奈，无可避免的失误、考虑欠妥的差错。

所谓宽容，就是常以善意去宽待有着各种缺点的人们，因其宽广而容纳了狭隘，因其宽广显得大度而感人，就像水一样，以自己的无形包容了一切的有形。

可有时宽容对待他人，也许会被误解的人称之为傻子，别人明明做了对不起你的事情，你还要以德报怨，这不是吃大亏了吗？其实这是一种大智慧。试想如果我们狭隘地以牙还牙，报复对方，也不过是取一时之快罢了，而这种痛快又埋下仇恨的种子，为将来留下了隐患，最终是两败俱伤，所以此非明智之举，亦为下策。

当然，宽容也是有限度的，无限度的宽容就是懦弱了，对于小是小非，非主观上故意而为，我们尽可能地让他三分，但如果对方恶意而为，得寸进尺，那就要保护自己，予以还击了，这需要一个尺度的把握。

三、教会孩子换位思考

孩子不够宽容，往往是因为只考虑自己的感受。孩子有时没有足够的分辨是非的能力，家长要时常引领孩子换位思考。

换位思考，是宽容他人的第一步，站在他人的角度上想问题，便能了解这个人的部分想法和做出这样事情的原因，深入地想一想，如果自己就是这个人，希望对方怎么做。每个做错事的人都希望得到原谅，尤其是孩子之间。孩子做错的事情大多都不是出于本意，或者自己根本不知道会对他人造成不便，孩子并不会故意地去伤害他人，做错事情也并非出于他们的本意，这样换位思考出来的结果，可以让受害的一方心绪平静下来。

能体会到对方的想法，宽容也变得更加的简单。因为了解，所以理解，理解之后，自然就是宽容的对待。所以，当孩子遇到心理不平衡的事情时，让他

学会换位思考。这样的思考出来的结果会更加的客观，而不是主观地偏向自己。

这里东子给您讲一个外国家长教子的故事：

在澳大利亚的一个度假村的大厅里，一个满脸歉意的工作人员，正在安慰一个4岁的小孩，饱受惊吓的小孩已经哭得筋疲力尽。

原来那天小孩特别多，这个工作人员一时疏忽，在儿童的网球课结束后，少算了一个孩子，将这个小孩留在了网球场。等她发现人数不对时，才赶快跑到网球场，将那个小孩带回来。小孩因为一个人在偏远的网球场待了很久，受到惊吓，哭得十分伤心。

不久，孩子的妈妈来了，看见了自己哭得惨兮兮的小孩。妈妈蹲下来安慰自己4岁的小孩，并且很理性地告诉他："已经没事了，那个姐姐因为找不到你而非常紧张，并且十分难过，她不是故意的，现在你必须亲亲那个姐姐的脸颊，安慰她一下。"

乖巧的孩子踮起脚尖，亲了亲蹲在他身旁的工作人员的脸颊，并且轻轻地告诉她："不要害怕，已经没事了。"

按照大多数人的想法，看到受了伤害的孩子，家长应该立刻失去理智，情绪失控，感到非常愤怒。然后，家长或疾声厉色地痛骂相关工作人员一顿，或直接向主管领导提出抗议，甚至很生气地将小孩带离，再也不参加这个学校的任何"兴趣班"了。

截然不同的处理方式，其实反映了两种家庭教育观念的差异。

这位家长在教育孩子时，能够从长远发展角度出发，善于利用各种机会促进孩子美好人格的形成。他们明智地选择这样的教育方式，是为了培养出大度宽容的孩子。他们特别重视培养孩子的善良品质，其中也包括"宽容待人"。

其实，在孩子的生活中，每天都会发生很多有意义的事情。类似这样的最佳教育时机，如果有心的爸爸能敏感地把握住，引导孩子试着体察对方的情绪，学会沟通和理解他人，孩子就会成为一个善良可爱的受欢迎的人。

心不是靠武力，而是靠爱和宽容大度征服的。要培养大度、宽容的孩子，家长必须以身作则，为孩子做好的表率，同时抓住教育契机善加引导。

宽以待人无论走到哪里，都会为你带去一片和煦、温馨的春风。不肯宽容别人，则往往给自己带来痛苦。因为给别人开启一扇窗，也就是让自己看到更完整的天空。

自强自立是成长之梯

如老母鸡一样看护着孩子，自己很累，孩子也很累；放手给孩子照顾自己照顾家人的机会，自己轻松了，孩子也很快就成长起来了。

"将相本无种，男儿当自强。"出自北宋著名学者汪洙的训蒙幼学诗《神童诗》，意思是王侯将相本来不是天生的富贵种，贫穷人家的孩子发愤努力，也可以成为栋梁之材，好男儿应当发愤图强。

"不靠天不靠地，凡事靠自己。"这是我在女儿依依很小的时候就给她灌输的思想。

其实，无论男孩女孩，要想充盈幸福地度过一生，都要自强自立。因为我深知，未来社会充满竞争和挑战，要使孩子在竞争中立于不败之地，要在风雨中站得直走得稳，就必须具备自理自立能力。在孩子很小的时候，就培养他的自理自立意识，放手让孩子独自去做去想，去尝试和体验，他才会逐渐独立，并自信地迎接未来的风雨和挑战……

其实，每个孩子在小的时候，都乐意做事。我们家长要有意识地创造条件，让孩子做家长的小帮手，培养孩子的各种能力。只要是孩子能做的、想做的、愿意做的，就要大胆放手，给孩子锻炼的机会，即使孩子做得不好也没关系，他们就是这样一步步走向独立自立的。

如老母鸡一样看护着孩子，自己很累，孩子也很累；放手给孩子照顾自己照顾家人的机会，自己轻松了，孩子也很快就成长起来了。何乐而不为呢？

《少年儿童研究》杂志社曾经对 148 名杰出青年的童年教育做过调查，发现杰出青年在童年时期具有六大特征，而在这六大特征中，自主自立的精神被列为首位。

可见，自立对于孩子未来的发展有多么重要。随着年龄的增长，孩子不仅在日常的学习和生活中要学会自己的事情自己做，而且在遇到突发情况时，也要沉着、冷静，果断应对；更重要的是，成为一个独立的人，勇敢、坚强地面对人生风雨。

东子给爸爸们的建议

一、增强孩子的生活自立意识

在培养孩子生活自立意识的过程中，首先要明确认识。

随着孩子成长发育、动作的发展，孩子就可以在父母的指导下逐渐学会自己吃饭、穿衣，整理自己的图书玩具。大一些的孩子可以尝试着洗手帕、袜子等。

我们应该抓住这个机会，有意识地就此培养孩子的自立意识。如果家长错过了对孩子自我服务能力培养的好时机，总认为自己的孩子还小，大包大揽，什么事都代劳，时间长了，孩子就会养成依赖心理。

现在一些家长爱心泛滥，溺爱横流，孩子不大就把孩子长大成家用的房子和车子准备好了，工作自然也早早"打好招呼"了。由此孩子对什么都提不起兴趣来，他想要的东西，家长早已准备好了，不需要付出努力就可以得到。

就像我的一个战友，他和我一样是农村苦孩子出身，经过 20 多年的打拼，他熬到了副团职转业，儿子十多岁时就把婚房准备好了，孩子刚上高中就开始托人给孩子联系工作。

有一次，我问这孩子想不想当兵，他说不想，我为问什么，他说他爸爸不让，我又问为啥不让，您猜这位当了 20 多年兵的团职军官怎么说，怕孩子吃苦！我得知后，把战友痛骂了一顿，我说他根本就不配做军人，这样的溺爱只能害了孩子。果然，孩子读高中了，没有自己的想法和主见，凡事都要听他爸爸的。

孩子不自立的始作俑者就是这些自以为是的家长，是他们剥夺了孩子自强自立的机会和进取精神。我非常喜欢也一直践行的，是林则徐对子女说的那句话："子孙若如我，留财做什么，贤而多财，则毁其志；子孙不如我，留钱做什么，愚而多财，益增其过。"

要啥有啥的孩子会真正的快乐吗？

从我对青少年心理研究的结果看，恰恰相反，这样的孩子虽然锦衣玉食，但心里很空虚、不充盈、缺乏安全感，他们也和大多数孩子一样，希望通过自己的努力，得到想要的东西或实现自己的愿望。可是，由于家长都给安排妥了，自己也就只好顺其自然了。所以，如果您想让您的孩子真正地收获快乐，要孩子自强自立，必须给孩子机会。

通过自己辛勤付出得来的东西，孩子也会更加珍惜。慢慢地，他就会有一种"想得到，就得先付出"的想法，并且会不由自主地通过自己的努力来争取，从而培养出孩子的自立意识和自强精神。

二、教给孩子生活自理的技巧

作为孩子的父母，孩子从呱呱坠地的那一刻开始，一个幼小的生命，就这样融入我们的世界。从此，孩子成为我们生命中不可或缺的一部分……

人生之始，都是由父母代劳的，给他穿衣喂他吃饭，扶他学走路教他学说话。孩子的任何成长阶段，都有其自然的成长规律，违背了规律结果只能背道而驰。到了该自己吃饭穿衣的年龄，就必须让孩子独自完成属于自己的事情。可当下出了很多"能干"的家长，出于爱子之心，恨不得为孩子做一切事情。他们处处照顾孩子，更是时时保护孩子。由于家长"搞大包干"，以至于剥夺了孩子锻炼自我的机会。所以，在"勤快""能干"的父母身边，大多是依赖性强、缺乏独立性和自强精神的孩子。他们有着共同的特点，那就是懒惰、不上进、怕吃苦、自理能力差。

了解东子教育理念的读者可能知道我是用自己独创的"三三教育"引领孩子成长的，我的"三三教育"中，最重要的是"三强"——自理能力强、自立意识强、心理素质强。所以，从孩子听得懂成人的话那天起，我就对她说：自己的事情自己做。

由此，我培养了一个自强自立的阳光少年依依，孩子的健康成长，使我的理论得到了充分的发挥。

孩子生下来一切对他们来讲都是个未知，就是在一点点积累，一点点实践，才学会去做事的。孩子在幼儿时期，我们应该有意识地锻炼他，不能什么事情都替他代劳，而是要让他有参与意识。其实，很多事情，孩子并不是没有能力去做。

无论是吃饭、穿衣还是叠被子，孩子到了一定的年龄，都要由他自己去做，在此之前，家长可以先帮助他完成，然后是协助他完成，最后放手让孩子自己来完成，这是一个渐进的过程。初学时孩子肯定做不好，从不会到会总是要有个过程的，尽管有时做得不尽如人意，但家长要给孩子及时的肯定和鼓励，纠

正不足的地方，孩子就会慢慢学会的。

要让孩子做到生活自理，必须让其明确生活自理的方法。孩子没学会系鞋带的方法，就谈不上系鞋带；孩子不会洗脸，就谈不上把脸洗干净；孩子不知把玩具放到哪里，就谈不上把玩具物归原处……

也就是说，即使孩子有了自理意识，如果缺少自理的技巧，就是想做也做不好。所以，我们还要让孩子学会具体的生活自理方法。因材施教，有的放矢，进行个别指导。由于孩子之间存在个体差异，因此，要求就有所区别。对于自理能力较强的孩子，就以较高水平来要求；对于自理能力较差的孩子，就相对降低要求的标准，不可强求，更不可鄙视，须因材施教。

生活自理能力是指自己料理生活，自己管理自己的能力，这是每个人能够独立在社会上生活最基本的能力。无论怎样，当孩子要求你帮他做一些事情的时候，如果确定孩子自己能做到，那就"冷漠"地告诉他：自己的事情自己做！

三、要孩子做雄鹰而不是雏燕

在我做父亲之前，曾读过一篇文章，写山鹰常常把巢穴筑在悬崖边上，当雏鹰长出双翅，羽翼渐渐丰满时，山鹰就停止衔食喂养它们，而是狠心地把它们推下山崖，看它们在山崖下挣扎、扑腾，在它们好不容易飞上来之后，再一次推下去……

山鹰不爱自己的孩子吗？怎会如此"残忍"地对待自己的孩子呢？可是，正是这种"残忍"，最终练就雏鹰一副健劲的翅膀。所以说，山鹰这样做是对孩子真正的爱，理智而充满远见的爱。

看看我们人类，似乎比山鹰懂得爱孩子。孩子从出生开始，我们就对他们呵护有加，怕他们冻着饿着，怕他们受委屈，不舍得让他们吃苦让他们受累，更不舍得让他们出去经风雨见世面。孩子能自己做事情了，父母也是大包大揽，什么事情都替孩子做了。

有的家境富足或者有权势的家庭，甚至利用各种关系，不仅让孩子过着养尊处优的生活，而且为孩子的求学就业大开方便之门，铺就一条撒满鲜花的人生大道……当今是"啃老族"，就是这样的家长精心"打造"的。

要孩子做雄鹰还是雏燕呢？相信每一个做父母的，都希望自己的孩子成长为"雄鹰",将来能独立于世,勇敢地翱翔于蓝天。可是,很多时候我们所做的,不是在培养"雄鹰",只是在造就"雏燕"。

因为很多人的教育观念,是宁肯自己挨饿,也要让孩子吃饱;宁肯自己累死,也不要孩子吃一点苦;宁肯自己饱受风雨,也不要孩子走出温室……

让我们看看国外那些声名显赫的成功者,是如何培养"雄鹰"的:

美国前总统卡特的独生女儿艾米,14岁时,在暑假中一个人去打工,当服务员,主要任务是跑腿、送公文、干杂活,日薪2.5美元;芬兰总理的女儿在瑞典上学,由于瑞典物价高,父亲给她的费用不够用,她便在业余时间到饭馆洗餐具,以补不足;南斯拉夫已故总统铁托的儿子,19岁离家奋斗,从普通工人做起,靠自己的奋斗,后来当上了石油公司的总经理……

这就是为什么在中国"纨绔子弟少伟男",而在国外这些富豪、政界要人等显赫家庭里,走出来的却是自立于世的强者。"抱养"的孩子只能是雏燕,放手让他去飞,他才会成长为雄鹰。

四、让孩子自己去解决问题

孩子在成长过程中,总会遇到一些看上去让他很为难的事情。这些事情不一定是孩子做不了的,也许是因为他从未做过,怕自己做不好。于是,本能地想求家长帮忙。

当孩子遇到一个看似很难解决的问题时,爸爸应该先思考,应不应该"帮"孩子。举个不是很恰当的例子,孩子吃饭很慢,为了帮他,您能帮他把饭吃了吗?您吃了孩子的饭,您饱了,可是能代表孩子就不饿了吗?同理,您帮孩子解决了一个问题,那么这个问题存在的意义,便消失了。

所以,有的时候,父母不是在帮孩子,而是在"害"孩子。孩子在人生中遇到的每一个问题,可能都是难得的一次学习机会,父母应该把握这种机会,而不是以帮助的名义剥夺孩子学习的机会。

在对女儿依依实施自立教育的过程中,我最常说的一句话就是:"自己的问题自己解决。"只要依依能自主的事情,我总是鼓励孩子自己做主。小到今天穿什么衣服,自己喜欢的玩具想放在什么地方,这个周末怎么过,等等,大到假期想到哪里旅游,要不要参加什么兴趣班,邀请什么样的朋友来家里……

这些事情我们都有意识地放手，让孩子根据自己的意愿进行抉择，鼓励她进行判断和思考，并最终做出决策。甚至，偶尔我还会特意制造出一些"问题"，让依依去解决。

面对孩子的求助，我们要时常这样告诉他说："这个问题，你恐怕要自己解决了。"摔倒了，应该自己爬起来；快迟到了，要努力快跑着去学校。这看上去多么平常的事情，可是又有多少家长，心疼地去扶起跌倒的孩子，开着车送要迟到的儿子去上课呢？

长此以往，孩子心安理得地享受着父辈的深恩厚泽，不思进取、不求上进，而且一旦遭遇不测，身处逆境，则无所适从、一蹶不振。有的甚至依偎在父母的翅膀底下，即便该担当起赡养父母的职责了，依旧靠父母养着。现在这样的80后和90后家长不在少数。

所以，当您的孩子再遇到问题，不想自己解决的时候，您一定要学会拒绝，坚定地对他说："自己的问题，自己解决！"

做有远见卓识的好爸爸

家长教育眼光的短视，很可能让孩子成为父母望子成龙的"牺牲品"。

很多人会认为，"高屋建瓴""高瞻远瞩"这样的词，似乎只能用在毛泽东、邓小平这样的伟人身上。其实不然，作为家长也同样要有这样的远见卓识。

多变的世界，高速的发展，使得人们都无法想象，两年后的社会，会成为什么样子。但即使如此，想要成就人生、成就事业，就不能不去谋划明天、预见未来，这就需要有远见。

如果想让孩子成才，就必须教孩子有远见卓识，同时家长也要具备远见。对于父母来说，没有什么比孩子成才更令人向往的了。但是，让孩子成才父母必须要有远见。

家长们每天都在想："我的孩子应该上哪个小学、什么中学、哪个大学，将来要找一个什么样的工作。"由于我们没有远见，又受到市场经济大潮的影响，特别是急功近利的想法，让我们现在的心灵无法安静，只看到眼前，跟别人攀比，很多时候是为了自己的面子。

要想让孩子成才成人，父母不能没有远见，要把目光盯在远处，也就是要为孩子确定人生的方向，用远大志向激发孩子，并要求孩子执着向前，顽强地朝着自己的人生目标走下去。没有这种品性的人，是绝对不可能成大事的，甚至连小事都做不成。

生了孩子，不是养大了事，还要想怎样教育，才能使这孩子将来成为一个完全的人。高瞻远瞩，孩子会有更大的成就。

作为爸爸要有远见、有目的、有计划地为孩子的成长设计蓝图，这是孩子成功的第一步。但设计的关键是尊重孩子的基本想法和切合实际的理想，爸爸把自己宝贵的人生经验传授给他们，引导他们向理想的方向发展。但不要让孩子生搬硬套、按部就班、规规矩矩地去做，要根据社会动向和孩子的实际，做出适当的调整。

成大事者都是具有远见卓识的人，因为只有把目光盯在远处，才能有大志向、

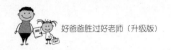

大决心和大行动。

　　华特·迪士尼就是一个极具远见的成功人士。他想象出一个这样的地方：那里想象力比一切都重要，孩子们欢天喜地，全家人可以一起在新世界探险，小说中的人和故事在生活中出现，并触摸得到。这个远见后来成为事实，首先在美国加州迪士尼公园，后来又扩展到美国的另一个迪士尼公园，还有一个在日本、一个在法国、一个在香港。

　　没有远见的人只看到眼前的、摸得着的、手边的东西。相反，有远见的人心中装着整个世界。远见跟一个人的职业无关，他可以是个商人、军人、职员、农民、工人。

　　世界上最穷的人并非是身无分文者，而是没有远见的人。

东子给爸爸们的建议

一、教育摒弃短视行为

　　当前，受传统思想与观念的影响，受家长对社会、人生认识水平不高的制约，很多家长在孩子教育问题上，都或多或少存在着一些短视行为。

　　现在，好多父母有一个通习：喜欢在别人面前，拿自己的孩子和别人的孩子比来比去。或许家长这样做的目的，只是单纯地想让自己的孩子向别人学习来取长补短，但是在家长的不知不觉中，已经伤了孩子的自尊心。

　　曾经有一个女孩，自尊心非常强，在"盼女成凤"的心理驱使下，她的爸爸抓住了她自尊心强这一特点，频频与别人相比较，希望自己的女儿努力学习别人向上走。然而，在与别人做一番比较后，女儿却认为不如别人而意志消沉。她的爸爸没有理会女儿的伤心，相反变本加厉地说："看见了吧，人家比你强百倍，将来该怎么样，你自己看着办吧。"孩子更加伤心了，每天琢磨着爸爸下一次会拿谁来和她做比较。这个女孩经过一次次的自尊心受创，从此心灰意冷，最终一事无成。

　　别把孩子比来比去行吗？孩子有自己的思想，有自己的认识，最重要的是孩子也应得到别人的理解和尊重。

　　每一个人都有他自己的成长过程，孩子的心理成熟显现出很大的个体差异。

如果孩子经常处于被轻视、被当众贬低或受指责的地位，会使孩子产生自卑、对自己缺乏信心、胆小、畏缩的毛病。而且，时间长了，被贬低的次数多了，孩子就不在乎了，也就不知羞耻了。孩子的不知羞耻，也会助长孩子不诚实和任性的毛病。

家长应该认识到，孩子的成长是一个"长跑"的过程，而不是"短跑"的过程，是全面的成长，而不只是某个方面的成长。

美籍政治经济学家龙安志，最近在媒体撰文指出，中国学生的思想和见解是"世界上最短视的"。也许，我们还没有意识或还没有完全意识到教育短视的危害，但等到我们完全意识到的时候，那就"悔之晚矣"！

正是由于家长在其观念与行为上的短视，才直接导致了很多孩子缺乏理想，缺乏信念，缺乏约束，不知感恩，不仅养成了很多不良的习惯，更为严重的是养成了自私自利的性格。

家长教育眼光的短视，很可能让孩子成为父母望子成龙的"牺牲品"。家长的短视必然带来孩子的短视。

二、远见卓识把握机会

假使你拥有一切，但无远见，明天就会一无所有。

生活中不是到处都有这样的人吗？

幸运之神不会偏袒任何人。一个缺乏远见、不能洞察未来的人，常常会眼睁睁地看着机会溜走，到头来一无所获。

有这样一个故事：

小王和小李两人同时受雇于一家超市。起初大家都是从底层干起，可是后来小王很快就受到了总经理的青睐，一再被提升，很快就升到了部门经理的职位，而小李还是在原地踏步。终于有一天，小李忍不住提出了辞职的要求，并且说总经理不提拔那些勤快的人，却提升那些不做事爱拍马屁的人。

总经理很耐心地听着小李的话，他知道这个小伙子是个很勤快的人，工作也很吃苦，但是总是觉得他少了点什么东西。突然，他有了个好的想法：他让小李去看看集市上今天有什么卖的。不久后小李回来报告说：刚刚集市上只有一个农民，拖了一车土豆在卖。

总经理又问：那一车土豆大概多少斤？小李又跑出去，然后回来报告说：十袋。

价格是多少？

于是，小李再次跑到了集市上……

总经理望着气喘吁吁的小李说：你先休息一会儿，看看小王是如何做的。

于是总经理对着叫过来的小王，说了最开始要小李去干的事情。

过了不久，小王从集市上回来了，汇报说到目前为止只有一个农民在卖土豆，有十袋，价格适中，质量很不错，他带回来几个让总经理看看。这个农民过一会儿，还会将几袋西红柿出售。据他看，价格也合适，公司可以考虑进一些货。这种价格的西红柿总经理也许会要，所以同样带回来一些样品。而且，农民他也带过来了，正在外面等着回话。

总经理望了脸红的小李一眼，说：让那个农民进来。

同样的一件事情，不同的人却有不同的行为，导致不同的结局。小王由于比小李多想了几步，于是在工作上取得了更大成功。

未来是向着有准备的人敞开大门的，只有预测到未来出现的机会，并马上着手行动的人，前景才会越来越好。

只要预先想得到，实际做得到，这个世界上永远都会有伟大的事业等待你去开创。

成功的人之所以成功，原因其实只有一个：他们把世人眼中普通的事情，变成了一种机会，他们从眼前的变化中，预见到了未来，并且抓住了它。

比尔·盖茨向我们提出的忠告是：其实未来的成功之路向所有的人都是敞开的，关键是要有备而来，谋划长远，并知道如何把握机会。

微软之所以能够取得今天的成就，最大的成功之处就是预见了，个人电脑在今后的世界，将会大行其道。那时候的计算机都是些笨重的"大家伙"，一般都是用于工业、军事等，而微软却在那个时候，开发出了用于个人计算机的操作系统。

微软的成功说明了什么？

远见！一定要有远见！

三、远见卓识赢得未来

很早以前，人们就知道了远见对于做人、对于成功的重要性。

据《圣经·箴言》第四章第十八节记载，大约三千年前就有人说过：没有远见，人们就会放肆。从中我们不难看出远见的意义和价值。

可是，我们又能够想到多远，想到第几步呢？

如果我们有远见，我们做事就会有目标，因为我们知道做这件事有什么意义，我们为什么要做，我们做了之后会有什么样的后果。这样的话，我们就能够从努力奋斗之中获得成就感，获得乐趣！

如果我们有远见，即使我们是在完成一件枯燥的事情，也不会觉得辛苦和累，而是对此充满激情和动力；即使是最单调的事情也能够给予我们满足感。如今的年轻人大多生存能力比较弱，这都与他们的父辈缺少远见教育有关。

20 世纪 80 年代尚处于改革开放初期，那时的家长和学校很难想到，20 多年后，年轻人的生存竞争将异常激烈，这个时候，谁多一些智慧，谁就能多一些赢得美好生活的机会。但是，除了极少数有远见的家长，大多数家长都没有在孩子的能力培养上付出过心血。

其结果是，如今很多大学毕业生不能适应社会，在这儿干几天不行，到另一家干几天又被炒，最后只好在家"啃老"。

就说填报高考志愿吧，在选择专业时，家长一味地看重目前的就业率，所以都往热门专业扎堆。其实，这就是没有远见的表现，因为所谓的"冷"和"热"均是顺应经济社会的发展，因此任何相对冷门的专业，都有可能成为下一个热门专业；去年就业率高的专业不一定四年后仍然高。

没有远见的父母是可悲的，因为他们的孩子毫无未来可言。要培养有远见的孩子，家长一定要有一双善于观察、善于发现的眼睛，要具有高瞻远瞩的战略目光。

如果爸爸能根据孩子的特长谋划孩子的未来，教会孩子善于思考，多方位、多角度看问题，帮助孩子发展特长，发掘潜力，你的孩子定会在莘莘学子中脱颖而出，成为未来社会的佼佼者。

在应试教育的高压下，大部分没有远见的家长把孩子送进重点校的时候，我悄悄领着孩子走进了普通校；在很多家长给孩子报各种补习班，逼迫孩子学

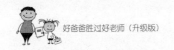

级考证时，我带来女儿走进大自然游，走四方；在很多家长为了保证孩子学习而包办替代一切时，我引领女儿做手工、洗衣服、做家务，从劳动中获得各种知识，学习各种技能……

在没有快乐、没有自由、人格缺失的环境下考上大学的孩子，10 年、20 年后，能有多少成为品行好能力强的社会精英呢？让孩子拥有乐观的性格、健全的人格、饱满的情绪、自信的心理，这些心理品质和良好的道德修养及较强的生活能力，远比多考几分几十分甚至几百分有意义。

给予这样的思想，我为中国贡献了一个"品行好、能力强、学业优"的阳光女孩，爸爸不同的教育思想铸就了不同的孩子，阳光女孩范姜国一就是在我的快乐教育思想下，这样成长起来的。

孩子出生时犹如一张白纸，我们做父母的就如画家、雕刻家，你图什么颜色，他就什么颜色；你刻成什么形状，他就什么形状。孩子的未来有无数可能，他是否高分，能否高能、高品，都源于做父母的这双大手（教育思想）。所以说，父母的远见决定孩子的未来！

创新描绘美好人生

善待孩子涂鸦中的创新意识，也许他们辉煌的人生，就是从这些"不可思议"的涂鸦起步的。

有个叫琴琴的 4 岁孩子，当奶奶让她自由画画时，琴琴画了一棵奇怪的苹果树，苹果结在树根上，埋在地底下。

奶奶说："你画错了，苹果应该挂在树枝上。"

她忽闪着大眼睛说："马铃薯、花生、红薯，它们的果子也是长在根上的，这样就不怕刮大风了。"

奶奶无可奈何，只好向她摊开两只手："唉，我怎么说你才明白，苹果只应该生长在树枝上。"

另一个叫兵兵的男孩画了只小猫，被他的妈妈看见了，妈妈说："兵兵，你画的小猫怎么安上了狐狸的大尾巴？天底下有这样的小猫吗？"

兵兵舔舔嘴唇说："小猫冷的时候，大尾巴可以当被子盖呀！"

妈妈说："有了大尾巴，就不是小猫了。"

他歪着头反问："你刚才不是叫它小猫吗？"

面对这样的反问，妈妈无话可说。

通过这两个小故事，东子想说的是，从小培养孩子的想象力，就要为他们创设宽松开放的环境。对于孩子们的涂鸦，我们不必拘泥于表面的"像"与"不像"，而是要积极鼓励他们去自由地想象，大胆地表现，让他们在发散思维、逆向思维中得到创造的快乐。

爱因斯坦、爱迪生在孩提时代，就常常想些、做些成年人看来"没有道理"的事情，而遭到老师的非议。可是实践证明，这对他们长大后，从事科学研究和发明创造是大有益处的。善待孩子涂鸦中的创新意识，也许他们辉煌的人生，就是从这些"不可思议"的涂鸦起步的。

现代社会是科技飞速发展，知识日新月异的时代，也是一个充满竞争的时代，

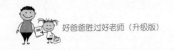

一个国家要在竞争中立于不败之地，就需要培养和造就一大批基础扎实、综合素质高、勇于开拓创新的创造型人才。

日本在战后为什么能在短时期内迅速恢复发展起来，并成为世界经济、技术强国呢？这是因为，他们一方面长期推行一条技术引进方针，另一方面则是重视对新一代创造能力的培养，并在国民中广泛开展创造发明活动。

历史证明，一个国家要振兴，一个民族要昌盛，就要培养大批创造型的人才。有研究表明：3～9岁是人的创造力发展的基础阶段，如果错过了这个阶段，以后就很难重新点燃创造的火花了。

目前许多家庭中，由于家长缺乏对孩子创造性行为的认识，对孩子的一些创造行为表现，看作是异想天开、调皮，或是添乱，往往不予理睬，或是粗暴干涉，在无意中伤害、压制了孩子的创造意识。

具有创新意识，才能有创造能力。

说到这里，有的家长或许认为，我的孩子不是具有创造能力的人，他不可能成为科学家、发明家。

其实，这是家长的一种盲性认识，把创造能力看得太神秘、太高不可攀了，对于孩子来说，虽然他们并不能创造出什么"震撼世界的东西"，但他们却蕴藏着巨大的创造潜能，只不过是他潜在的创造力，还没有被开发利用起来罢了。

陶行知先生说过："处处都是创造之地，天天是创造之时，人人是创造之人。"

当您的孩子画出一幅标新立异的图画来，那是他创造力发挥的表现；当您的孩子把手电筒、遥控器、玩具大卸八块弄得乱七八糟时，那也是孩子好奇心创造欲望的表现；当孩子说出一句新颖的词语、唱出一首自编自创的歌曲时，那都是孩子创造力的表现。

家庭中，在与孩子的朝夕相处中，如果细心就不难发现，孩子随时都有创造的潜在能力，关键是爸爸如何发现、引导和培养孩子的创造力。

东子给爸爸们的建议

一、和谐的家庭氛围，是孩子创造力发展的保障

家庭是孩子接触的第一环境，在家庭中营造一个宽松的氛围，让孩子自由想象，与孩子进行平等交流，这对促进孩子的创造力发展，有十分重要的作用。在这种气氛下，孩子和父母有着积极交流的愿望，孩子往往会尝试着想出一些新颖的主意和看法，使自己的行为和思维方式更加独特。也只有在这种自由式的气氛下，孩子敢疑、善疑，敢问、善问，敢于创造、善于创造。

因此，爸爸应创造一个良好的家庭环境，向孩子开放，并在物质方面提供给孩子独立的空间、充足的时间和一些基本的材料（如绘画用的纸张颜料、画笔、各种可拼拆的玩具，以及一些半成品等），还要在精神方面给予孩子鼓励、支持。

二、保护孩子的好奇心，点燃孩子的创造力

好奇心人皆有之，好奇心表现在孩子的身上尤为突出。面对五彩缤纷的世界，孩子具有强烈的好奇心。路边一朵不起眼的小花、玩具店里琳琅满目的玩具，甚至成人眼中毫无作用的小石块、小瓶子、废螺帽、废纸、空火柴盒、废旧笔筒等，都可以成为孩子们流连忘返、百看不厌的"研究"对象。

对于那些在成人眼中平淡无奇的事物，他们却会感到那么神奇和不可思议。他们往往会提出许多问题，诸如天上的星星为什么不掉下来，小鸟为什么会飞，母鸡为什么会下蛋而公鸡不会，彩虹是怎样形成的，等等。

好奇心是孩子主动观察，反复思考问题的强大动力，是推动孩子积极主动地观察世界，开展创造性思维的内部动力，是创造力成功的起点。爸爸要善于保护孩子的好奇心并因势利导，让孩子学会向更高层次思考。

三、鼓励孩子积极探索，开发孩子创新意识

当别人问大科学家爱因斯坦何以有那么多的创造时，他回答说："我没有什么特别的才能，只不过喜欢寻根刨底罢了。"积极探索是创新意识的先导，所以，爸爸要保护和支持孩子的探索欲望和探究行为。

女儿依依5岁的时候，有一次在楼下玩，叫她吃饭总也叫不回来。于是我

下楼走到孩子身边，只见孩子蹲在一棵大树下，聚精会神地在看蚂蚁搬家，我没有打扰她，而是蹲下身子陪孩子观察。孩子见我和她一起看，便问："爸爸，蚂蚁这么小怎么能搬动那么大的食物？"她接着一面用土堆起一个小土包一面说："咱们做个小实验吧，看看蚂蚁能不能把食物搬过山去。"我点点头。

实验开始了，只见一只蚂蚁搬着食物来到"山"脚下不能前进了，这时，小蚂蚁放下食物绕到山坡上将食物倒着拖过"山"去。实验做完后，我们爷俩高高兴兴地回家吃饭。饭吃得很香，关于蚂蚁的话题直到饭后还饶有兴趣地谈着。

体察童心，爱护孩子的探索欲望，支持孩子的探索行为，很有利于孩子萌发的创新意识。

四、放飞孩子的想象力，引导孩子创造构想

激励创造力的发展想象是一种形象思维，它是以记忆的表象为基础，对记忆表象进行加工改造，形成新形象的心理过程。孩子在进行创造过程中，必先以想象为先导，没有想象就没有创造的意向，就不可能进行创造。

做父母的大多有类似这样的经历，一件好的玩具，一到孩子的手里，没玩几天就被拆散了。其实，这是孩子想展开自己的想象进行新的创造呢！假如家长不给予孩子这样的机会，甚至干涉孩子，就剥夺了孩子创造的机会了。

明智的家长应用宽容耐心的态度对待孩子的这一切，哪怕是幼稚甚至略带破坏的行为，要根据孩子的想象力进一步激励，引导孩子去实现其创造构想。

五、欣赏孩子的作品，激发孩子创造灵感

孩子眼中的世界是极为精彩的，他们展现自己的心灵世界的方式也是极为丰富的。作为爸爸，要学会认真聆听孩子的心声，学会欣赏孩子的每一次表现，哪怕是一个小小的有创意的"作品"，一句新的词语，一首不成调的歌曲，你都要真心地发出赞叹。

那样，孩子是会很开心的，"创作"的灵感也就来了。

在我的鼓励下，依依小时候的创作能力就很与众不同，她会做出三条腿桌子、五条腿椅子等奇异的手工作品，我不仅没有责备她不循常规，而且赞赏她的创新意识。在我的赞叹声中，女儿的创作欲更强了，创新能力更强了。

由于中国传统家庭教育观念根深蒂固，家长对孩子的教育，经常是自觉或不自觉地压抑了孩子的创造才能，使原本独具创意的孩子，常常变得循规蹈矩，墨守成规，应变能力差。

作为爸爸，应把培养孩子的创新意识，作为自己的一项重要使命，自觉地为培养他们的创新意识，提供更广阔的教育空间，使他们的潜能得以充分地开发。要把对孩子"有所创造的期望"，渗透到教育过程中，而且要用一种欣赏的眼光，去对待孩子的创造，随着时间的推移和潜移默化的影响，孩子的创造意识就越来越浓。要教育孩子从小事做起，支持孩子在没有危险的情况下进行各种尝试，不必刻意强求孩子照旧的模式去做，要鼓励孩子创新。

幼儿期是开发孩子脑力资源、培养创新意识和创造能力的黄金时期。儿童本性中潜藏着强烈的创造欲望，只要我们在教育中注意诱导，并放手让儿童实践探索，就会培养出创造能力，使儿童最终成为出类拔萃的符合时代要求的人才。否则，这种可贵的创新精神萌芽，就会被扼杀在摇篮中。

因此，家长必须重视孩子创新意识和能力教育，把握培养孩子创造性人格的良机，对他们进行科学合理的培养，让他们的创新潜能得到最大限度的发展，为未来成为"创造性"人才打下坚实的基础。

爸爸对孩子创新意识和创新能力培养的重视程度，一直影响孩子未来的人生！

附录

爸爸在孩子不同时期的主要角色

"好爸爸"的20个标准

感谢有你

像东子一样做好爸爸

《好爸爸胜过好老师》当当网读者评论

父亲在孩子不同时期的主要角色

一、孩子婴幼儿期父亲的主要角色

婴幼儿一般是指0～6岁的孩子,婴儿期指从出生到满1岁以前的这段时期,幼儿期又分为两个阶段:第一阶段是孩子的1～3岁,第二阶段是孩子的4～6岁。

婴儿期是孩子出生后生长发育最迅速的时期,是人一生中生长发育最旺盛的阶段。他们从吃奶过渡到断奶,学会了人类独特的饮食方式;从躺卧、不能自由行动状态发展到能够随意运用自己的双手去接触、摆弄物体和用两腿站立,并学习独立行走;从完全不懂语言、不会说话过渡到能运用语言进行最简单的交际,等等。这一切都标志着婴儿已从一个自然的、生物的个体向社会的实体迈出了第一步。

第一阶段是婴儿期的延续,此间孩子身心发展主要有两方面的变化:①学会了随意地独立行走和准确地用手玩弄或操纵物体,并在此基础上产生了最简单的游戏、学习和自我服务等活动。②迅速发展了语言,能够自由地运用语言与他人交往,并能通过语言对自己的行为和心理活动进行初步的调节。这一时期是儿童智力发展非常迅速的时期,是孩子个性、品质开始形成的萌芽期。幼儿期个性的形成是以后个性发展的重要基础。

第二阶段是第一阶段的延续,教育重点学应放在习惯的培养上。幼儿阶段是养成良好习惯的重要阶段,必须高度重视幼儿习惯的培养。此间孩子语言及动作能力发展较快,可以顺利地进行交际、交流思想,抽象逻辑思维能力开始萌芽,孩子学会了使用表情,逐渐能控制感情的发生,也逐渐能控制情感的表露;这一时期,孩子好动但能力还很弱,因此既要大胆地让孩子活动又得切实注意安全。

此间除协助妈妈做好孩子的一般养护外,爸爸的角色主要是:

1. 注重孩子健康,陪孩子多锻炼

健康永远是第一位的,幼儿阶段的孩子,正处于身体发育的关键时期,在关注他们未来是否成功的同时,我们更要关注他们的身体健康。孩子只有身体

健康了，才有可能去实现家长的愿望和期盼，才能有资格去争取一个好的未来。

所以，做爸爸的一定要多带孩子进行户外活动，比如晒太阳、打滑梯、同其他小朋友追逐跑、去游乐园玩等，这样会使孩子的身体得到很好的锻炼；也可利用节假日带孩子郊游、爬山、逛公园等，从而使幼儿体验到劳累、体验到艰辛，体会到生活中除了甜，还有苦和辣，使幼儿在各种环境下受到挫折和磨炼。爸爸陪孩子多参加体育锻炼，并养成锻炼的好习惯，培养一些体育爱好，孩子将受益终身。

2. 启迪孩子心智，陪孩子多玩耍

孩子的玩耍是天性，是上帝赋予人的生命阶段性状态，如同植物要开花，虫子变蝴蝶一样，自然规律不可更改，生命自然状态必须给予尊重。玩耍，是人感知和认识世界的重要组成部分，更是孩子未来知识结构立体化以及情操、人格健全的原始基础。

对于幼儿，玩耍似乎是他全部的活动，所以要让孩子玩得开心尽兴。在前文中我曾说过：幼儿期的孩子玩耍一般有三种形式：一是与父母在一起玩，二是与同龄小伙伴在一起玩，三是独自玩耍。而爸爸陪孩子玩耍，对孩子的成长意义非凡，既启迪心智又融洽亲子关系。

爸爸做孩子的游戏伙伴，不仅可以满足孩子情感上的需求，而且在和孩子玩耍的过程中能够更好地促进孩子的心理发展。同时，能够及时发现孩子的兴趣和潜能，从而在共同玩耍中有针对性地加以引导。同时爸爸在和孩子玩耍过程中，会给予孩子以力量、信心。

会玩可以培养孩子的动手能力，可以启发兴趣爱好，还可以从玩中发现问题，培养主动性。有许多有特长的孩子，就是在课余时间玩自己爱玩的东西，从而有了小发明、小创造。所以说，玩耍可以启迪孩子的心智。

3. 磨炼孩子意志，让孩子吃点苦

社会的竞争，绝不仅仅是知识和智能的较量，更多的是意志、心理素质的比拼。可由于家长的包办代替和娇宠溺爱，许多幼儿的抗挫能力较差，心理承受能力低下。所以必须加强意志磨炼，提高幼儿的心理承受能力。使孩子明白：

人生道路不可能一帆风顺，随时都会遇到困难，人要有战胜困难的信心和勇气。培养了孩子吃苦耐劳、坚韧不拔等优良的心理品质，同时也提高了幼儿的心理承受能力。

坚强不是长大后突然学会的，而是人生在经历种种困难、危险、挫折、失败的进程中形成的。因此，在幼儿阶段，爸爸应该通过有意识的引导、教育、磨炼，让孩子适当地吃点苦头，使孩子逐渐学会如何面对困难、面对危险，为养成勇敢坚强的意志品质奠定基础。

在对父母的依赖中，孩子只会软弱，而培养不出坚强的品质，当他们日后步入社会独立生活时，没有坚强的意志，暂时的困难与挫折就能把他们击倒。所以爸爸应意识到，坚强的意志对孩子的成长非常重要，要在慈爱中赋予孩子坚强的品质。

作为男性，爸爸拥有一般女性所不具备的意志品质，如果爸爸能够多陪伴孩子，孩子就能够感受到并拥有这种良好的意志品质。

二、孩子小学期间父亲的主要角色

孩子在小学期间一般是6～12岁，其实，6岁和12岁的孩子差异是很大的，所以这期间的教育重点是不一样的，一般我们将其分为两个阶段：第一阶段是6～9岁的小学低年级（一至三年级）阶段，第二阶段是9～12岁的小学高年级（四至六年级）阶段。

第一阶段是幼儿期的延续，教育重点应以长身体和玩耍，巩固孩子的良好行为习惯，培养学习兴趣，增强自立意识为主。第二阶段是第一阶段的延续，教育重点应以巩固学习兴趣，增强孩子自理及相关动手能力为主，培养孩子自信与坚强品质。

如果说，婴幼儿期爸爸是配角，那么此间爸爸和妈妈一样同为主角，只不过分工略有差异罢了，这种差异主要表现在性别特质上。

男女有别，并非简单地指外观上的性别差异，还有很多内在的差别。研究表明，男性荷尔蒙值要比女性荷尔蒙高。因此，爸爸的精力往往更旺盛，而妈妈则大多显得更安静。男性的坚韧、大胆、果断、自信、豪爽、独立，这些特点往往是女性所不具备的，这就显示出了，爸爸教育所不能替代的作用。在思

维上女性形象思维比较好，男性逻辑思维比较强，这也可以起到互补的作用。其实，相对妈妈来讲，爸爸心胸更开阔一些，实践范围更广泛一些，在一些重大问题上，相对比较理智，看得长远，而且成熟的爸爸应变能力也较强。所以，此间爸爸的角色主要是：

1. 要培养孩子学习兴趣和学习习惯

兴趣是最好的老师。孩子无论做什么，没有兴趣都不会取得好成果，即便是玩耍也是如此。而学习更是这样，试想一个不喜欢学习的孩子能学得好吗？

结束了幼儿时代，孩子在父母的牵引下迈进了小学校园，孩子喜不喜欢学习，能不能学得好，很大程度上都取决于他对学习的兴趣。孩子的兴趣需要爸爸的发现和引导，爸爸要经常问一问孩子的兴趣是什么，要引导孩子不断发展兴趣。我们都知道，学习若能给孩子带来快乐，那么他一定会喜欢学习。所以，爸爸要引导孩子快乐地学习，比如孩子喜欢画画，他乐意用五彩的蜡笔在纸上涂抹，不管他画得怎样，此时爸爸能表扬他，孩子就会对美术学习产生浓厚的兴趣。

成功教育从习惯养成开始。教育的核心不只是传授知识，而是学会做人。习惯是一个人存放在神经系统的资本，一个人养成好的习惯，一辈子都用不完它的利息。作为小学生，除却继续巩固在幼儿期养成的良好行为习惯外，学习习惯的养成至关重要。

学习习惯是指孩子在一定的学习情景下，自动地去进行某些学习活动。也就是说到了一定时候，孩子会自动地学习。比如有的孩子上课注意力不集中、对读书（看书）不感兴趣、观察事物粗心、记忆力差等情况，以上这些都是影响孩子良好学习习惯形成的因素。爸爸要针对孩子这些不良的学习习惯，从学习兴趣的培养、注意力的训练、读书习惯的培养等方面着手培养孩子良好的学习习惯。

2. 要培养孩子自立意识和自理能力

自立是不依赖别人、依靠自己的努力做事的精神品质。实际上自立是一种自我生存的意识和能力，自立包括自立意识和自立能力，两者是互相影响、互相促进的。一个人具有自立的意识和能力，不仅对社会有好处，而且对自身的健康发展也有利。人有了自立的意识和能力，便比较容易适应社会，把握机遇，发展自身。

要让孩子自立，爸爸就要给他创造机会。比如孩子之间有了矛盾，不要自己出面解决，而是要孩子自己去解决处理，利用处理人际矛盾来锻炼孩子的自立意识。随着年龄的增长，孩子不仅在日常的学习和生活中，要学会自己的事情自己做，而且在遇到突发情况时，也要沉着、冷静，果断应对，更重要的是，成为一个独立的人。

生活自理能力指人们在生活中自己照料自己的行为能力。对于小学生来说，主要是在生活上能自己处理日常生活琐事，比如，独自穿衣服、独自铺床叠被、洗小件衣服、收拾书包、打扫卫生、购买一般学习用品及力所能及的家务等。

自理能力是小学生的动手能力的主要内容，孩子从需要被照顾和保护，到自己独立生存，是一个漫长的过程。在这个过程中，做爸爸的一定要克服"爱心"，不过多照顾和保护孩子，而是有意识地给孩子提供自立的机会。只有放手让孩子去做，才能使孩子逐渐形成较强的自理能力，并以丰富的经验和坚强的意志去迎接未来的挑战。

3. 要让孩子更加自信与坚强

自信就是自己相信自己，自信很大程度上是通过别人给自己建立起来的。孩子的不自信，很多都来自家长，比如过多地指责、父教缺失、家庭不睦等。不自信最直接的就是形成自卑，自卑是一种性格缺陷。因此，爸爸应关注自己的孩子有没有自卑心理，一旦发现，要尽早帮助克服和纠正。

小学期间是孩子成长中承上启下的一个重要阶段，父爱在孩子此间的成长过程中所起的作用最为重要，此间缺少父爱的孩子性格方面会有一些明显的弱点。因此，做爸爸的要尽可能投入家庭教育中，与妈妈合力撑起大伞，为孩子健康成长提供足够的精神营养。

爸爸要对孩子有信心，处处流露出"我的孩子很棒"的态度。因为爸爸眼里肯定、和善的神情，会让孩子感到信心十足。当孩子做事失败了，我们要告诉他，失败是正常的，不要泄气，要充满信心重新开始。孩子会在我们的鼓励中树立信心，而且会更加坚强。

现今的孩子大都是在"母教"的万千宠爱中长大的，他们中很多人养成了任性、脆弱、依赖性强、独立性差等弱点。如果不克服以上缺点，如果不对他们加紧进行"父教"，不及时对他们进行适当的挫折教育，培养他们坚强的品格，他们将来就难以在社会上立足。

为了让孩子坚强自信，作为爸爸应根据孩子身心发展和教育的需要，创设或利用某种情境，提出某种难题，让他们通过动脑、动手来解决，从而培养出迎难而上的坚强意志。比如，冬季来临时，鼓励并带领孩子早起晨跑、晨练，磨炼他们与严寒做斗争的坚强意志；利用节假日带孩子徒步、爬山等，从而使孩子体验到劳累、体验到艰辛，这样使孩子越发坚强自信。

三、孩子中学期间父亲的主要角色

从稚气未脱的小学生到初显成熟的初中生，伴随着成长的脚步，孩子们在继续着美好人生的旅途。在孩子中学阶段主要接受三方面的教育——家庭教育、学校教育和社会教育。家庭教育作为人生接受教育最早、影响时间最长的一种基本形式，在孩子们的初高中阶段仍起着十分重要的作用，是学校教育不可替代的。

初中阶段是夯实各项基础知识的关键时期，是人生观确立的重要时期，是儿童向青年过渡时期，初中学生具有半幼稚半成熟、半儿童半成人的特点。这个年龄阶段是身心发展突变的时期，不论在生理方面还是心理方面都存在着不少特殊矛盾。所以，中学时期孩子的教育主要是乐观心态和阳光心理，因为中学期是人生重大的转折期，此间心理健康最重要。随着孩子自尊需求的增强，家长要更多地给予孩子尊重与理解。为此，中学生家长在引导教育孩子时，在这个阶段一定要在以下几方面给予特殊的关注。

1. 给予孩子更多的理解

进入初中，孩子在生理上进入了青春发育期，心理上开始进入了"心理断乳期"，因而出现了许多与其他年龄段大不相同的特点和特征。此间的反抗性包含着思想上的批判性和独立性。这时的孩子会表现出来桀骜不驯，感情用事，固执己见，好走极端，渴望得到家长的关心和理解，渴望与父母交流和沟通。

所以，父母要理解孩子，改变一些传统的观念，放下家长的权威角色，尊重孩子的独立性，珍视他们的批判精神，将其引导到一个正确的方向上，并营造一种民主和谐的气氛，鼓励他们发挥中学生特有的朝气和活力，勇于创造。对于孩子因不成熟而表现出来的缺点，不能嘲笑斥责，也不能放任自流，而应当善于启发引导，使其认识到自己的不成熟，学会全面地看问题，克服情感和行为上的偏激。

另外，作为中学生家长，应当改变以往的教育孩子方式，从提高孩子的自觉性入手，深入了解孩子身心发展的阶段性、特殊性，理解孩子的心灵需求。只有这样才能做出正确的判断，实施有效的教育。

2. 不要忽略孩子的尊重需求

每一个人都是一个独立的个体，每一个个体都有自尊和个性差异。处于青春期的中学生，他们的情感开始萌动，个性初步稳定。他们渴望获得尊重和独立，渴望获得平等的人格尊严，渴望体验自由、独立行动的快乐。于是，他们有了不愿与家长交流的小秘密，有了独立处理问题的行为。

作为家长，应该像爱护眼睛一样爱护孩子的自尊。尊重孩子的个性特征，让孩子朝着感兴趣和适合自身个性特点的方向发展。尊重孩子就是尊重孩子的自主权，尊重孩子的个性。

我们尊重孩子并不是对孩子听之任之，放任自流，而是说应该尊重孩子生命发展过程中的独特精神，尊重孩子的成长需要，尊重孩子的各项权利。尊重孩子的人格尊严，把孩子当作发展中的独立个体来对待。孩子在家长身上接收到尊重人的信息，他也能够学会尊重自己的父母和别人。

作为家长，不应以自己的好恶来规定孩子的发展方向，不能以随意的方式探究孩子内心的秘密，要寻找最佳的途径，让他知道家长既关心他，又把他当作朋友来尊重。

3. 要坚持正面教育

每个孩子都有自己的优势和劣势。作为父母应看到孩子身上的优点，发现、扶植、发扬孩子身上的积极因素，充分发掘孩子身上的闪光点和优势，激发其

内驱力，使积极的方面逐渐增强、扩大，使消极的方面逐渐减弱、缩小，使孩子在自身优势充分发挥的基础上，逐步克服孩子身上的缺点和落后因素。

做爸爸的一定要尽其职责，为孩子成长提供积极的正面教育。一般而言，爸爸虽然粗心但是相对理性，所以如果遇到孩子妈妈对孩子的负面教育，要及时与其沟通，保证正面教育的积极开展。

4. 身体素质的培养

身体是生存之本，有了一个健康的体魄才能更好地学习、工作和生活。

现在很多中学生的身体素质，已经远远赶不上他们父母当年做学生时的情况。中学生现在身体素质急剧下降，一是睡眠的不足，二是因为饮食方面的不注意，三是因为体育锻炼的缺乏。

现在的中学生军训中，学生晕倒者比例高达20%，孩子们的身体素质令人担忧。虽然现在的孩子大都白白胖胖、高高大大，实际上身体素质并不好。军训质量很大程度上取决于学生的身体素质和心理素质两个方面。所以，家长要注意孩子的身体锻炼。

尤其是爸爸，一定要抽出时间，最好是固定时间陪孩子进行体能锻炼。可以带孩子跑步、打球，也可以伸拉各种运动器械。我们家长需要强健的身体去工作、生活，孩子需要健康的身体学习、成长。

5. 心理素质的培养

中学阶段是人生心路历程中最为躁动不安的阶段。在这个阶段里，青少年无论在生理或心理发展、社会适应等方面都要经历巨大的变化，摆在他们面前的，不仅是学习、交往、发育等自身成长过程中会遇到的一系列问题，还有来自家长等其他成年人的压力，这些都给现代孩子带来精神的困扰和心理上的不平衡。

心理健康的青少年，不仅能客观地对待现实，而且能正确地评估自己；乐于与人交往，有稳定乐观的情绪，即使遇到挫折，也能自我调适、乐于学习，并且能够在学习中充分发挥自己的智慧和能力，争取获得最佳成绩。

回顾我们自己中学的历程，就会发现，中学阶段的学习兴趣、学习方法、行为习惯、身心状态等，对我们的一生都意义非凡。如果把人生比作一栋大厦，求学期间就是打地基阶段，而中学正是这地基承上启下的环节，如果这段地基不夯实坚硬，未来的大厦就经不起风暴雨骤。

"好爸爸"的 20 个标准

关于如何做一个好父亲，本书中已经说过很多了，在此综合一下。东子给想做一个好爸爸的男人开一个单，也可唤作"做好爸爸的 20 个条件"，如果您能够做到 12 个，属于合格；能够做到 15 个，视为良好；能够做到 18 个，可为优秀；全部能做到，那您就是最棒的好爸爸！

1. 陪孩子玩耍。每周抽出不少于半天的时间，陪孩子做各种游戏（打牌、下棋、打球、看动画片等），与孩子一起玩乐。

2. 给孩子讲故事。孩子幼儿期，不超过两天要讲一个故事；上小学后，要保证每周至少讲一个故事。

3. 带孩子走进大自然。每周都要带孩子到户外参加相关活动，每月至少带孩子到郊外一次，寒暑假要带孩子走进大自然。

4. 陪孩子读书。孩子幼儿期，陪孩子看各类故事画册和绘本，增进亲子共读；上小学后，要适当陪伴孩子阅读，并由此培养孩子的阅读习惯。

5. 多带孩子去书店。要经常带孩子去书店购书，为孩子买书时要尊重孩子想法；还要抽时间带孩子去图书馆读书。

6. 不抽烟。抽烟的行为对孩子身心都有不利影响，所以尽量不抽烟，如果实在要抽，也一定要避开孩子，绝不可当着孩子的面抽。

7. 不酗酒。大量饮酒伤身害己，对孩子身心都有不利影响，所以要适量少饮酒，绝不可以酗酒，或因为饮酒而闹事。

8. 回家过夜。如果不是出差在外或因工作原因，无论多晚，都回家陪老婆孩子过夜。

9. 对孩子的承诺要兑现。不可轻易对孩子承诺，承诺了就一定要兑现。如因意外不能兑现，要及时向孩子道歉，并尽可能补上。

10. 有爱心。要爱自己、爱他人，做些力所能及的善事，孩子大些，要一起做义工。

11. 孝顺父母。时常问候父母，逢年过节要带着妻儿去看望父母，为父母多行孝。

12. 以身作则。要求孩子做的事情，必须是自己能够做好的。为人要真诚、正直、善良、有担当，给孩子传递正能量。

13. 倾听孩子的心声。要耐心倾听孩子的想法，为孩子排忧解难，平等沟通，做孩子的知心朋友。

14. 适当赞美孩子。时常表达对孩子的喜爱，多肯定少否定，适当给孩子一个拥抱、拍拍后背、亲亲脸。

15. 分享孩子的快乐。孩子有任何开心的事情，都要及时分享，并予以肯定。

16. 积极上进。要热爱本职工作，积极上进，勤勉劳作，为孩子树立榜样。

17. 尊重孩子。不辱骂孩子，不查看孩子日记、短信、微信，不偷听孩子打电话。

18. 理解孩子。多换位思考，理解孩子的苦衷和所为，感恩孩子给我们带来的幸福。

19. 信任孩子。放手让孩子做力所能及的事情，给孩子尝试新事物的机会，并给予必要的鼓励。

20. 尊重孩子妈妈。无论你与孩子妈妈的观点和认识有多少差异，都不要贬损对方，要尊重孩子妈妈，这样孩子才会更加爱爸爸和妈妈。

感谢有你

第一次有幸为一部书写跋，略有紧张，再者这部书于我于作者都是这么特别，加之我与本书作者的特殊关系，各种情愫混合搅拌，所以一时间不知如何开头，虽也写过几部算是称得上书的作品，但此刻也因上述原因局促不安而稍显忸怩词穷了。

作为女儿，虽然从未当爸爸面说出"感谢有你"这样煽情的话语，但心中的感恩从未停止。从我呱呱坠地、蹒跚学步到现在略能自理，不敢说能凭自己丰衣足食，但把我扔到大山沟里，起码比其他孩子生命力顽强，战斗力持久。这些，不用多说也知道，感谢是要落到父亲头上的。

　　自小，爸爸对我的教育就与众不同，有哪位爸爸能担保，当自己孩子当众说出理想是卖金项链，这样庸俗不堪的"鸿鹄大志"时不羞愧难当，不埋怨指责？有哪位爸爸能够在不影响工作的情况下，闲余时间大部分都用来陪伴孩子，玩一些幼稚的儿童游戏？又有哪位爸爸能言出必行，能力之内承诺孩子的事情基本都兑现？

　　现实中这样的父亲自然是少数，但我却非常幸运地摊上了这样一个好爸爸。卖金项链，爸爸教会我不人云亦云，告诉我自己的想法勇敢地说出来；陪我玩耍，爸爸教会我亲情大于任何物质，告诉我游戏一样可以开动大脑；兑现承诺，爸爸教会我履行诺言的为人准则，让我知道光说不做伪于人。

　　如上这些，很多爸爸做不到，并苦于不自知。他们自认为自己做得十分优异，努力工作，改善家庭经济条件，都是为了孩子能有个似锦前程。但不知这些爸爸有没有考虑过，我等孩童真正想要的是什么呢？是一个能陪伴我们一起成长的爸爸，而不是从早忙到晚，连面都见不到的大忙人。

　　从小到大，不上课外班、不写家庭作业，对考试分数、成绩排名不屑一顾，这种优哉游哉、不羁潇洒的学习方式，让我的很多同学、好友都艳羡不已。当年还是三尺童子一枚时，我怀着拯救劳苦大众的豪情壮志，大方地对同学们说："我爸爸分你一半吧！"引得一阵振臂高呼。

　　但随着年龄增长，心智成熟，逐渐发现，爸爸是不能分给别人的。也随着年级升高，周围的好友日渐陷入繁重学业的水深火热中，而我，却依然处于爸爸精心打造的轻松的学习环境里，如鱼得水地在中国应试教育大体制中放肆生长、不受阻碍，仿如在深山中劈柴筑屋，在海底建造潜艇，在火山岩浆中另辟孤岛……

　　时间穿越记忆的黑洞，滑过夜梦的清流，伫立在灯火彼岸，欣赏对岸花开，回味已逝韶华。如窗外的雪花，纷扬落下，铺成一片雪白，片片雪花带着对天空的眷恋，仰面凝望飘落的轨迹，回忆曾在云端的丝丝过往。

　　我曾经很多次地想象，如果当初，我没有跳级，没有出书，没有"不务正业"地玩耍，没有我这"异想天开"的爸爸，而是按部就班地如其他学生一样，年复一年老老实实地上学、生活，会是怎样？

　　也许，凭我的基础和头脑，我会有很高的分数，甚至会考到北大、清华；

也许，我会选择理科，然后成为科学界的新星；也许，我会学钢琴、学画画，拥有一些别人也有的"特长"，在某一个艺术领域有一番天地；也许，我会厌学，像一些学生一样逃课、叛逆，最后走上不归路；也许，我会过着平淡的生活，秉持着"中庸之道"，做一个平庸、普通的人；也许……

人生真的有太多可能，就像路边有很多岔路口，每个路口都指向不同的未来，选择了一个就不能后悔，哪怕历经千山万水，哪怕日夜兼程，也要走到尽头。我这十几年，虽然谈不上艰难坎坷，但也蜿蜒曲折，不过，始终都有快乐陪在身边。

从人生伊始，路刚起程，就有无数机会在路旁等候，我最大的机会就是我有一个与众不同的爸爸，使我走上了一条不同寻常的人生路。长路漫漫，我刚刚走了一小段，却已赏过了别人走到终点也不会见到的风景，这当然要感谢爸爸。不过，每条路都有自己独特的风景，别人的路与我的不一样，风景自然不同，可能人家的路也很美。但我能肯定的是，我走在路上，快乐始终，别人未必。

以前不懂事，只知道单纯享受爸爸带来的父爱和独特的教育。在了解了爸爸、发现了爸爸之后，才知道，好爸爸不容易做。他是经过思考的，他会因为一件小事让思维碰撞，使头脑风暴，终而得出一个教育理论，或一个智慧的闪光点。

我要感谢爸爸，没有屈于中国的应试教育，由此让我感受到父教的力量；我要感谢爸爸，没有磨灭个性的张扬，让我体会到你的努力与创新；我要感谢爸爸，不仅因为，有你才有我，还因为有你才有"这样的我"。

我之所以能长大成人，不必说也源自于你；我之所以能成为如今这样如你一般正直、乐观、坚强的人，因为有你这样的爸爸。

感谢有你——我的爸爸！

希望爸爸们都能在这部书中发现自己，重新认识自己；希望爸爸们通过此书，都能感受到来自孩子的幸福；希望爸爸们都能努力做个好爸爸，去衬得上这厚重的感恩。

范姜国一

2014 年春于哈尔滨

像东子一样做好爸爸

一次偶然的机会让我了解到原来做爸爸还有这么高深的学问。

2009年10月份的一天，我到深圳出差。深圳很大，楼很高，人很忙碌，生活节奏甚是紧张，办完事儿之后就到深圳书城转转，打电话给爱人，问问有什么书想买。她告诉我买几本亲子教育方面的书。

于是，我来到亲子教育的书目区域，认真查找起来，电脑索引，询问售货员，最后查到《好爸爸胜过好老师》。当我翻开看时，发现竟是著名教育家东子的著作，记得以前曾经读过几本东子的著作，受益匪浅。

于是决定买下来这本书，而后驱车赶往机场，踏上回家的路。

等飞机的空当，就开始阅读。原来做爸爸还需要这么多的学问。

一直以来都觉得自己的方法、自己的性格是那么的完美，自己的教育方法正确，不愿意接受别人的意见和建议，可是一章章读下来，我的性情却越来越沉重。

原来自己竟是那帮不合格的爸爸，没有耐心，性格暴躁，没能做好爸爸的职责，没能做好孩子的榜样，没有做好孩子的引路人、指导者。

作为孩子最可信赖的人之一的爸爸，重要性不能用几个文字来赘述，可是又有几个人真正明白这个角色的定义呢。

如果你还没有读到这本书，请你认真地阅读，仔细地体会。

不论你的工作有多忙，你的事业多么重要，都要抽出时间来多陪陪孩子，陪他玩一会，说说话，就连这么简单的事，好多爸爸都不能做到，我自己就是这样，一直都以为教育孩子是孩子妈妈的责任和义务，爸爸只赚钱养家就可以了，事实上真的是这样吗？孩子不需要爸爸的关怀，不需要爸爸的言传身教吗？看了东子老师的书，你就会知道那是大错特错的。

事实上，孩子，不论是男孩女孩，爸爸的角色是任何人都不可替代的，尤其是小时候孩子对性别的认知和区分，爸爸起着相当重要的作用。缺失了父爱的家庭，孩子非常容易进入性别误区，这对孩子性格的形成，以及对性别的理解都会造成不利的影响，妈妈永远都不可能完全代替爸爸的角色。

孩子的性格，85%以上都是孩子在不知不觉模仿大人中形成的，特别是爸爸，

孩子需要一个英雄、一个榜样的推动来完成，这个人就是爸爸。就在爸爸双手将孩子举过头顶或扛在肩头的那一瞬，孩子就感觉到爸爸和妈妈是多么的不一样，妈妈一般把孩子抱在怀里，体贴入微。温柔和细腻的爱和粗犷豪放的大气只能从爸爸身上才能感受得到。

《好爸爸胜过好老师》告诉我们：作为爸爸，你就要做到诚实守信、坚韧、坚毅，工作生活中不屈不挠，从来不轻言放弃，不要随便叹气，有勇气面对失败和挫折的打击，不要随便发脾气，有良好的生活习惯，不推卸责任，做个敢于承担责任的人，尊重孝敬老人，无时无刻不给孩子做一个榜样。

也许你会说这很难做到，说说也许还可以，可你有没有想过，正是生活中的这些细节，这些小事儿，耳濡目染，孩子就是你的缩影，你给他什么样的成长环境，就会收获什么样的果实。如果有这样一天，不要去怪孩子，不要去责备你的爱人、家里的老人，这都是你的错，是你一手造成的，你愿意承认吗？

也许你不会明白，难道我的爱还不够吗？自己的全部时间都给了事业，努力地小心翼翼地赚钱，设身处地地让家里生活条件改观，房子大了，家电也换新的了，可是对孩子来讲这并不够，你也许根本不知道哪怕就是一天几分钟的电话就会让他开心不已，每天陪他玩 10 分钟，那就是最大的鼓励和幸福，孩子的要求是如此的简单，可是却是多少个孩子都梦寐以求的事情，慢慢地却发现这点愿望是那么的难以实现。

作为爸爸，你是否愿意经常蹲下来和孩子面对面、和孩子一个高度地看问题、看世界，和孩子平等地交流呢？

你了解孩子的内心世界吗？如果没有，那么就请你先蹲下来，看看孩子眼里的世界是什么样的，你会慢慢理解孩子的各种行为。前提是你愿意和孩子一起平等地看世界。

作为爸爸，你愿不愿意和孩子妈妈一起来教育孩子，前提是你愿意承认你是有缺陷的爸爸，并且你愿意为了孩子养成一些好习惯。

天下的爸爸们，你是否真的该做点什么？你是否觉得应该为孩子们做点什么？给孩子买大堆的玩具和没完没了的零花钱，那根本就不是孩子期望的爱和给予，那么应该怎么做？

是该爸爸们学习的时候了，学习怎么做人，怎么做一个合格的爸爸，怎么做一个家庭教育工作者。你优秀了，你的孩子才会优秀，别忘了你就是孩子的第一个老师，第一个模仿和学习的榜样，你的一言一行都在潜移默化地影响着孩子，你就是那大海中的灯塔，你想把孩子带向何方。

有时间，请各位爸爸认真读一读东子老师的这本《好爸爸胜过好老师》，体会一下你做到了哪几点，你会为了孩子做一些改变吗？从现在开始，你是否看到了孩子期待的目光，那渴望的眼神和那天真的动作，孩子需要你的爱，需要你的呵护，每天抽出几分钟来陪陪孩子，你愿意这样做吗？

愿我们都成为像东子老师一样的好爸爸！

读者：小唐

《好爸爸胜过好老师》当当网读者评论

截至 2014 年 4 月底，《好爸爸胜过好老师》出版 4 多年来，在当当网的读者评论高达 20000 多条，其中五星好评占 99%。以下选取部分五星评论，与大家分享。

Julietsnow：在现实中，父亲不但是一家之主，更是孩子学习的好榜样，父亲的一言一行，直接影响着孩子的一生。《好爸爸胜过好老师》一书告诉我该如何做一个好爸爸，值得一看！

安安妈：书的内容很好，原来我并不了解东子，但是看了这本书后，透过书中的内容，觉得东子是一个有心的爸爸，感动于他教育孩子的用心良苦。作为一名教育工作者兼一位母亲，我可以很负责地告诉大家：东子的教育理念很好。理念是作者对教育的内心认识，所有的教育言行其实都是源于自己教育的认识。

当当玩童：玩本是孩子的权利，会玩的孩子更聪明，贪玩的孩子多智慧，善玩的孩子能创造……东子老师的观点让人耳目一新，也是这本书给予我的最大收获。希望老师、家长、教育工作者都来读一读这本书。

jtt524：我刚刚买了这本书，说实话刚看到书名的时候我不想买，因为有借名炒作的嫌疑，总觉得不是什么好书，可是看到本书的作者亲自留言，我反而觉得作者也是用心写的，也是经验之谈，然后在百度上搜索了一下，才发现东子的女儿是个快乐长大的女孩，因此一定要买！我想说，一个父亲写育儿心得

很不容易，我之前看过所有的书都是母亲写的，所以我由衷地向东子致敬！

筱筱贝壳：买来我就迫不及待地翻了起来，用了两个晚上，我终于看完了这本书。我的感觉是：这本书对于教育孩子很有帮助。我非常同意东子的看法，一定要陪孩子一起看书，给孩子营造良好的氛围，和孩子一起学习，会使孩子更有动力，而且更加有兴趣。孩子喜欢看书和被家长逼着去看书的效果显而易见了。

wcb0908：这是一本能让年轻家长看清自己，帮助孩子成长的教科书。非常不错的书，内容挺给力！

大白兔candy：本来买给宝爸看的，自己先翻翻，很不错，受益匪浅，我们新手父母要多多学习。

Sharon幸福的人：真是本好书，我非常认真地读了两遍，对我当爸爸非常有帮助。本书深入浅出地介绍育儿知识，可操作性强，强烈推荐！

meili302：下午收到的货，本来想先大体翻一翻，晚上再看，结果一拿起来就没再放下，写得很好，很贴切实际和生活。买得太值了！如果家长真的尽力去做的话，对孩子的成长非常有利，以后东子的书还会买的。

kaitlyn2008：对我老公的影响挺大的，改变很多！他说这真是一本教育孩子的好书啊。所以，我要谢谢东子老师！

Nijidianzi：自己没有结婚，买书送给朋友。收到后，自己也看了一下。感觉写得很有道理。孩子的第一任老师就是他的父母，父母的教导跟孩子的成长息息相关。准爸爸、准妈妈应该看看。不要因为自己的无知耽误孩子的一生。感谢作者。

报告营长：爸爸是孩子心中的一个朋友，也是孩子的玩伴，更是师长，最重要的是孩子成长的力量。感觉东子的作品不错，刚刚看了，帮同事订了2套。

zyfworldcn：这本书最初在出差的时候去书店浏览过，当时就依依不舍，非常喜欢。后来又多次在书店阅读。由于太喜欢了，我就下单了。这本书把爸爸的责任都说完了，只要好好阅读，好好实践，一定是个好爸爸，孩子也一定是个各方面都优秀的好孩子。

Totomandjerry：书还没看呢，让别人借走了。翻了前面几页，感觉是一本不错的、写给爸爸看的书（我周围的爸爸们懂的科学养育孩子的太少了，基本是采取放养的方式），希望老公能对此书感兴趣，反正我是非常喜欢此书的。

lgl79：如题所说，这是一部值得初为人父的爸爸们看的书！我很喜欢我的儿子，我也希望能够做一名合格的好爸爸！

用肺呼吸的鱼：这是我看过的同类书籍中最好的一本。很庆幸自己看过这本书，不然真怕自己犯了错误都不知道。书中的许多观点虽然也是自己已经形成的，但应该如何达成，如何做，却没有经验，没有把握。东子老师这本书给出了很多实际的方法，很有参考价值。

第二个色猫猫：我本来没想着老公会把这本书当回事，以前也从来没给他看过这类的书，没想到，我读过几次后，他也觉得不错，现在在教育方面，我们都可以相互配合了！

马踏飞燕：妈妈不是家庭教育中的唯一老师，看了这本书，我很羡慕：要是我有一个像这样的孩子他爸就好了！

Dengdengpp：这本书是买给孩子的爸爸看的，买时光看小标题就觉得不错，蛮适合他爸爸看的，让他当个称职的父亲。后来发现他还看得蛮入迷的，还不时跟我说："不错、不错。"

子宁雪：我同时买了两本《好爸爸胜过好老师》。收货付款后，把两本书放在办公桌上，出门办事。回来就有同事打开包装仔细研读，并请我帮他再买一本。呵呵，看来家教真的很关键，这也确实是本好书啊。

自在小游鱼：这本书是需要给爸爸们仔细研读的。用作者东子的成功经验做指导，结合自己孩子的实际情况，有针对性地将先进的父教理念应用到孩子身上，好爸爸都是成功的教育家，希望每个爸爸都成为引领孩子走向成功之路的教育家！

妈妈陈：传统上总是妈妈承担更多教子的责任，而我认为父教同样重要，尤其是在养育儿子的过程中。所以买了这本书，当时还担心老公会反感，没想到他每天都抽时间看。

zhulihua1982：一直想找一本这样的书给孩子的爸爸看一看，我想现在宝贝只有 2 岁半，一切弥补还来得及。由于工作性质的关系，我和女儿单独相处甚多，于是老公就把教育女儿的重任一股脑儿摊在我的肩上。有时候，一个人面对宝贝也会孤立无助，多渴望有人伸出援助之手，可是很长时间以来我都没

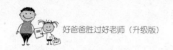

有得到回应，现在好了，东子老师的这本书可以影响他。

静静的花开：没有哪个父亲不爱孩子，可以怎么爱？用什么方式爱？父亲往往不如母亲那样会表达情感，尤其在孩子比较小的时候，孩子的爸爸总是因为工作忙而忽略了教育孩子的责任，所以这本书很适合给这些爸爸看看。

Tangxuejun：当我们是孩子的时候，希望有一个好爸爸，好爸爸的标准每一个人是不同的。在我们有了自己的孩子，总认为自己做的称得上是好爸爸。看完这本书，每一个人都会了解到如何做一个孩子眼中的好爸爸，而不是自己眼中的好爸爸，帮助孩子成长，帮助孩子成才。

风云在手：今天刚收到书，粗略看了一下，有些观点使我受益匪浅，我支持父亲参与教育。的确我身边有许多优秀的孩子，都是父亲参与教育的结果。

liuyanfei828：书是给孩子他爹买的，偷偷放在床头，什么也没说。他自己就微微一笑，每天拿来翻翻，变化是细微而可喜的。我感觉东子老师的这部书写得通俗易懂，口吻亲切，所以我认为"好书胜过说教"。

桔花朵朵：帮同事买的，她是八个月孩子的妈妈，正在学习中，说这本书非常不错！

tiger261：书中的内容是从入门到精通，也就是说，从婴儿期到长大，包括孩子的每个细节，都做了进一步的解释、处理，让做父母的更加容易理解，知道怎样教育孩子，才能够带好孩子。

大头国旗：儿子快1岁了，读读书看看如何才能更好地教育，于是买了东子老师写的这本书，我感觉这是相当不错的书，看了一半了，能从中发现很多问题，除了能更好地教育儿子，还能约束自己。

xiexin1208：一本适合父亲阅读的书！作者用多年切身经验换来许多内心感受！全无保留地教给各位已经做了父亲和即将为人父的准爸爸更好地与孩子沟通的教育方法！非常感谢！

jj_xiong：书的内容很有操作性，很实用！我小孩2岁，平时我们都喜欢逗她玩，看了书后发现有些行为是错的！

baby58888：写得很实际，思考很深入，有独到的见解，特别说明了在家庭中作为爸爸的重要性，让他更有力量与自信教育自己的子女，是给爸爸们的最好的礼物。

Singul：这本书非常好，写得非常朴实受用，已经买过几次了，这次买来是送一个好朋友的，好东西就是要分享啊。

zifeng4ban：这本书是朋友叫我帮忙买的，书一到我就送过去给他。今天问他书如何，他说里面有些观点，对教育孩子还是有说服力的。

782656996：我感觉花 100 块买的这几本书里，就这本书最值，是我老公做好爸爸的学习用书。老公很小就没了爸爸，这本书是他学习做爸爸，也是教他做好爸爸的行动指南。我简单地看过这本书，很感动于这么一个伟大的爸爸，花了很多心血在女儿的身上，我也希望老公能成为像东子老师一样的好爸爸。

cherry76：孩子的爸爸在和孩子相处时总是有麻烦，作为妈妈的我虽总是提醒，但是有时爸爸也会听不进去，看到这本书后，买回家让他自己看，很受启发，他对孩子的态度有了明显变化。

tanjh0608：老公看到这本书，第一时间就阅读起来，我孩子都 10 岁了，看来这本书早就应该买了，很是受益匪浅哦。